江河源志

江河源志编纂委员会　编

方志出版社
Publishing House of Local Records

图书在版编目（CIP）数据

江河源志 / 江河源志编纂委员会编
—北京：方志出版社，2019.12
ISBN 978-7-5144-4119-2

Ⅰ. ①江… Ⅱ. ①江… Ⅲ. ①社区—概况—宁远县
Ⅳ. ① D669.3

中国版本图书馆 CIP 数据核字（2020）第 012583 号

江河源志

编　　者：江河源志编纂委员会
主　　编：唐柏操
责任编辑：顾　洁

出 版 者：方志出版社
地址　北京市朝阳区潘家园东里 9 号（国家方志馆 4 层）
邮编　100021
网址　http://www.fzph.org
发　　行：方志出版社图书经销中心
电话（010）67110500
经　　销：各地新华书店
排　　版：周　汝
印　　刷：长沙市雅捷印务有限公司

开　　本：889×1194　1/16
印　　张：25
字　　数：402 千
印　　数：0001~1000 册
版　　次：2019 年 12 月第 1 版　2019 年 12 月第 1 次印刷

ISBN 978-7-5144-4119-2　定价：280.00 元

江河源志编纂委员会

主　任：蒋政平

副主任：唐柏操　蒋星珉　何世平　陈　慧　蒋国亮　蒋　平　陈德才
唐柏建

委　员：陈开柳　何世干　周　静　陈苏文　蒋　全　唐得鑫　陈治海
陈国春　陈德平　陈开益　陈国宏　陈开兰　陈开忠　罗海峰
陈德明　陈　静　陈年成　陈小波　陈小六　陈黎明　陈二坤
刘满妹　罗水明　陈德修　李国良　罗汉斌　唐小龙

主　编：唐柏操

摄　影：唐柏操

审　稿

永州市史志办、宁远县史志办　李俊江　高　波　周敬平　欧应平　张介立

封面题字

陈起后

江河源牌楼（2017年）

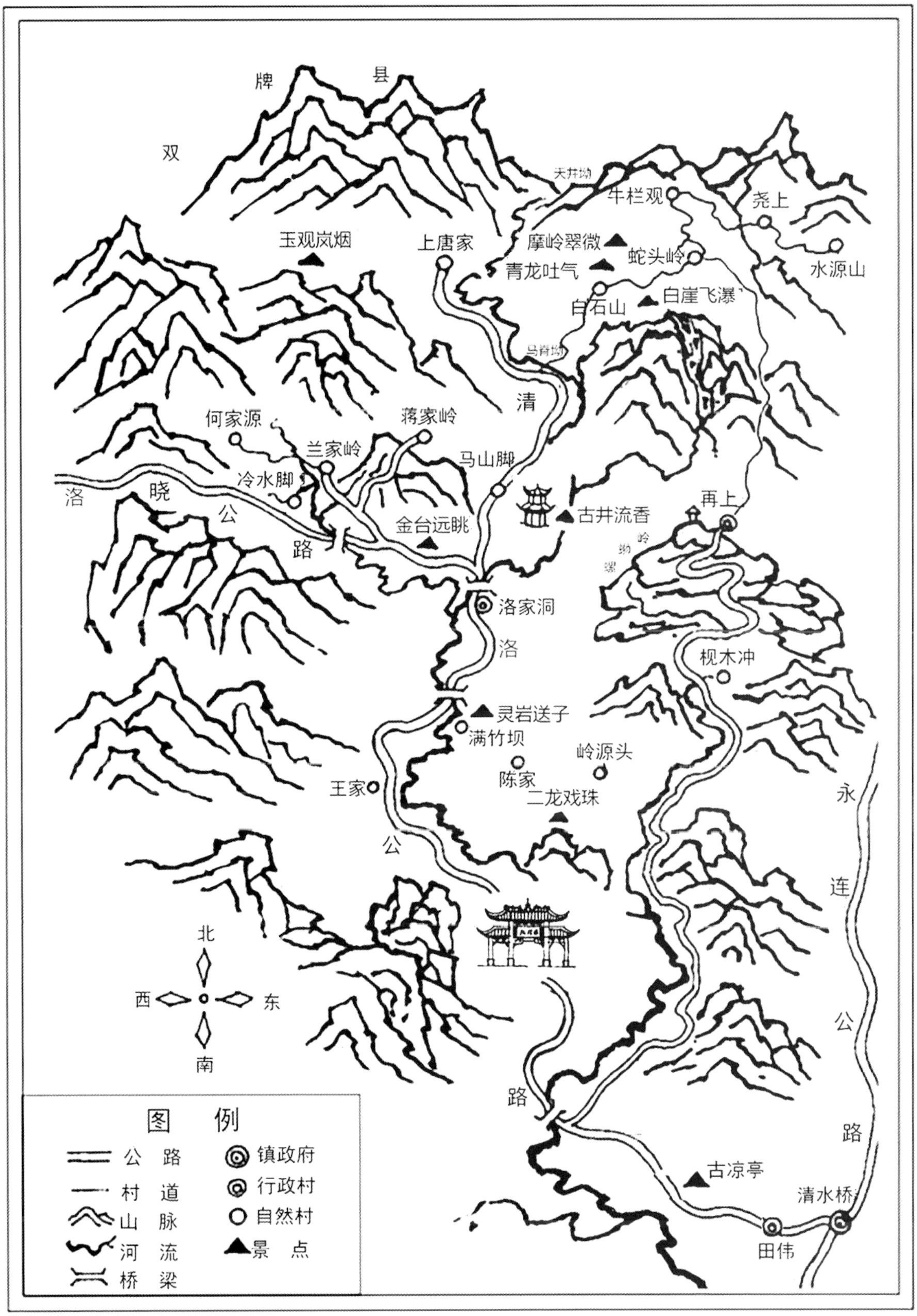

江河源山川示意图（2008年绘制）

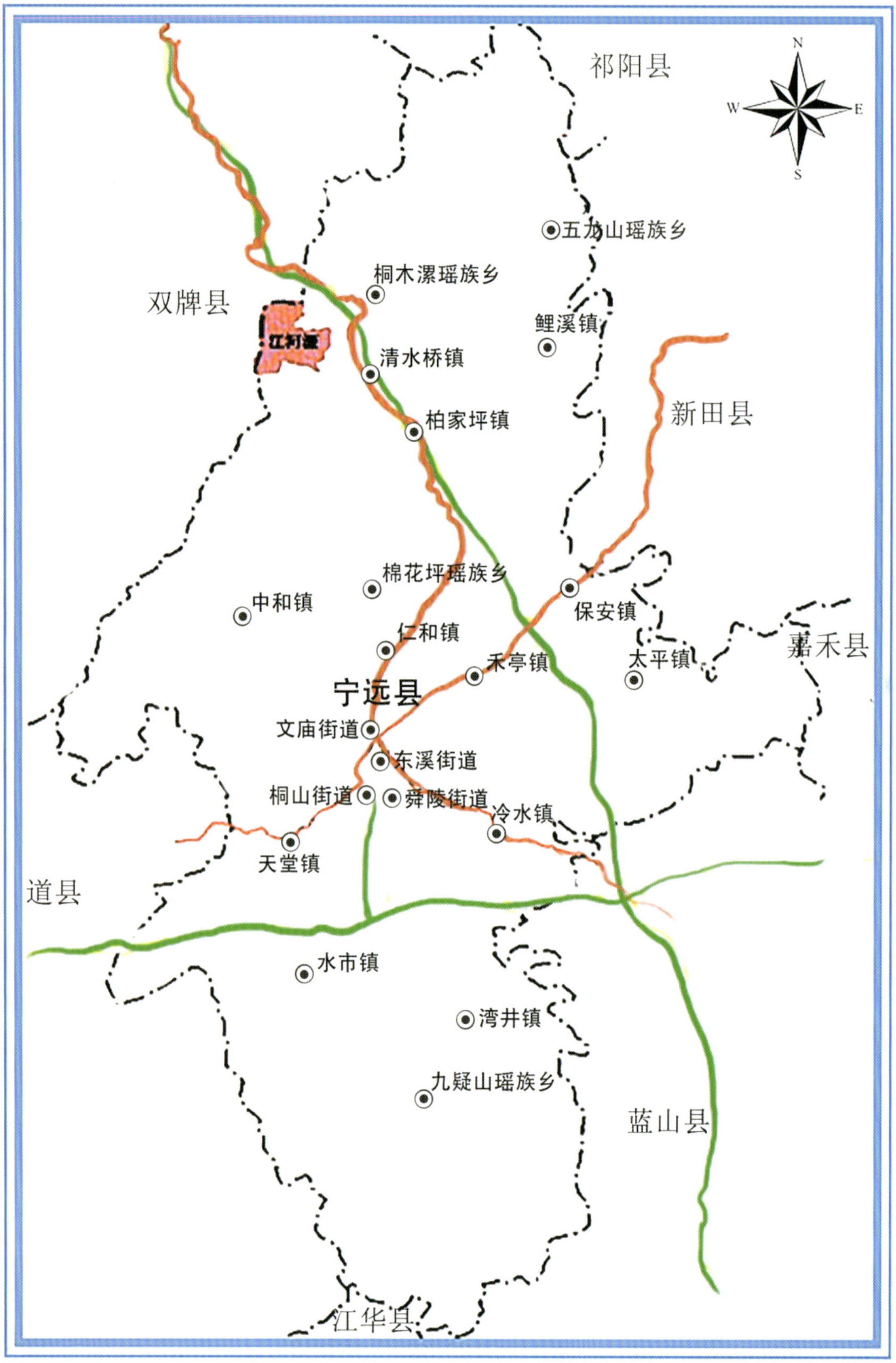

江河源在宁远县的位置示意图

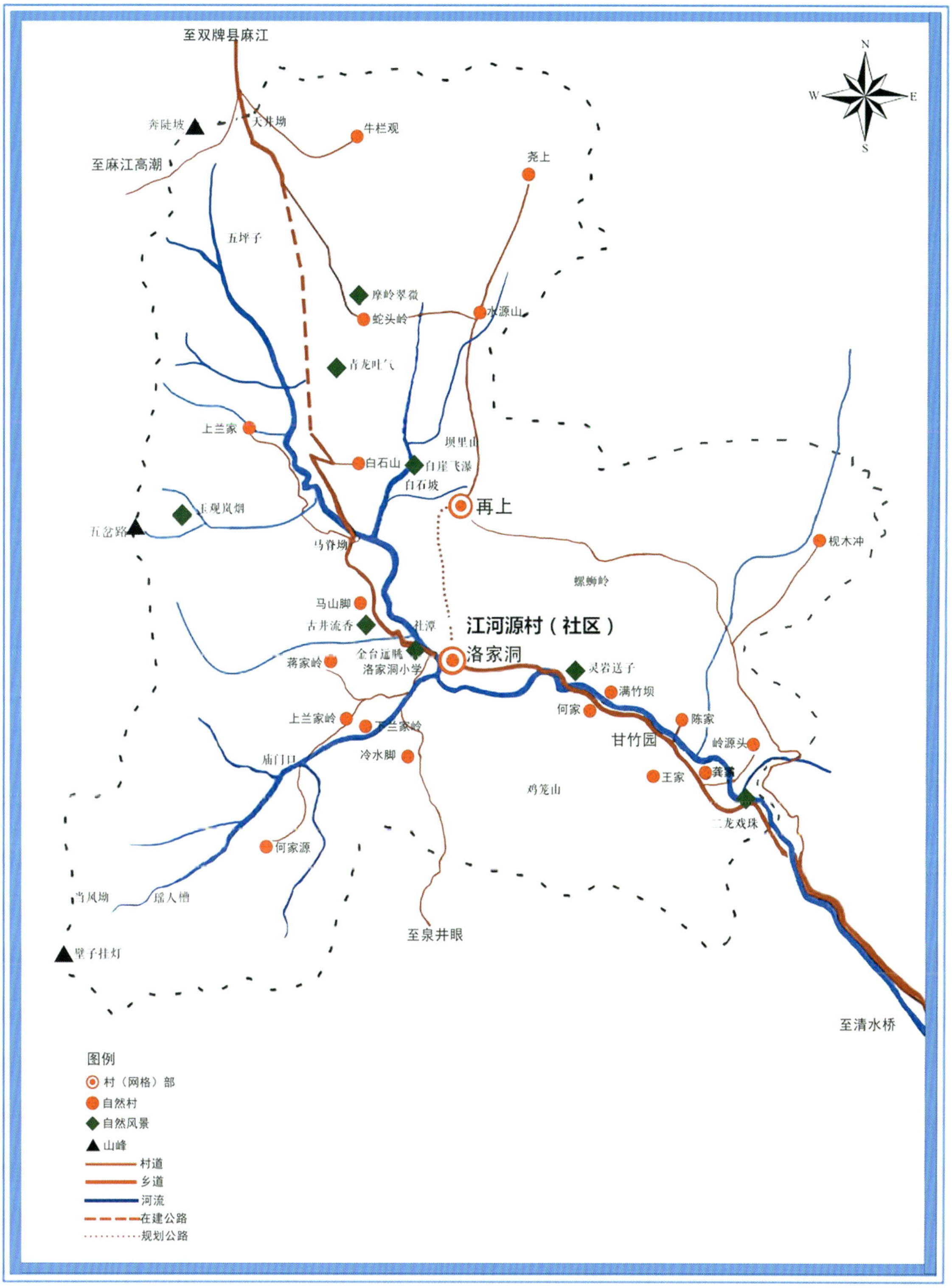
至双牌县麻江
奔陡坡
天井坳
牛栏观
至麻江高潮
尧上
五坪子
摩岭翠微
蛇头岭
水源山
青龙吐气
上兰家
坝里山
白石山
白崖飞瀑
白石坡
再上
王观岚烟
五岔路
马脊坳
枧木冲
螺蛳岭
马山脚
古井流香
社潭
江河源村（社区）
洛家洞
蒋家岭
洛家洞小学
灵岩送子
满竹坝
何家
陈家
上兰家岭
下兰家岭
甘竹园
岭源头
冷水脚
庙门口
王家
龚家
鸡笼山
二龙戏珠
何家源
当风坳
瑶人槽
至泉井眼
壁子挂灯
至清水桥
N
W
E
S
图例
村（网格）部
自然村
自然风景
山峰
村道
乡道
河流
在建公路
规划公路

江河源示意图

江河源鸟瞰图（2016年）

摄影　唐照中

江河源北部（2016年）

摄影　唐照中

江河源东部（2016年）

摄影　唐照中

江河源南部（2016年）

摄影　唐照中

江河源西部（2013年）

2013年永州市第一批生态村——洛家洞村（2017年）

远眺奔陡坡（2016年）

摄影　唐照中

长脊深谷（何家源区域）（2016年）

湖南省人大教科文卫委员会原副主任委员蒋显礼（前中）回乡指导工作（2006年）

陈德明提供

湖南省水利厅纪检组原组长何世军（左）与洛家洞村老支部书记唐政荣（右）（2010年）

2015年4月7日，永州市副市长刘尤碧（左一）在江河源籍人士、永州市政协原常务副主席蒋政平（左二）等陪同下考察洛家洞学校

2012年3月22日，省委督办专员刘国湘率督查组在省工商局党组副书记、副局长寇勇陪同下到洛家洞村督查建整扶贫工作，县委书记严兴德，县委常委、组织部部长刘军君等陪同督查

照片来源：宁远红网

2011年12月6日，县委副书记、县长刘卫华（前中）到洛家洞村检查指导工作

照片来源：宁远红网

2014年11月23日，永州市政协原常务副主席蒋政平，县委常委、常务副县长唐慧云等考察洛家洞学校（左起：蒋政平、唐柏操、周圣军、唐慧云）

摄影　陈国宏

原晓睦塘公社党委书记李显福（左）和原洛家洞大队党支部书记唐政荣（右）追忆当年峥嵘岁月（2016年12月）

创建合格学校捐款大会纪念（2013年11月）

唐柏操提供

2012年4月7日，洛家洞村部分老干部合影（左起：陈开柳、陈令淑、蒋显德、唐秀凤、蒋运姣、唐政荣、蒋运礼）

2015年2月25日，江河源部分在外工作人士于读书亭前合影（左起：唐柏建、蒋国亮、陈苏文、陈德才、唐柏操、蒋政平、何世干、蒋平、罗海峰、罗汉斌、陈国宏）　　摄影　宋雪峰

2013年10月4日，江河源新农村建设理事会部分成员考察何家源庙门口地质地理情况

江河源村（社区）挂牌仪式（2016年3月）

陈国宏提供

2017年4月29日，在上兰家召开江河源新农村建设规划会议

摄影　陈国宏

2016年7月，江河源新农村建设理事会部分成员长沙合影（前排左起：陈苏文、陈德才、何世干、蒋政平、唐柏操、何世平；后排左起：陈国宏、罗海峰、蒋全、陈德明、罗汉斌）

唐柏操提供

江河源村（社区）总支委、村委成员（前排左起：罗海清、陈小波、唐柏建、郑文彪、陈琼鸾、刘满妹、陈二坤；后排左起：彭宁明、陈华、陈小六、陈黎明）（2017年）

唐柏建提供

洛家洞学校老师（左起：蒋洁、唐艳红、欧阳佳、周珍、欧阳颖群、李美伍、李拾平）（2017年）

唐柏建提供

洛家洞学校学生（2017年）

唐柏建提供

2013年8月3日，江河源新农村建设理事会部分成员察看村道拓宽工程情况

2016年5月1日，江河源新农村建设理事会部分成员查勘天（井坳）马（脊坳）公路路线（左起：唐小龙、蒋平、陈苏文、唐柏操、蒋政平、陈开忠、陈国富、唐得鑫）

摄影　陈国宏

2015年12月，书法家陈起后回到江河源（左起：唐柏操、何世干、陈起后、唐政荣、陈丽君）

摄影　陈苏文

烟田基本建设工程（2013年）

甘竹园古民居（2017年）

洛家洞古民居（2018年）

蒋家岭古民居（2013年）

再上古民居（2014年）

甘竹园现代新居（2018年）

摄影　唐柏建

古湘粤官道（左：马山脚段；右：苦竹脚段）（2017年）

建设中的天（井坳）—马（脊坳）公路（2017年）

建设中的天马公路（2017年）

摄影　唐照中

苦竹脚至再上道路拓改工程（2017年）

建设中的洛家洞进村道路（2017年）

农村客运招呼站（2017年）

财政“一事一议”项目（2011年）

21世纪初，中国移动、中国联通设立于螺蛳岭上的通信设施

摄影　唐柏建

白石坡瀑布（2009年）

头坝里瀑布（2017年）

白石坡瀑布（2018年）

上兰家人工造林（2017年）

牛栏观红豆杉（2014年）

红马古“凉伞树”（2017年）

蛇头岭古银杏树（2013年）

蛇头岭古枫（2013年）

上兰家古银杏树（2016年）

上兰家古柏（2016年）

再上翅荚香槐（2016年）

蒋家岭古松（2014年）
摄影　蒋国亮

再上古桂花树（2016年）

兰家岭苦株树（2018年）
摄影　陈德才

栽种银杏、桂花树（2015年3月）
蒋国亮提供

上兰家柿子树（2017年）

杉树（2017年）

再上青棵楠（2016年）

茂林修竹（2016年）

蛇头岭皂角树（左）槐树（右）（2013年）

雾起群山（2017年）

清流急湍（2016年）

水稻（2017年）

高粱（2018年）

生姜（2016年）

蕨菜（2016年）

黄竹笋（2016年）

风车（2017年）

20世纪70年代木耙

打谷机（2017年）

20世纪40年代计量工具——斗

洛家洞学校（2015年）

建于2012年的学生食堂

摄影　唐柏建

读书亭（2017年）

江河源宣传资料（2013年）

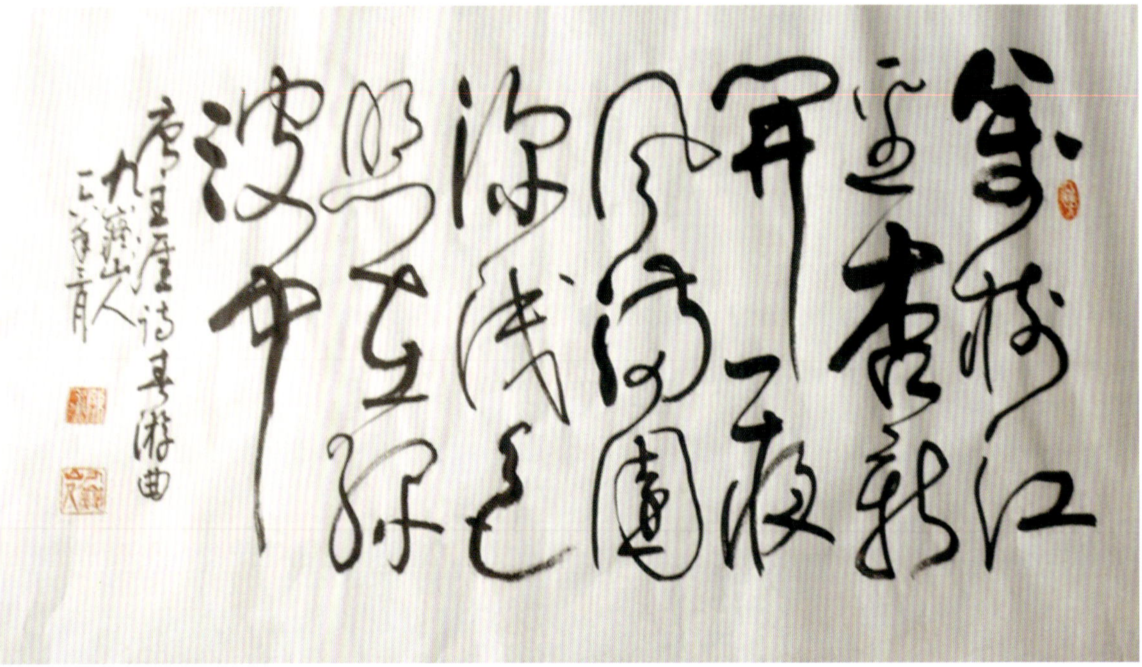

陈起后书法（2016年）

陈丽君提供

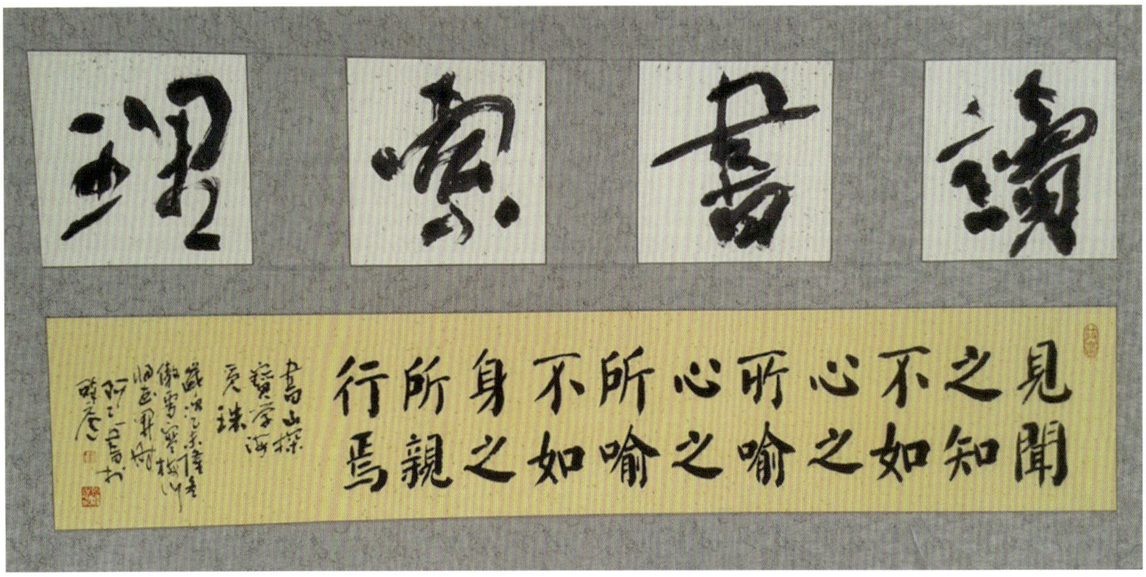

陈刚书法（2012年）

陈刚提供

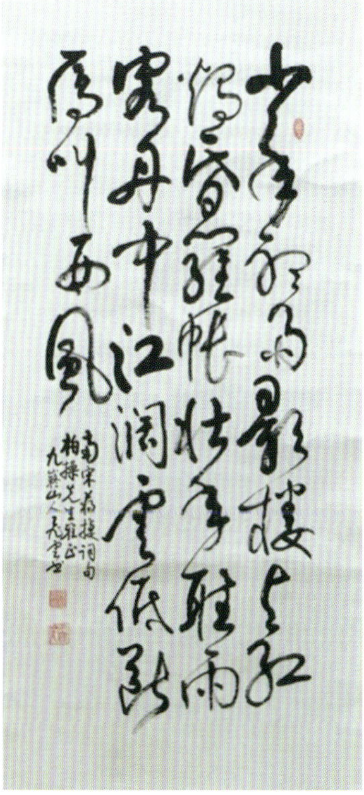

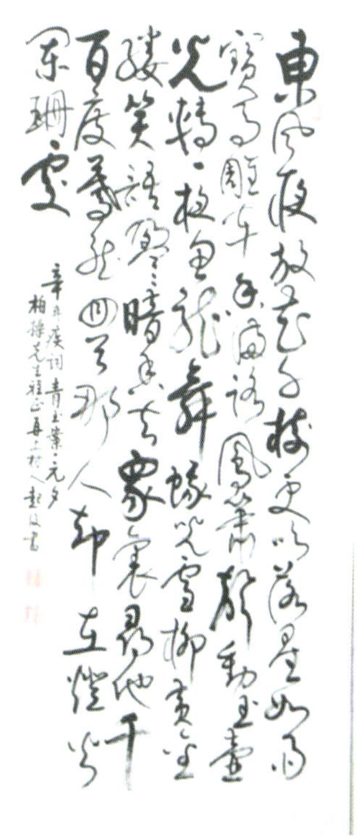

陈起后书法（2016年）

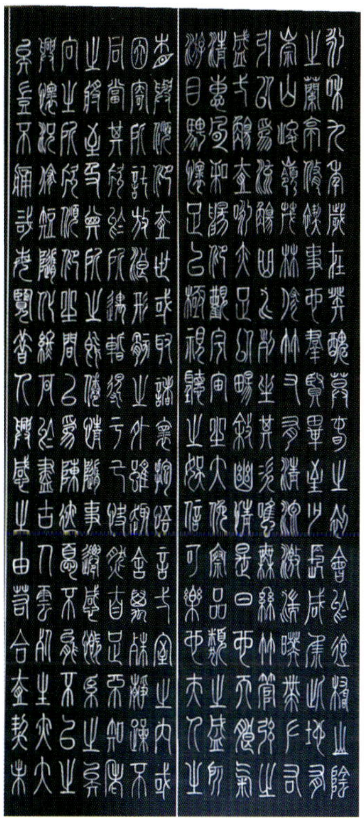

何世干书法（局部）（2018年）

何世干提供

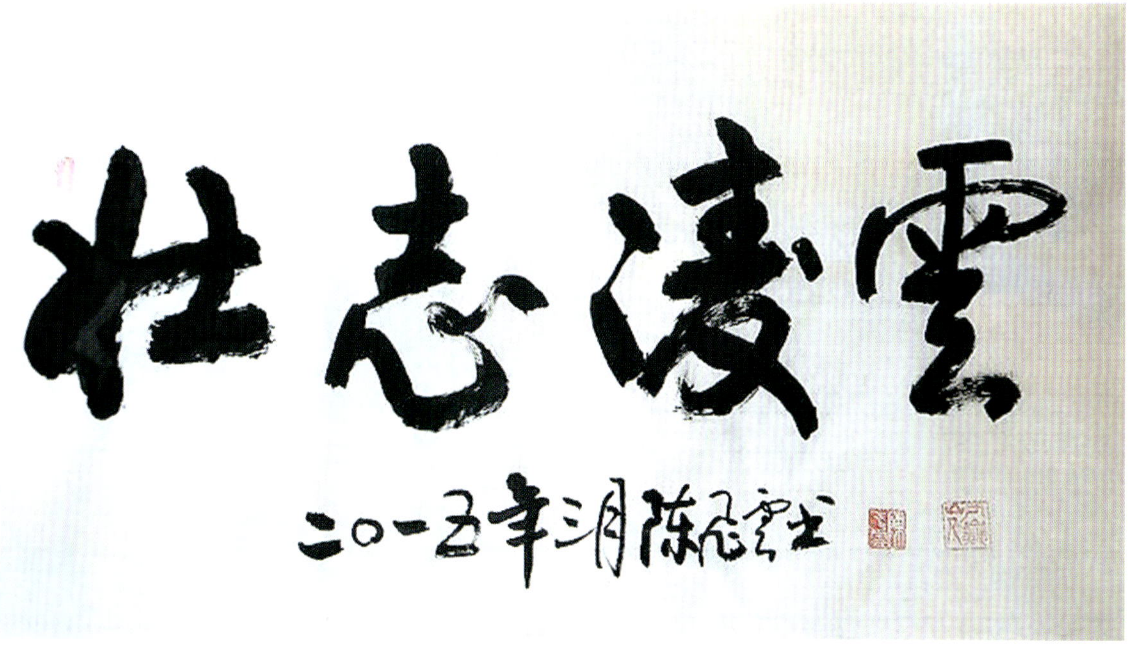

陈起后书法（2016年）

陈丽君提供

唐柏操书法（2015年）

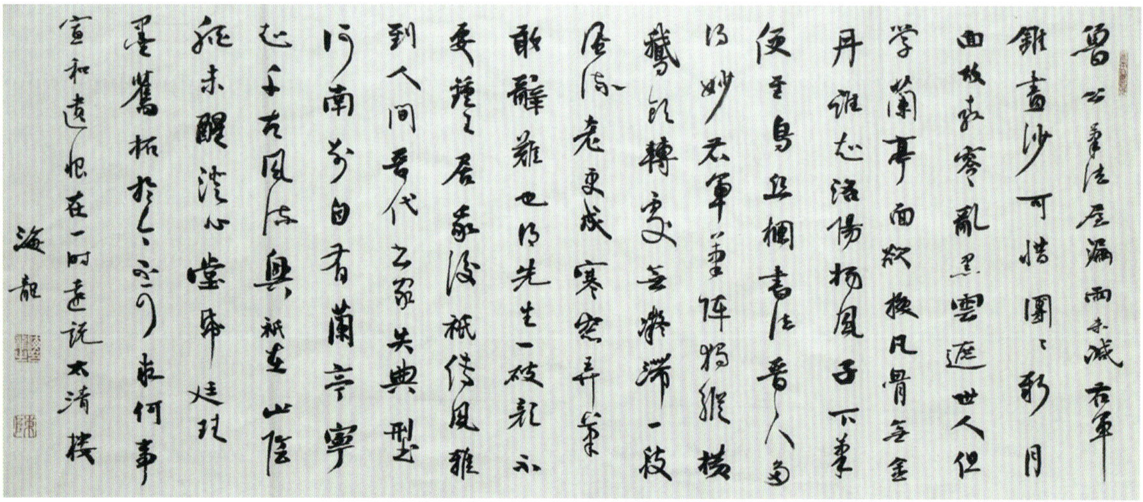

陈海龙书法（2017年）

陈海龙提供

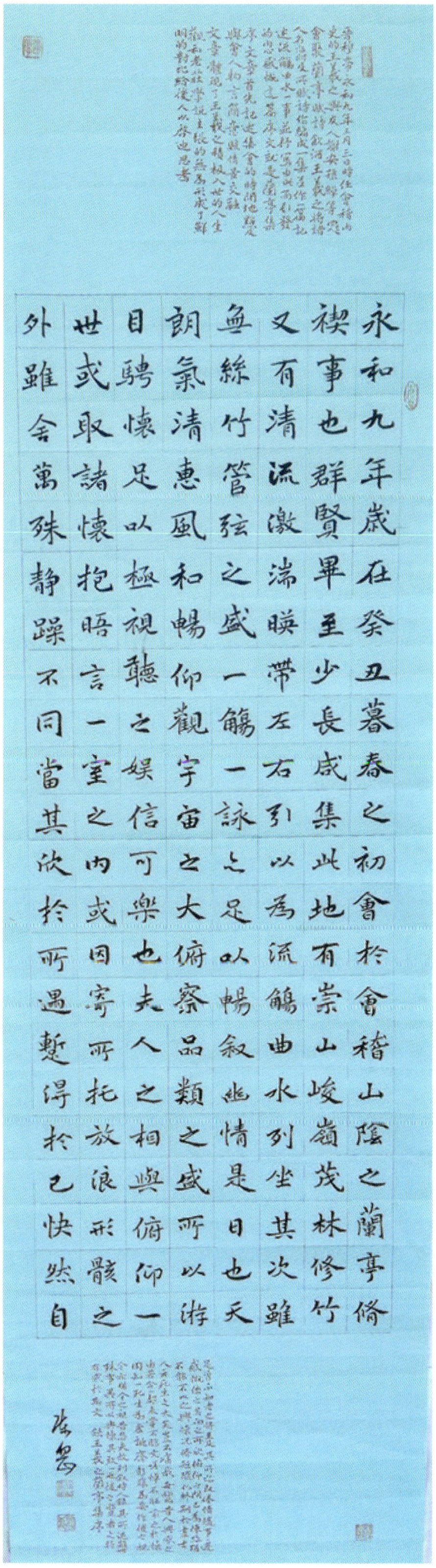

陈刚书法（2018年）

陈刚提供

陈海龙国画《江河源》（2017年）

陈海龙提供

陈海龙国画（2017年）

陈海龙提供

唐敏芝油画（2014年）

蒋家岭门楼（2017年）

江河源新农村建设理事会、《江河源志》编委会部分成员（2018年）

摄影　唐文辉

序

蒋显礼

厚厚的一叠文稿，捧在手中沉甸甸的。我清楚这重量不是来自文稿本身，而是策划者、主纂那番对家乡厚重的心意和文稿内容的分量。

数年前，家乡亲友、在深圳工作的唐柏操打来电话，说他准备编纂一部《江河源志》，并征询我的意见。我当即表示赞同，觉得这件事做好了，对于了解、回顾和总结江河源地域的历史发展过程，具有十分重要的意义。但事后觉得此事难度很大，就从江河源两个行政村的二十几个自然村、十多个姓氏宗族的历史沿革情况来讲，上下数百年，资料收集得到么？然而出乎意料的是，在国庆节前夕，柏操表弟竟将这部志的征求意见稿送到了我手里。

怀着对故乡历史的深深敬意，我一篇篇一遍遍地阅读这本厚厚的文稿，这部在历史长河里留下的独特的文化印记。掩卷冥思，浮想联翩，感触和受教育最深刻的主要有以下几点。

江河源老祖宗们不畏艰险、勇往直前的开拓精神。他们在几百年前历经战乱和苦难，肩挑手提，扶老携幼，从华北平原、中原大地一路奔波，进入江南。明末清初，朝廷实施“江西填湖广，湖广填四川”的移民政策，他们中的部分人又被迁徙到湖湘大地。其中我们江河源的祖先们先到零陵后到宁远，最后扎根到了江河源山山岭岭，在这山环水绕之地繁衍生息，一代一代，生生不息。他们在极其艰苦的条件下，建造了一座座青砖黛瓦、马头墙式的四合院农舍，开拓了一片片、一层层沃土良田，栽种了一山山珍稀林木。更为难得的是老祖宗还留下一则则“家规”“家训”，滋养和培育了一代代后人。这是先人留给后代的最为宝贵的精神财富。

江河源父老乡亲爱国爱家、勇于献身的英雄气概。日军侵华时期，当驻扎在响鼓岭和荷叶塘的日军到江河源山上山下一些村庄奸淫掳掠、杀人放火的生死关头，乡亲们或真刀真枪同敌人拼杀，或赤手空拳与之搏斗，不惜用生命和鲜血保卫家园。抗日战争和抗美援朝时期，江河源人民踊跃送子参军。有的参加“中国远征军”，远赴缅甸援助抗击日本侵略者；有的奔赴朝鲜战场，同朝鲜人民一道，与美国侵略者和南朝鲜（即现今韩国）李承晚伪军血战。他们中有的战死在异国他乡。他们这种无私的爱国爱家情操和崇高的国际主义精神，永远值得后人铭记。

江河源广大干部群众穷则思变、自力更生的精神风貌。在中华人民共和国成立以来的六十几年里，江河源两村历届党组织和村委会，组织和带领家乡人民为发展经济，改变贫穷落后面貌，做出了重要贡献。在20世纪60年代农业学大寨运动中，再上大队大力治山治水、改土造田成绩卓著，1971年被评为全省农业学大寨先进典型，同年省里组织农业学大寨会议代表亲临再上村参观。在70年代造林绿化运动中，洛家洞、再上两个大队积极响应党和政府号召，家家户户上山，共计造林近万亩，使江河源成为宁远县的重要杉木林基地之一部分。1975年冬零陵地区召开造林绿化总结表彰大会，洛家洞大队被评为先进典型。大队党支部和支部书记唐政荣多次受到表彰。改革开放以来，特别是近些年来，在党和政府的关怀以及家乡人民的共同努力下，今日江河源之面貌已不可同日而语，尤其是在道路交通和办学兴教方面大为改观。这里特别值得点赞的，是在外面工作的蒋政平、唐柏操等众多江河源籍家乡赤子满怀回报桑梓之情，对家乡建设给予精心策划和大力支助，这些成绩和荣誉来之不易。作为在省城工作的我，感到无上光荣，也由衷地敬佩。而今，为加快社会主义新农村建设，将洛家洞和再上两个行政村合并成立了江河源社区。历史翻开了崭新的一页。作为新型农村政经合一的基层组织，活动空间大了，肩上担子重了。希望社区党组织和行政领导，勇于担当，精心组织，带领家乡人民大力加强农业产业化建设、农村公共服务体系建设、文化教育建设和政治思想建设，不断培育和壮大集体经济，增强社区经济实力。同时，要严格保护江河源以青山绿水为特色的自然资源，保护修缮好古民居、古庭院，为家乡人民创造一个良好的生产生活环境。

“以史为鉴，可以知兴替”。华夏历史是中华文化之瑰宝。而家谱族谱和方志则是华夏文化的细胞。正如上兰家《唐氏族谱·序》的开头语：“家之有谱，犹国之有史也。国无史，则孰知兴衰理乱之由；家无谱，则孰知世系根源之辩。二者大小有殊，其为不可无也。”对于族谱之重要意义，前人讲得十分明了。为此，我们不但要学习家史族史地域史，还要好好学习国史党史，从中汲取丰厚的政治营养，继承和发扬中华民族自立自强、穷则思变、奋发进取的精神，以实际行动续写江河源的美好明天，为实现党中央提出的“两个一百年”的宏伟目标——到中国共产党成立一百周年时全面建成小康社会，到新中国成立一百周年时实现“富强、民主、文明、和谐”的中华民族伟大复兴的中国梦，做出应有的贡献！

写于2017年10月国庆节

蒋显礼，江河源蒋家岭人，1951年参加工作，中共党员，曾任中共湖南省委政策研究室主任、湖南日报社社长、总编辑，第八、九届湖南省人大常委会委员。

自　序

每览枌榆崇山曲水，莫不心旷神怡；每思家乡往迹今贤，莫不心情激越。历历人事景物，屡屡萦绕于怀，故纂《江河源志》。

江河源历史较为悠久，有资可考者逾600年。然此间先民开创之举，大都传于父老、而罕见载诸文字；中华人民共和国成立以来江河源人民艰苦奋斗、建设家园之不凡业绩，存世资料亦很不齐全，或散落各处而难以寻觅、搜集。江河源乃宁远蕞尔一隅，其群山野水，虽不能堪比名山大川，然其风光则独秀于邻而丽甲一方；重教笃学，虽不敢夸称今之湖湘邹鲁，却亦是科第连连之书香村里；兴村创业，虽不及沿海村镇，但亦能自强不息，奋发有为而令人瞩目。故如诗如画、可歌可泣者，不乏其景、其人、其事。于是乎，在荒烟蔓草间寻觅断碣残碑；在家乘野史中裁取垂文前作；在档案馆、图书馆查阅文档、搜集资料；在故老乡亲口述中整理逸闻轶事；加之本人阅历，穷搜博采，罗列整理，今不计工拙，编纂成志，以资稽览。

盖因存世资料稀少，本志所叙史事，第恐不免因陋就简之憾；又因传抄、印刷剥蚀之讹，本志所载部分资料，而虑鲁鱼亥豕之误。期冀阅者品裁烛鉴，来者补苴罅漏，以臻完善。

《诗》曰："维桑与梓，必恭敬止"。唯此拙作，以志乡情并敬桑梓耳。

唐柏操

2018年秋 于长沙

唐柏操，江河源上兰家人，大学学历，中共党员。历任中国人民解放军战士、班长，湖南省审计厅副处长，凤凰县副县长，深圳市盐田港集团公司财务总监，深圳市莱英达集团公司董事、财务总监，深圳市运发集团股份公司董事、财务总监、副总裁，香港粤港汽车运输联营公司副董事长等职，主要从事审计、财务与经营管理工作。

凡　例

一、《江河源志》以马克思列宁主义、毛泽东思想、邓小平理论、“三个代表”重要思想、科学发展观、习近平新时代中国特色社会主义思想为指导，坚持辩证唯物主义和历史唯物主义的立场、观点和方法，力求全面、客观地记载江河源境域内之自然地理、人文历史、生产发展和社会变革情况，突出时代特点和地方特色。

二、《江河源志》详今略古，上溯事物发端，下限断至2017年（部分照片延至2018年）。

三、《江河源志》所述范围主要以2017年江河源境域内江河源村（社区）为限（江河源传统地理范围不仅包括江河源村），但因本志兼志地理，故为反映某些事物之间的联系、江河源整体地理概况而在此范围之外本志所记述、涉及的个别区域、地点或事物，并不意味着现行权属关系的改变。《江河源志》示意图例所示山岭、田土、水系等界线，不属精确绘制，均不涉及具体权属关系；以及《江河源志》所叙江河源山岭、田土、河流、景观等，亦不涉及其权属关系。

四、《江河源志》遵循横排纵述，以横为主，纵横结合的传统格式，按章、节、目依次排列。各章按内容作横向编排，各章中节、目内容一般按时间纵向记载。大事记采用编年体。

五、《江河源志》采用志、记、述、传、图、表、录等体裁，以志体为主，以其他体裁补充。

六、《江河源志》数据为历史统计数据、采访数据。由于统计资料不齐全，部分年份有关指标数据本志未能载入。有关统计报表中少量存疑（包括空缺）统计数据，以及所选录文字资料之个别存疑之处，因无法核实而未能更改、调整或补充，仍原貌保留以供参考或待考证，望读者阅读时注意。

各组人口资料为2010年年底在籍人口统计数据，凡户口外迁者不在统计范围。80岁以上人员统计数据截至2017年年底。

七、本志纪年，中华人民共和国成立前，沿用历史朝代、民国纪年，并加注公元纪年；中华人民共和国成立后，用公元纪年。凡能区分农历、阳历日期的，一律采用阳历。

八、《江河源志》资料主要来源于历史档案、新旧志书、媒体、家谱，以及社会调查、口碑、采访资料，并经整理后入选。

九、《江河源志》中所采用当时的某些通用计量单位未做转换改变，如仍然采用“担”“亩”等。

十、根据“生不立传”原则，《人物》章节之《人物传》《人物简介》仅收录已故、祖籍为江河源村域内曾供职于党政军以及事业单位科级以上干部、高级职称人员，大队（村）主要领导干部，抗日斗争牺牲人员，抗美援朝烈士，以及具有特别专长、特别经历并具有一定历史意义或影响人员，其中副处级以上人员列入《人物传》，其余人员列入《人物简介》。

十一、鉴于江河源前人所存著作稀少，故凡有涉于江河源之相关文章、专题报道，无论作者籍贯或今人古人，予以选入。

十二、2016年江河源洛家洞、再上两个行政村合并为江河源村（社区），本志为叙述之便以及遵照历史情况，仍然按照洛家洞、再上两个村分别志之。在有关的表格中使用“大队”“村”名称时，如仅反映1984年“社改乡”以前的数据，就仍用“大队”名称；如仅反映1984年“社改乡”以后的数据，就使用“村”名称；如反映包括1984年“社改乡”前后数据则使用“（大队）村”名称。

目 录

概　述

江河源，旧志称“干禾源”[①]，其作为一个历史地域名称，因地处湖南宁远主要河流西春水的上源，西春水源流之一洛江发源于此，域内水源密布而得名。其位于宁远县西北部、阳明山脉南麓，西北与双牌县的麻江、塘底等乡镇接壤，东南与清水桥镇谢家、大竹源、郑兴、田伟、晓睦塘等村相邻，东至枧木冲，南至苦竹脚，西至何家源，北至牛栏观，总面积约15平方公里，境域主要包括原洛家洞、再上2个行政村的21个自然村，计2450余人。现有耕地1700多亩，林地面积约1.5万亩。

一

江河源的历史可追溯到元末明初时期。据有关资料，域内居民大都是元末、明清时期陆续从河南、江西等地辗转迁徙至楚南各地，最终至江河源繁衍生息。据《陈氏宗谱》，再上陈氏始祖君伍公最早于元至正元年（1341）由江西迁徙至宁远东门跳磡石，继而迁杨柳桥、陈家塘，终定居于江河源再上，已有600余年历史。其他各姓村民大都在明清乃至民国时期陆续从各地（主要从零陵）迁徙至此。

明清时期，江河源属宁远西乡；民国时期，实行区、乡（镇）体制，区划时有调整，江河源先后属宁远北屏镇、九区、六区、四区、桐梓乡，民国35年（1946），江河源属宁远县春陵乡。中华人民共和国成立后，1949年11月，属四区；1950年8月，属平田区的上龙盘乡。1952年，设立洛家洞乡，属宁远县第九区。1954年，洛家洞乡撤销并入侯坪乡，1956年，并入撤销区级建制后的晓睦塘

①《宁远县志》（1942年版）：“干禾源水出蛇头岭，南流二里经砦（再）上……届清水桥右会于春。”“干禾源”即“江河源”。因该地方言“干”与“江”、“禾”与“河”同音，疑旧志之称“干禾源”为读音理解之误所致。

乡。1958年10月，取消乡镇建制后，域内成立洛家洞大队，属柏家坪（先锋）人民公社，1961年人民公社体制调整后，洛家洞大队拆分为甘竹园、洛家洞、再上3个大队，属柏家坪区晓睦塘人民公社。1962年，洛家洞大队又析蒋家岭、马山脚、白石山、上兰家成立马山脚大队。1965年，甘竹园、洛家洞、马山脚3个大队再行合并成洛家洞大队。1984年恢复乡、村建制后，洛家洞大队和再上大队分别设为2个行政村，属晓睦塘乡，1995年撤区并乡建镇后，属清水桥镇。2016年3月，洛家洞、再上两村合并为江河源村（社区）。

二

江河源四周群山构成环绕之势，一水南流，地势北高南低，诸多山峰海拔在800米左右，其中最高峰壁子挂灯海拔约930米 。域内丘壑与溪流并生，高山与平畴相连，田园屋宇点缀于山水之间。有大小溪流10余条，泉井数十处，已发现的、比较大的溶洞近10个。白石坡飞瀑激石，坝里山林泉幽景，灵岩高旷闿豁，气岩别具洞天。丽景连连，不胜枚举。其中“二龙戏珠”“灵岩送子”“金台远眺”“古井流香”“玉观岚烟”“白崖飞瀑”“摩岭翠微”“青龙吐气”被称之为“江河源八景”。此外，“雄鸡赶母”“夜牛归栏”“金马玉桩”等景点，以及毗邻地区天井岩、阳明山之景观亦各具特色。江河源具旅游开发潜力。

域内动植物资源丰富。有欧亚野猪、豪猪、野山羊、麂子、竹鼠、果子狸、穿山甲等野生动物，二十世纪五六十年代以前，有豹子等珍稀动物出没；鸟类诸如岩鹰、白鹭、野鸡、喜鹊、画眉、麻雀等随处可见。随着自然植被的逐步恢复，一些飞禽走兽相继回归域内繁衍。域内广泛分布各类草本、木本植物。林业特产——杉树林广泛种植和生长。水源地及自然村落的水源林、风景林保存较好，古树乔木四季常青，尤其是蛇头岭村的古树群和牛栏观村的红豆杉林，弥足珍贵。

域内气候温和，雨量充沛，土壤肥沃，冬无严寒，夏无酷暑，适宜于种养业发展。水稻、玉米、红薯等为主要农作物，亦种植生姜、小米、小麦、高粱、黄豆、花生、西瓜、芝麻、棉花、烟叶，农产品品类较为齐全，农业发展潜力较大。

江河源地处永州市地理位置的中心地带，古湘粤官道纵贯全境，紧靠永连公路，离二广高速5千米。距永州中心城市80千米，距宁远、新田县城40千米、距双牌县城50千米，交通较为方便。

三

江河源文化底蕴较为深厚，历代兴学之风不衰。据考，清末再上人陈明璞曾在上兰家设私塾开课授徒。民国初年，设有3所国民学校。特别是中华人民共和国成立后教育得到空前发展，二十世纪六七十年代，学校最多发展到8所，洛家洞小学曾二度增设公社附中。2017年年底保有1所1~6年级小学，并办有村幼儿园。2013年通过申报合格学校，江河源籍人士捐款、争取国家资金，对洛家洞学校进行大规模改造之后，办学条件得到很大改善，学童入学率 达100%。由于重视教育，自1977年恢复高考以来，一批批江河源子弟考入大专院校深造。至2017年，在外工作人员约300人（不含务工经商人员），其中处级以上干部近30 人。此外，手工业者诸如铁匠、木匠、砌匠、篾匠、石匠，纺纱、织布、缝纫、棉被加工、酿酒、面粉加工、砖瓦烧制、药材加工者和油漆工等民间专业人才较多。还有包括民间特色医疗、建筑装潢等方面的专业人士。域内有文物古迹多处，其中包括8处寺庙、道观（尚存其部分遗址）。明清古民居大部分倾圮或废弃，有少量比较完好的民居尚存于世。清代著名书法家何绍基所书“恩赐翰林”匾额，保存于洛家洞何氏后人家中。

四

江河源人民有着顽强不屈的斗争精神。第二次世界大战期间，中国作为世界反战同盟国之一，于1942年春，组建十万远征军赴缅甸抗击日本侵略者，江河源蒋家岭村青年蒋运湖应征入伍并牺牲在异国他乡。除此之外，还有部分江河源籍国民政府军军官、士兵在不同战场与日军作战。日军侵华期间，1944年左右，日军第11军第3师团等从祁阳北部全线向零陵、宁远方向推进。其中驻扎在荷叶塘的番号为“石梯岭警备司令部”的一百多名日军经常到附近的李家岭（即蛇头岭）、白石山、再上等村“打捞”，抢夺牲畜、奸淫妇女、杀人放火，无恶不作。面对穷凶极恶的日军，江河源人民毫不畏惧，自动组织“自卫队”拿起枪抗击日军，保卫家园。村民蒋知元在抗击日军抢劫、火烧马山脚村时牺牲，蒋有远在抗击日军时负伤。20世纪50年代初，人民政府招干，解放军招兵，江河源许多青年和在校学生踊跃报名参加，其中有些青年奔赴抗美援朝前线，他们有的立功受奖，有的牺牲在朝鲜战场。

江河源还具有不甘落后、追求上进的传统风尚。20世纪70年代，江河源全民上山，人工造林近万亩，成为宁远县两个百里林带之一的大南山百里林带之龙头，因而成为当时零陵地区造林绿化的先进单位；再上大队再上生产队在乱石坡上开山造田、兴修水利设施提高粮食生产水平，成效显著。中华人民共和国成立以来，洛家洞和再上两个村（大队）屡屡获得诸如“先进集体”“先进党支部”“先进个人”“模范支书”“劳动模范”等称号，其中再上大队成为全省农业学大寨先进典型。

五

中华人民共和国成立以来，江河源社会经济得到了长足的发展，农村面貌发生了巨大变化。在集体化时代，农业生产水平在公社（乡）中处于中上水平，部分农业生产指标处领先水平。改革开放特别是中共十八大以来，在发展粮食生产的同时，扩大经济作物种植，多种经营，治山造林，大量剩余劳动力外出务工经商，群众收入逐步提高。依托良好的自然条件，涌现部分种养大户。基础公益设施不断改进与完善，生态环境改善，村容村貌焕然一新。

20世纪70年代，首先修通了洛家洞至晓睦塘公社所在地泉井眼的公路；90年代，又修通了江河源至清水桥的公路。进入21世纪后，在政府有关部门支持下，以及群众投工投资，对大部分道路进行了路面硬化、拓宽；2016年，在县扶贫工作队的帮助下，域内偏远无公路的自然村修通了公路。2017年，开工建设江河源至双牌县境内公路。道路交通的改善，大大方便了江河源与外界的联系，极大地促进了经济的发展，方便了人民群众的生产生活。

1997年，群众筹资投劳，并向政府有关部门争取部分资金，架设了高压电线，从根本上解决了群众的生产、生活用电问题；此外，从90年代起，群众自筹资金和争取政府专项资金，陆续兴建了自来水设施，绝大部分村民用上了自来水。2017年，各自然村都装上了照明路灯，生活设施大为改善。

继2000年开通有线电话之后，中国移动、中国联通先后在江河源建立通信设施，移动电话得到普及。2016年，宽带网络进村，江河源与外界的联系更加紧密了。

2012—2017年，政府有关部门投入近400万元用于农田水利建设，修筑机耕道路、疏浚河道、修砌河坡、水坝，维修沟渠，为农业生产创造良好条件。

由于收入的增加，绝大部分村民盖上了楼房，其中还有不少村民在外地购建住房，有的还购买了汽车，村民生活水平不断提高。

六

江河源素为农家美食之乡。农家特色美食，诸如炒血鸭、炖土鸡、红烧禾花鱼、扣肉及各种腊味、腌菜，选料讲究、制作独特精细、味美可口；各种野菜，如黄竹笋、蕨菜、天鹅菌、苦菜公等，更是上等天然绿色食材，加之传统家酿、糍粑、粽子等，尤为外人所称道。

江河源环境优美。这里有山林泉石之美，田园民居之趣，民风淳朴，无都市之喧嚣，无工业之污染，山青水碧，空气清新，堪称是攀登健身、探险寻幽、休闲度假、吐故纳新的好去处。

2016年，作为宁远县农村改革的试点之一，洛家洞、再上两个行政村合并成立江河源村（社区）。积极进取的江河源人民，定会谱写新的篇章，把江河源建设得更加美好。

大事记

清咸丰九年（1859）

是年，域内特大洪水。

清光绪三十二年（1906）

是年，域内遭遇特大干旱，石头岭上有的树木、黄竹因干旱枯死。粮食、蔬菜失收。

民国2年（1913）

3月，乐佳洞（即洛家洞）成俊、再上得英两所国民学校设立，在校学生分别为21人、17人。

民国4年（1915）

8月，甘竹园正修国民学校设立，在校学生21人。

民国28年（1939）

是年，国民党军54师经麻江过江河源，在洛家洞、马山脚、上兰家驻扎多日。

民国30年（1941）

5月，洛家洞成俊、甘竹园正修、再上得英学校分别改为桐梓乡16保国民学校、15保国民学校、15保国民学校再上分校。

9月24日晚，建于清道光年间（1821—1850）的大桥岩石凉亭倒塌。

民国33年（1944）

冬，上兰家村民吕正荣在蛇头岭击毙日军1人。

12月，日军在蛇头岭村抓捕村民9人（其中外村村民1人），屠杀于天井头村。

民国34年（1945）

是年，大旱。

5月9日，江河源村民在江河源百步陡、五岔路、奔陡坡一带袭击日军。

5月10日，驻零陵（今双牌）麻江荷叶塘村日军到马山脚抢粮，村民与日军交火，蒋家岭蒋知元在交火中牺牲，马山脚陈老备妻子被日军打死。抢走粮食数十担，被抢钱以及禽、畜无法统计，烧毁房屋13栋，包括仓库在内的建筑物等共100余间。

民国36年（1947 ）

是年， 大桥岩木质凉亭重建。唐自翘题字“大岩亭”。

1949年

10月，中国人民解放军经过清水桥。

1950年

11月，江河源成立上龙盘乡农民协会第三分会。

秋，江河源多名青年参加中国人民解放军，其中部分开赴朝鲜战场。

1951年

年初，土地改革开始。根据1950年8月政务院《关于划分农村阶级成分的决定》政策精神划分阶级成分，江河源有16户被划为地主、7户被划为富农。

是年，江河源又有多名青年参加中国人民志愿军，奔赴朝鲜战场。

年底，入朝参战人员：陈起烱、唐廷安、蒋运敏、朱石荣、陈起后、陈起镇、李水林。

1952年

7月，设立洛家洞乡，下辖甘竹园村、洛家洞村、马山脚村、再上村，属宁远县第九区，时九区机关驻平田。

是年，江河源发展第一批党员，第一个中共党小组成立，小组组长唐德正。

1954年

是年，开始成立互助组。

冬，洛家洞乡并入侯坪乡。

1955年

春，成立甘竹园陈家初级农业生产合作社，满竹坝、王家、岭源头初级农业生产合作社，洛家洞初级农业生产合作社，兰家岭、蒋家岭初级农业生产合作社，马山脚初级农业生产合作社；枧木冲、何家源、白石山、上兰家仍为互助组。

是年，江河源陈起华、何世武、蒋柏生参加中国人民志愿军开赴朝鲜。

1956年

春，有苏联女专家参与的20多人的地质勘探队驻洛家洞一月余，对江河源区域进行地质矿产勘察。

6月，江河源划入晓睦塘乡。

冬，成立甘竹园高级农业生产合作社、洛家洞高级农业生产合作社、再上高级农业生产合作社。

1958年

9月，江河源100余人在阳明山造林20余天，何世良带队，罗绍文任技术员。

9月28日，以自然村为单位设立集体公共食堂，村民不得各自为炊。

10月，根据《中共中央关于在农村建立人民公社问题的决议》，全国实行人民公社政社合一体制，晓睦塘乡并入新成立的先锋人民公社后，江河源成立洛家洞生产大队，下设6个生产队：甘竹园生产队，洛家洞生产队，兰家岭生产队，马山脚生产队，再上生产队，蛇头岭生产队。

冬（至春节），由蒋有文、唐政荣带队，洛家洞大队无偿派遣劳力300人共约

30000工日，参与修建侯坪江溪塔水库。

冬，在“大炼钢铁”口号号召下，在鸡笼山建铁矿厂1个，在蒋家岭建煤矿厂1个，大队建炼铁炉1座。一个月后炼铁炉、铁矿厂、煤矿厂相继关闭。

因“大炼钢铁”，大量原始森林被砍伐运往外地。

是年，粮食生产丰收。

1959年

春，大队于冷水脚建生猪饲养场，何世良任场长；建立综合工厂，邓元生任厂长，陈文仪任会计。综合工厂下设土药厂、木工厂、织布厂、篾厂、铁工厂、松毛油厂等。

9月，无偿派遣劳力200人共约20000工日，唐政荣带队修建侯坪曹家冲水库，陈文铲带队修建冷水源水库。是年冬，雨水较多，工地条件简陋，施工及生活艰苦。

9月，大队于玉真观建牧牛场，蒋有远任场长，有牛100余头。

“共产风”下，实行粮食统一调配，江河源粮食外调，仅上兰家就调出粮食（糯谷）750余公斤，严重挫伤社员的生产积极性。

是年，大队设立疗养院。

是年，主要因盲目密植，导致水稻减产。

1960年

11月，中共中央下发《关于农村人民公社当前政策问题的紧急指示信》（“12条”），“整风整社”开始。

是年，大队疗养院撤销。

是年，山上苦竹结籽，人们摘取苦竹籽去壳后舂米为食（米呈红色，糯性）。江河源从何家源至立石山之西岭上有大量苦竹生长。采摘籽实之后的苦竹全部死亡。葛根、蕨根也成为人们充饥食品。

1961年

3月，洛家洞大队析分为洛家洞、甘竹园、再上3个大队。撤销饲养场、牧牛场、综合工厂。

6月，撤销集体食堂。

1962年

2月，洛家洞大队因发展生猪成绩突出，被专区评为先进集体，洛家洞大队大队长唐政荣代表大队、甘竹园大队党支部书记蒋有文作为先进个人出席衡阳专区群英会，受到表彰。

2月，析洛家洞大队之蒋家岭、马山脚、白石山、上兰家成立马山脚大队。

秋，白石山设立小学。

是年，部分生产队试行家庭承包制。

1963年

是年，试行家庭承包制的生产队恢复集体经济。

1964年

9月下旬，“四清”（即“清思想、清政治、清组织和清经济”）工作组进村，进行社会主义教育运动，即“四清运动”。

秋，马山脚设立小学。

1965年

9月，为时一年的“社教”运动结束，社教队员撤离。大部分大队、生产队干部在“四清”运动中不同程度地受到批斗或冲击。

10月，甘竹园大队、洛家洞大队、马山脚大队合并为洛家洞大队，下辖17个生产队。

是年，域内开始逐步推广广秋矮、珍珠矮等矮秆水稻良种。

1966年

是年，“文化大革命”开始，波及农村。红卫兵组织成立。

秋，白石山小学撤并入马山脚小学。

1967年

9月，道县等地非法杀人事件波及江河源。

1968年

7月8日，特大洪水。马脊坳、马山脚、田间垌、甘竹园、兰家岭等处稻田被淹，多处河坡被冲毁。马脊坳石拱桥遭严重破坏。

是年，洛家洞大队第七、八、九、十生产队合并为第七生产队；再上大队由7个生产队合并为4个生产队。

是年，洛家洞大队建立合作医疗室，朱石丰、何世富担任土药医生。

1969年

4月，成立大队革命委员会。唐政荣、陈起善分别任洛家洞大队、再上大队革命委员会主任。

是年，晓睦塘中学设洛家洞附中。

是年，蒋运姣出席县劳动模范表彰会。

1970 年

9月，江河源23人参加湘黔、枝柳铁路建设，其中洛家洞大队17人，何世武带队；再上大队6人，陈起伦带队。

是年，洛家洞大队茶场建立，场长唐天华，主要种植茶叶。茶场场部设在何家源瑶人槽。

1971年

春，洛家洞附中撤销。

是年，再上大队成为全省农业学大寨的先进典型。

5月底至6月初，省委、省革委召开全省农业学大寨经验交流会，与会人员到再上大队参观。

秋，白石山复设小学。

冬，江河源260人自带生产工具、自办伙食等，无偿参加为期3个月的上龙盘双龙水库大坝施工。

是年，唐政荣出席零陵地区学习毛主席著作积极分子先进代表大会。

1972年

正月，无偿派遣劳力参加晓睦塘公社向阳水库建设。

春，洛家洞设晓睦塘中学附中。

冬，继续无偿参加修建双龙水库，参加人数152人，其中洛家洞大队108人、再上大队44人。该年土石方任务为 2982方，其中洛家洞大队2110.5方、再上大队871.5 方。

1973年

春，洛家洞附中撤销，并入晓睦塘中学。

1974年

秋，全民开荒造林。

秋，蒋运礼代表洛家洞大队出席零陵地区治保调解先进单位会议。

1975年

是年底，零陵地区林业工作会议召开，会议代表现场参观洛家洞大队造林区。洛家洞大队作为先进典型在大会上受到表彰。

冬，洛家洞大队全部自筹资金的小学搬迁工程开工，学校由洛家洞自然村老校址迁至晒禾岭。当年建成教室（南北向）、教师办公室各两间。

是年，宁远县委授予洛家洞大队党支部“先进支部”称号。

1976年

秋，马山脚小学撤并至洛家洞学校。

是年，洛家洞大队由蒋运礼带队，无偿派劳动力 18人历时3个月参加九嶷电站建设。

1977年

年初，洛家洞大队学校礼堂竣工（含2个教室）。

7月，唐政荣作为洛家洞大队先进党支部代表出席零陵地区先进代表大会。

是年，恢复高考，马山脚村蒋政平、蒋家岭村蒋显军参加高考，其考试成绩达到大学录取线。

秋，晓睦塘公社修建泉井眼至江河源林业公路。洛家洞、再上两个大队分段包干修建晓睦塘村至江河源路段。

冬，大桥岩凉亭改建为混凝土公路桥。

冬，洛家洞学校新校址4间教室（东西向）以及厨房设施等完工。

1978年

1月底，中共零陵地委、零陵地区革命委员会召开“农业学大寨”群英会。唐政荣被评为劳动模范并出席会议，洛家洞大队党支部被评为先进支部。

5月，宁远县委授予唐政荣“先进个人”称号。

12月，宁远县“先代会”召开，洛家洞大队被评为“先进集体”，唐政荣、蒋显华、陈起伟分别被评为“模范支书”“模范队长”“养牛模范”。

是年，晓睦塘公社至洛家洞大队砂石公路通车。

1979年

是年，按照党的政策为地主、富农分子“摘帽”，给予社员同等待遇。

是年冬，湖南日报社农村部主任蒋显礼回村鼓励推行农村家庭联产承包责任制。

1980年

是年，蒋显礼争取省水利部门资金，洛家洞大队55千瓦水电站开工建设。

是年，洛家洞大队第七生产队重新分开为4个生产队，再上大队由4个生产队分开为6个生产队。

1981年

是年，零陵地区开始山林定权发证工作。划定自留山，建立林业生产责任制。

秋，白石山小学撤并至洛家洞学校。

是年，再上大队由6个生产队分开为7个生产队。

是年，试行农村家庭联产承包责任制。

1982年

是年，实行农村家庭联产承包责任制，承包期3年。

1983年

11月，洛家洞大队55千瓦水电站建成发电。

1984年

1月，宁远县第12届复、退、转、残、荣军属先进代表会议，授予唐政荣“先进个人”称号。

夏，政社合一的人民公社改为乡镇建制，洛家洞大队、再上大队分别改建为洛家洞村、再上村，原生产队改建为村民小组。

1985年

是年，为期3年的第一轮农村家庭联产承包责任制承包到期，开始实行第二轮家庭联产承包责任制，承包期15年。

1986年

冬，上兰家自建5千瓦小水电站发电。其后白石山等村民小组相继开发微小水力发电。

1987年

秋，甘竹园小学撤并至洛家洞学校。

1988年

是年，宁远县委、县政府授予再上村“文明村”称号。

1990年

冬，村民筹资投劳、国家补助（包括在外工作的蒋显礼等多位人士在交通等管理部门争取资金），清水桥经田伟至洛家洞、马山脚、白石山、上兰家，洛家洞至蒋家岭，苦竹脚至再上公路开工建设。

1991年

年底，清水桥经田伟至洛家洞、再上公路建成通车。

1992年

年底，马脊坳至上兰家、白石山公路，洛家洞至蒋家岭公路通车。

1993年

秋，蛇头岭小学撤并入再上小学。

1995年

3月，实施撤区并乡建镇，江河源随晓睦塘乡合并入清水桥镇。

1997年

是年，洛家洞村集资开工建设高压电网工程。

1998年

是年，洛家洞村继续大电网入村工程建设，在外工作的何世军在水电管理部门争取10万元建设资金用于架设电网等。

1999年

蛇头岭至天井坳上公路开工。

是年，再上村于洛家洞村处架设高压线入村。

2000年

蛇头岭至天井坳上公路通车。

是年，开通有线电话。

2003年

冬，该村在外工作的蒋显礼、唐柏操分别在省有关部门争取资金共22万元，重建洛家洞学校校舍520平方米，其中包括教室6间，办公室、宿舍6间套；新建学生宿舍240平方米。

2004年

再上小学撤并至洛家洞小学。

2006年

2005年12月29日，十届全国人大常委会第十九次会议决定，从2006年1月1日起正式废止《中华人民共和国农业税条例》。该年起免征农业税。

是年，洛家洞村列为农村清洁工程试点村。

是年，清水桥至马山脚公路路面混凝土化，路幅3.5米。

2007年

9月，筹划江河源牌楼建设项目。

10月2日，江河源部分在外工作人士以及村干部、部分村民在上兰家聚会，成立江河源新农村建设理事会，研究江河源新农村建设事宜。主要参会人员有蒋政平、唐柏操、陈开柳、陈慧、陈苏文、陈德才、唐政荣、陈国宝、陈开忠、陈德明、陈开益、罗海峰、陈静、蒋建辉、唐柏建、陈小六、罗水明、陈起旺、陈起钧、陈国富等。

12月，江河源牌楼建成。

是年，苦竹脚至再上、马山脚至上兰家公路路面混凝土化。

2008年

1月，中国南方特大雪灾，江河源大量树木因冰雪断折。

夏，为构想开发江河源旅游规划，调查本村及周边旅游资源，蒋政平、蒋星珉、何世干、陈德才、蒋全、罗海峰、陈德明、陈静、吕老八等人探险穿岩、天井岩。

5月，在清水桥完小开会讨论江河源牌楼护坡重建问题。参会人员有蒋政平、唐柏操、蒋星珉、陈开柳、何世干、蒋国亮、陈德才、蒋运姣、陈德明、陈静、蒋建辉、唐柏建、陈起礼、陈小六、罗水明、陈起钧、陈国柱等。

7月5日，蒋政平、唐柏操、何世干考察零陵区黄田铺学校建设情况。

是年，洛家洞村文化室建成。

2009年

1月24日，在上兰家研究讨论牌楼护坡重建问题。参会人员有蒋政平、唐柏操、陈开柳、何世干、陈苏文、蒋国亮、陈德才、陈静、唐柏建、陈小六、罗水明、陈起钧等。

4月5日，在上兰家研究讨论牌楼护坡重建有关事宜。参会人员有蒋政平、唐柏操、陈开柳、何世干、陈苏文、蒋国亮、陈开忠、陈治海、蒋建辉、罗海峰、唐柏建、陈小六、罗水明、陈起钧、陈国富等。

5月29日，在上兰家召开江河源新农村建设会议，研究讨论牌楼护坡建造合同等问题。参会人员有蒋政平、唐柏操、何世干、陈德才、罗海峰、唐柏建、陈小六、罗水明、陈德修、陈起钧、蒋晓等。

2010年

4月4日，在上兰家召开江河源新农村建设会议，研究牌楼扫尾工程、筹建文化设施、争取省扶贫工作组驻村扶贫、《江河源志》编纂等问题。参会人员有蒋政平、唐柏操、何世干、陈苏文、蒋平、陈慧、蒋国亮、唐得鑫、陈开益、陈德才、罗海峰、陈德明、陈治海、唐政荣、蒋运姣、陈静、唐柏建、陈小六、罗水明、陈德修、陈国富、蒋军亮、蒋晓等。

5月，研究布置牌楼文化墙护坡治理问题。参会人员有蒋政平、何世干、陈苏文、蒋平、陈德才、唐柏建等。

5月，洛家洞至蒋家岭、兰家岭公路路面混凝土化。

10月3日，在上兰家召开江河源新农村建设会议，研究马脊坳文化公园问题。文化公园规划建设内容主要包括一座楼阁、一条游道、一处诗词碑林，另置奇石、精植林木。参会人员有蒋政平、唐柏操、蒋建英、陈开柳、何世干、陈苏文、蒋平、陈德才、蒋全、唐政荣、陈开忠、陈静、唐柏建、陈小六、陈德修、蒋晓等。

10月5日，在上兰家召开马脊坳景观楼规划设计会议。与会人员实地察看了建设地址——马脊坳临江山冈。参加会议的有蒋政平、唐柏操、蒋建英、何世干、陈苏文、蒋平、唐政荣、陈德才、陈德明、唐柏建、陈德中、蒋晓等，湖北大冶古建筑施工队相关人员参加会议。

是年，在外工作的蒋显礼、蒋政平、唐柏操、周静为省扶贫工作组驻村扶贫做了大量协调工作。

2011年

3月6日，省扶贫工作组组长寻时雨（省工商局副处长）、组员邓建平（中国人民银行长沙中心支行干部）在省工商局、中国人民银行长沙中心支行驻宁远天堂镇岭脚村扶贫组负责人陪同下到洛家洞村考察。宁远县委组织部部长刘军君、副部长谢金花、县扶贫移民局局长夏峰、清水桥镇党委书记彭政超陪同考察。

4月4日，在上兰家召开会议，研究扶贫工作组进村后争取建设项目事项。参加会议的有蒋政平、唐柏操、陈苏文、蒋全、唐政荣 、陈德才、罗海峰、唐柏建、陈小六、 罗汉斌、罗水明、蒋晓等。

7日，省扶贫工作组进洛家洞村驻点扶贫。

10日，洛家洞村为迎接省扶贫工作组驻村搞好扶贫工作，召开党员、各组村民代表大会，蒋政平作主题讲话，清水桥镇镇长杨臣山参加。

11日，蒋政平带队去宁远县天堂镇岭脚村省扶贫点参观考察。随行人员有蒋建英、蒋国亮、陈德才、唐柏建、陈小六、罗水明。

21日，省工商局党组成员、副局长强国跃一行到洛家洞村督查扶贫工作。

5月7日，湖南日报社原社长蒋显礼，永州市政协原党组副书记、常务副主席、正厅级干部蒋政平，宁远县委常委、副县长唐慧云，清水桥镇党委书记彭政超以及省扶贫工作组组长寻时雨等到洛家洞村召开会议，研究扶贫工作。

12月6日，省委组织部基层办主任江波等到洛家洞村进行扶贫考核和基层组织建设调研，宁远县委副书记、县长刘卫华，县委常委、副县长、统战部部长刘庚旺，县委常委、县委组织部部长刘军君以及县财政局、工商局、扶贫移民局、清水桥镇负责人陪同检查。

2012年

1月28日，江河源新农村建设会议在宁远县燕京酒店举行，研究清水桥至洛家洞道路拓宽问题。参会人员有蒋政平、唐柏操、陈开柳、何世干、陈苏文、蒋平、蒋国亮、蒋全、陈德才、陈开忠、陈德明、唐柏建、陈德中等。

2月12日，蒋政平回村在上兰家召开会议，研究协调道路拓改问题。参加会议的有寻时雨、夏峰、彭政超、蒋全，以及洛家洞村、田伟村党支部书记、村主任等。

3月2日， 清水桥至江河源洛家洞公路拓改工程开工。

3月22日，湖南省委督办专员刘国湘率督查组在省工商局党组副书记、副局长寇勇陪同下到洛家洞村督查扶贫工作。永州市委组织部副厅级干部、部务委员刘恒魁，宁远县委书记严兴德，县委常委、组织部部长刘军君，县委常委、县委办主任何德波等陪同督查。

同日，建筑面积1540平方米的洛家洞小学综合楼（含学生食堂、教师宿舍）开工建设。

由永州市烟草局投资200万元的烟田基本建设工程开始实施。工程项目内容为村道所经河坡护砌、洛家洞和甘竹园水坝建设以及北极岭一段道路整治。

4月4日，江河源新农村建设会议在上兰家召开，主要研究道路扩改问题、通报牌楼及附属工程财务收支以及《江河源志》编纂进展情况等。参会人员有蒋政平、唐柏操、蒋星珉、蒋建英、何世干、陈苏文、蒋国亮、陈德才、蒋全、陈静、唐柏建、陈小波、陈小六、罗水明、陈起礼、陈德修、唐林茂、陈峰等。

5月25日，人民银行长沙中心支行副行长张瑞怀、永州市支行副行长李志扬等到洛家洞村考察扶贫工作，并给村小学捐书。 县委组织部部长刘军君、副部长谢金花、人民银行县支行行长赵东旺、县扶贫移民局局长夏峰、清水桥镇党委书记乐宁波、镇长杨臣山陪同考察。

7月29日，永州市政协原常务副主席、正厅级干部蒋政平率市、县烟草部门负责人到洛家洞村协调推进烟田基本建设工程工作。

9月28日，中国人民银行长沙中心支行行长马天禄一行到洛家洞村检查指导扶贫工作，县委组织部部长刘军君、副部长谢金花陪同检查。

11月，清（水桥）—江（河源）公路拓改之路基工程完工。

12月10日，省委组织部基层办副主任刘浩带领由省工商局、人民银行长沙中心支行组成的扶贫验收组到洛家洞村检查扶贫工作，市委组织部副部长李钢、宁远县委组织部部长刘军君以及县扶贫移民局、财政局、工商局、人民银行宁远支行、清水桥镇相关单位负责人陪同检查。

烟田基本建设工程完工。

是年，宁远县委授予洛家洞村党支部“先进基层党支部”称号。

2013年

3月15日，永州市环保局下发《关于命名洛家洞村等50个村为市级生态村的决定》，洛家洞村被授予“市级生态村”称号，为首批宁远县唯一获此称号的行政村。

是年，清江公路扩建工程继续施工。

7月28日，在上兰家召开会议，研究解决道路拓改工程中遇到的若干问题以及筹划将洛家洞小学申报为完全小学。参会人员有蒋政平、唐柏操、何世干、蒋平、陈德才、陈德明、陈静、唐柏建、陈起礼、陈小六、刘来成、刘成、唐林茂等。

8月17日，经省财政厅周静联系，蒋政平、唐柏操、何世干、陈苏文赴长沙宁乡县关山村、望城区光明村考察新农村建设。

9月8日，洛家洞、再上村两委向县人民政府请示“单设洛家洞完全小学建制”。

10月3日，第二阶段江河源新农村建设规划会议于阳明山阆苑宾馆举行。会议明确今后的主要工作方向，包括创建洛家洞合格学校，建设洛家洞省级生态文明村，争取开通公共交通班车、网络等。参会人员：蒋政平、唐柏操、蒋建英、何世干、陈苏文、蒋平、蒋国亮、陈德明等。

11月9日，创建洛家洞小学合格学校捐款大会在洛家洞小学举行，江河源籍60余人参加大会，现场认捐款30余万元。

12月8日，宁远县委常委、常务副县长唐慧云率县有关部门负责人到洛家洞村察看公路拓宽工程项目，落实建设资金，确定由县经管局进一步核实工程量。

12月30日，蒋政平、唐柏操在长沙向省扶贫办主要领导汇报洛家洞村扶贫工作情况，争取资金支持。

2014年

1月1日，在上兰家召开会议，研究创建洛家洞合格学校问题。现场查看学校扩建工程进度，会议通报捐款进度，并要求催收认捐款到位。增加马山脚片学生入学道路建设项目。参加会议的有蒋政平、唐柏操、陈开柳、何世干、陈苏文、蒋平、蒋国亮、蒋全、陈德才、陈德明、陈国宏、陈静、唐柏建等。

2月16日，创建洛家洞合格学校会议在上兰家举行。会议通报认捐款到位情况。根据工程现状，继续组织尚未捐款者认捐。参会人员有蒋政平、唐柏操、何世干、陈苏文、蒋平、蒋国亮、蒋全、唐得鑫、陈治海、陈德才、陈国宝、陈德明、陈国宏、陈静、唐柏建、陈小波、陈小六、罗水明、陈德修等。

5月27日，清江公路苦竹脚至北极岭段拓宽工程开工。

6月4日晚，特大暴雨，山洪冲毁河坡13处，淹没烟田70亩，损毁房屋 15间。次日晚，湖南卫视、宁远电视台等对该村洪灾情况作了报道。

6日，宁远县委副书记、县长桂砺锋，县委常委、副县长、统战部部长刘庚旺到村了解水灾情况。

7月9日，清江公路苦竹脚至北极岭段扩改工程验收及考察下段扩改重点地段。参加人员：蒋政平、唐柏操、何世干、陈苏文、蒋平、陈德才、陈德明、唐柏建、陈小波、陈小六、罗水明，以及承包方欧阳永民。

10月2日，洛家洞学校建设工作会议在洛家洞召开，研究校大门、读书亭、操场建设项目及造价问题，切磋校门、读书亭联；进一步增加捐资额度：其中蒋政平、唐柏操、蒋平、陈苏文、蒋国亮、蒋全各增捐一万元。参会人员：蒋政平、唐柏操、陈慧、何世干、蒋平、蒋全、陈德才、陈国宏、陈静、唐柏建、陈小波、陈小六、罗水明、陈黎明、陈治军、陈德修。湖北古建筑队殷茂乾也参加了会议。

11月23日，宁远县委常委、常务副县长唐慧云到村检查工作，落实公路建设资金22万元，另增批10万元建设学校。陪同检查的有关领导及该村藉人员：蒋政平、唐柏操、周静、周圣君、谢志远、何世干、陈苏文、蒋平、蒋国亮、蒋全、陈德明、陈国宏、唐小龙、罗汉斌、陈海龙等。

12月22日，深圳台铃集团公司捐资五万元为洛家洞学校援建的“梦想操场”正式动工。县委常委、宣传部部长陈军中，副县长胡昕若，台铃集团公司总裁姚立以及有关新闻媒体、香港企业界人士、香港大学学生等参加开工仪式。

年底，于6月开工的再上陈氏宗祠整修改造工程完工。

2015年

2月25日，洛家洞学校建设会议在上兰家召开。会议总结了前期学校建设工作情况，认为通过努力已初见成效，并要求落实下一步主要工作：完成学校大门前台阶建设，继续完成清江公路主干道建设，包括清水桥至田伟、马山脚至马脊坳路段等。参加会议的有：蒋政平、唐柏操、何世干、陈苏文、蒋平、蒋国亮、陈国宏、陈德才、罗海峰、唐柏建、罗汉斌等。

3月22日，清江公路扩改工程验收，并研究马山脚至马脊坳路段扩改事项。至此，自清水桥至马山脚全长约7公里的公路全线拓宽至5.5米，危险路段全部建设防护墩。参加工程验收人员：蒋政平、何世干、蒋平、陈国宏、蒋小岗、陈德明、罗海峰、唐柏建、陈小六、罗水明、罗汉斌等。

3月，从宁远水市大界购置8棵银杏树大苗，种植于江河源牌楼外广场内侧。

4月7日，永州市副市长刘尤碧考察洛家洞学校，对江河源倾力办学给予高度评价，同时对洛家洞学校申请升格为完全小学表示支持。陪同考察的有：永州市教育局副局长李谋韬、宁远县委副书记蒋良铁、副县长胡昕若、县教育局局长何国义、清水桥镇党委书记乐宁波；该村籍人员蒋政平、唐柏操、周静、何世干、蒋国亮、陈德才、陈德明、罗海峰、唐柏建、陈小波、罗水明等。

4月29日，由县农机局、电信局组成的县扶贫工作队进驻再上村，开展为期三年的扶贫工作。

4月中旬，在江河源牌楼外右侧树立“生态村”字碑。

5月，完成清江公路主道马山脚至马脊坳段改扩工程。

6月19日，县委常委、副县长刘庚旺到再上村制定扶贫规划。

10月，再上—水源山—蛇头岭扶贫公路开工建设。宁远县农业开发洛家洞项目工程实施。

12月，再上籍抗美援朝老战士、黑龙江省书法家陈起后（陈飞云）回乡于江河源牌楼、洛家洞学校现场挥毫，书写“江河源头、锦绣山川”等书法作品。

是年，再上村活动中心——国策楼建设完工。

是年，再上村被宁远县综治办评为“综治维稳先进村”；唐柏建被宁远县委评为“优秀共产党员”。

2016年

1月，江河源村（社区）成立。

1月28日，农业开发项目杨家坪至岭源头机耕道（简易公路）开工。

2月4日，江河源村（社区）首届党总支部委员选举：唐柏建、陈小波、陈小六、罗水明当选。

16日，江河源新农村建设会议在上兰家举行。会议确定“二争取”：争取建设3条道路，争取种植6000棵银杏树，争取入选永州市“美丽乡村计划”项目。参加会议人员：蒋政平、唐柏操、何世干、陈苏文、蒋平、蒋国亮、蒋全、唐得鑫、陈德才、陈国宏、陈德明、罗海峰、唐柏建、罗水明、陈黎明、陈治军、陈德修、罗汉斌等。宁远县纪委书记李亚峰，清水桥镇党委书记邓长春等到会指导。

3月14日，江河源村党总支部委员会、江河源村民委员会、江河源村社区便民服务站正式挂牌。

5月1日，江河源新农村建设理事会在上兰家召开会议，研究马脊坳至天井坳公路建设事项，并查勘线路走向。参加会议的有：蒋政平、唐柏操、何世干、陈苏文、蒋平、唐得鑫、陈国宏、罗海峰、陈开忠、唐小龙、陈国富等。

7月9日，江河源新农村建设会议于上兰家召开。会议通报《江河源志》编纂进展情况和前期江河源建设财务事项，讨论争取建设资金等。参加会议的有：蒋政平、唐柏操、何世干、唐政荣、陈苏文、蒋平、蒋国亮、蒋全、唐得鑫、陈治海、陈国宏、陈德明、罗海峰、唐柏建、陈小波、陈小六、陈起礼等。

7月30日，江河源新农村建设会议在长沙岳麓区汀湘十里召开。会议就江河源新农村社区建设事项——天马公路、洛再公路、移民小区进行了研究讨论。参会人员有：蒋政平、唐柏操、何世平、何世干、陈苏文、蒋国亮、蒋全、陈德才、陈国宏、陈德明、罗海峰、唐小龙、罗汉斌等。

9月，《江河源志》初稿完成并征求相关人士意见。

10月22日，宁远县委常委、宣传部部长、副县长刘庚旺率县卫计委、水利局、电力局等部门负责人深入再上村调研指导精准扶贫工作。

11月，再上村成立江河源水果种植专业合作社、宁远淡水鱼养殖专业合作社。

12月17日，江河源新农村建设理事会部分成员考察扶贫移民计划搬迁地点。为有利于发挥集聚效应，关于移民搬迁计划中的移民征地区域，建议由兰家岭移至洛家洞石山脚、壕子口一带。参加考察的有：蒋政平、唐柏操、何世干、蒋国亮、蒋全、陈苏文、陈治海、陈国宏、罗海峰、陈孟辉、唐柏建、陈小六、陈黎明等。清水桥镇党委书记邓长春等参与考察指导。

是年，宁远县委授予江河源村（社区）党总支部“先进基层党支部”称号；陈小波被宁远县委组织部评为“先进党务工作者”。

2017年

2月28日，县委正处级干部、县人大常委会原副主任何德仁带领县农机局、县电信局以及清水桥镇政府相关人员到江河源社区召开精准扶贫动员会。

4月12日，江河源村（社区）党总支部委员会、村民委员会选举。唐柏建任总支部书记，陈小波任总支部委员兼再上网格支部书记、村（社区）主任，陈小六任总支部委员、村（社区）副主任，陈黎明任总支部委员、洛家洞网格支部书记，陈治军任洛家洞网格支部委员，陈二坤任再上网格支部委员、村（社区）会计，陈华任再上网格支部委员，刘满妹任计生专干。

4月14日，宁远县委正处级干部何德仁带领县农机局、电信局等单位的干部职工，来到江河源社区开展扶贫调研及结对帮扶工作。

4月29日，在上兰家召开移民搬迁项目——古源新村规划设计会议。参会人员：蒋政平、唐柏操、陈慧、何世干、蒋国亮、陈苏文、罗海峰、唐柏建、陈小波、陈小六、陈黎明。清水桥镇镇长朱锦生、镇人大副主席杨友民等镇干部以及规划设计人员到会指导。

5月，县投入交通专项资金15万元建设苦竹脚、甘竹园、洛家洞、马脊坳、上唐家5个农村交通招呼站。

11月初，电网改造开工。

12月底，扶贫及地质灾害异地搬迁43户。其中乡镇集中安置38户、145人；县城集中安置3户、14人；分散安置2户、3人。

第一章 行政区划

第一节 建置沿革

据《宁远县志》（1993年版）记载，明初实行乡、里制度，清沿明制。至清光绪年间（1875—1908），改里甲制为保甲制。民国时期，实行乡、镇制或区、乡、镇制，下设保、甲，设保长、甲长。中华人民共和国成立后，废除保甲制，按行政区域划分行政村组。1958年，实行政社合一的人民公社，公社下设大队、生产队。1984年，恢复乡村建制，大队改为村、生产队改为村民小组。

一、隶属演变

（一）中华人民共和国成立前

晚清时期，江河源属宁远西乡。

民国元年（1912），行政区划大调整，全县设6个镇、5个乡，江河源属东、西二乡合并后的北屏镇。

民国十八年（1929），废镇改区，全县设9个区。北屏镇分为第8、9区，江河源属第9区。

民国20年（1931），全县缩9个区为7个区，江河源属第8、9区合并后的第6区。

民国24年（1935），全县缩7个区为5个区1个直属乡，江河源属第6区所改后的第4区。

民国27年（1938），废区复乡，全县置1个镇27个乡，江河源属桐梓乡，甘竹园片、再上村属15保，洛家洞片、马山脚片属16保。

民国35年（1946），改1个镇、27个乡为1个镇、9个乡，江河源属由花桥、柏市、西堂、桐梓4个乡合并后的春陵乡。

（二）中华人民共和国时期

1949年中华人民共和国成立之初，全县暂划4个区，江河源属春陵、石安（今鲤溪）、龙凤3个乡合并后的第4区。

1950年8月，全县将4个区分为8个区、90个乡，江河源属平田区上龙盘乡。

1952年7月，全县划为11个区，228个乡，江河源属第九区的洛家洞乡，乡政府驻洛家洞。

1954年，调整乡的规模，洛家洞乡撤销，并入侯坪乡。

1956年1月，调整乡镇后，全县分1个镇、10个区、138个乡，区乡名称均以地名命名，第9区改为平田区。同年6月，撤销区级建制，扩大乡的规模，将全县138个乡归并为43个乡，江河源属晓睦塘乡。

1958年10月，在人民公社体制下，实行政社合一，取消乡镇建制，全县成立15个人民公社，江河源属柏家坪人民公社。柏家坪人民公社于11月改为先锋人民公社，年底又复名为柏家坪人民公社。

1960年冬，"整风整社"，次年3月农村人民公社体制调整，将全县15个公社调整为42个公社，同时，增设9个区，5个林场。江河源属柏家坪区晓睦塘人民公社。

1984年6月，社改乡，实行乡村建制，江河源属晓睦塘乡。

1995年，撤区并乡建镇，即撤销柏家坪区后，原清水桥乡、晓睦塘乡、侯坪乡合并，设立清水桥镇，江河源属清水桥镇。

2016年1月，江河源洛家洞村、再上村合并成立江河源村（社区），仍属清水桥镇。

洛家洞村活动中心（2017年）

二、村组区划演变

中华人民共和国成立后，废除保甲制度。1950年11月，江河源甘竹园陈家、满竹坝、王家、岭源头、枧木冲、洛家洞、兰家岭、何家源、蒋家岭、马山脚、白石山、上兰家、再上、蛇头岭、牛栏观、尧上、水源山等自然村成立上龙盘乡农民协会第三分会。

1952年，洛家洞乡成立后，江河源划分成立甘竹园、洛家洞、马山脚、再上4个村。

1954年，成立互助组。

1955年初，成立初级农业生产合作社（简称“初级社”）：甘竹园陈家初级社，满竹坝、王家、岭源头初级社；洛家洞初级社；蒋家岭、兰家岭初级社；马山脚初级社。枧木冲、何家源、白石山、上兰家仍为互助组。

1956年冬，江河源成立甘竹园、洛家洞、再上3个高级农业生产合作社（简称“高级社”）。甘竹园高级社包括甘竹园陈家、满竹坝、王家、岭源头、枧木冲自然村；洛家洞高级社包括洛家洞、下兰家岭、上兰家岭、何家源、蒋家岭、马山脚、白石山、上兰家自然村；再上高级社包括再上、蛇头岭、牛栏观、尧上、水源山自然村。

1958年9月，洛家洞高级社、甘竹园高级社、再上高级社合并成立洛家洞大队，下辖 6个生产队：甘竹园生产队，包括陈家、满竹坝、王家、岭源头、枧木冲自然村；洛家洞生产队；兰家岭、何家源、蒋家岭生产队；马山脚、白石山、上兰家生产队；再上生产队；蛇头岭、牛栏观、尧上、水源山生产队。

1961年，析洛家洞大队为三个大队：甘竹园大队，包括陈家、满竹坝、王家、岭源头、枧木冲共9个生产队；洛家洞大队，包括洛家洞、兰家岭、何家源、蒋家岭、马山脚、白石山、上兰家共16个生产队；再上大队，包括再上、蛇头岭、牛栏观、尧上、水源山共12个生产队。

1962年2月，析洛家洞大队之蒋家岭、马山脚、白石山、上兰家置马山脚大队。

1965年10月，甘竹园大队、洛家洞大队、马山脚大队合并为洛家洞大队，下设17个生产队：甘竹园陈家为第一、二生产队；满竹坝为第三生产队；王家为第四生产队；岭源头为第五生产队；枧木冲为第六生产队；洛家洞为第七至第十生产队；下兰家岭、上兰家岭、何家源、蒋家岭、马山脚、白石山、上兰家分别为第十一、第十二、第十三、第十四、第十五、第十六、第十七生产队。

再上大队整合为7个生产队：再上为第一、第二生产队；蛇头岭为第三、第四生产队；牛栏观、尧上、水源山分别为第五、第六、第七生产队。

1968年，洛家洞大队第七、八、九、十生产队合并为洛家洞大队第七生产队；再上大队由七个生产队合并为4个生产队。

1969年4月，成立洛家洞大队革命委员会和再上大队革命委员会。

1980年，洛家洞大队第七生产队复拆分为4个生产队，即第七、八、九、十生产队；再上大队复拆分为6个生产队。

1981年，再上大队进一步恢复为7个生产队。

1984年6月，恢复乡村建制，公社建乡、大队建村、生产队建村民小组。洛家洞大队改为洛家洞村，再上大队改为再上村，相应地，各生产队改为村民小组。

1995年3月，撤区并乡建镇后，洛家洞村、再上村属清水桥镇。村内之村民小组区划无变化。

2016年1月，洛家洞村、再上村合并成立江河源村（社区）。

江河源建置、隶属演变情况表

表1

<table>
<tr><th>时期</th><th colspan="12">建置</th><th>隶属</th></tr>
<tr><td>1946—1950</td><td colspan="6"></td><td colspan="6"></td><td>春陵乡</td></tr>
<tr><td>1950—1952</td><td colspan="12">上龙盘乡农民协会第三分会</td><td>上龙盘乡</td></tr>
<tr><td>1952—1954</td><td colspan="3">甘竹园村</td><td colspan="3">洛家洞村</td><td colspan="3">马山脚村</td><td colspan="3">再上村</td><td>洛家洞乡</td></tr>
<tr><td>1954—1956</td><td colspan="12">各初级社、互助组</td><td>侯坪乡</td></tr>
<tr><td>1956—1958</td><td colspan="4">甘竹园高级社</td><td colspan="4">洛家洞高级社</td><td colspan="4">再上高级社</td><td>晓睦塘乡</td></tr>
<tr><td>1958—1961</td><td colspan="12">洛家洞大队</td><td>柏家坪（先锋）人民公社</td></tr>
<tr><td>1961—1962</td><td colspan="3" rowspan="2">甘竹园大队</td><td colspan="6">洛家洞大队</td><td colspan="3" rowspan="3">再上（大队）村</td><td rowspan="3">晓睦塘公社（乡）</td></tr>
<tr><td>1962—1965</td><td colspan="3">洛家洞大队</td><td colspan="3">马山脚大队</td></tr>
<tr><td>1965—1995</td><td colspan="9">洛家洞（大队）村</td></tr>
<tr><td>1995—2016</td><td colspan="9">洛家洞村</td><td colspan="3">再上村</td><td rowspan="2">清水桥镇</td></tr>
<tr><td>2016—</td><td colspan="12">江河源村（社区）</td></tr>
</table>

第二节　自然村组概况

江河源村民分布较为分散，在约15平方千米土地上，分布着大小不等的21个自然村，共24个村民小组。至2017年年底，都已通达公路，且大部分路面已硬化。大部分村民拥有摩托车，部分村民拥有汽车，电器普及。有线电话、网络入村，并建有中国移动、中国联通电话基站。自来水进入绝大部分村民家庭。

甘竹园陈家（洛家洞村第一、二组）

甘竹园陈家，位于江河源洛家洞村南部，东南向为万家岭，与满竹坝何家、洛家洞村四组（龚家、王家、邓家）隔江相望；北接枧木冲自然村；西与满竹坝罗家相连。后山与螺蛳岭相邻，林木繁茂，四季葱茏。陈家分属洛家洞村一、二组。2010年年底，共有50户、222人，其中第一组128人，第二组94人，除一户邓姓外，其余均为陈姓。村内有陈姓祠堂一座。自然条件较优越，水田灌溉无忧。有公路与清江公路相接。

民国4年（1915）8月，始设正修小学。民国30年（1941），改名为桐梓乡第十五保国民学校。中华人民共和国成立后，设小学。1987年，撤销并入洛家洞小学。

甘竹园陈家（2017年）

满竹坝（洛家洞村第三组）

位于江河源南部，南邻甘竹园王家，西北接灵岩（大桥岩）与洛家洞接壤，西南靠鸡笼山与晓睦塘村隔山而居，东连陈家，北邻枧木冲，属洛家洞村第三组。2010年年末，有村民30户、128人，分属罗、何、王姓，其中罗姓74人，何姓44人、王姓10人。清江公路、洛江穿村而过，罗姓村民居东，何姓、王姓村民居西。属喀斯特地貌的罗姓后山与陈家后山相连，其上树木茂盛。江河源八景之一的“灵岩送子”坐落于罗姓村北山底洛江处。

满竹坝（2013年）

王家（洛家洞村第四组）

位于江河源东南端。东临洛江，与岭源头隔江相望，西靠鸡笼山，西北接满竹坝何家，东南连苦竹脚。江河源八景之一的“二龙戏珠”以及江河源牌楼位于其东南端村口。万家岭坐落于其东。南出村口沿江穿峡而下四千米至清水桥。王家自然村村民分属王、龚、邓、罗、陈五姓。2010年年末，有村民26户、共102人，其中王姓47人，龚姓26人，邓姓13人，罗姓11人，陈姓5人。清江公路穿村而过。

王家（2013年）

岭源头（洛家洞村第五组）

位于江河源东南端，东北分别与廖家岭、枧木冲相邻，西与陈家相连，南望江河源牌楼。2010年年末，本组17户、60人，均属罗姓。清水桥至再上公路从屋后山通过。本组重视教育尤为明显，1977年恢复高考以来，考取博士生、硕士生、本科生、专科生共14名。该村大部分村民在外务工经商居住。从杨家坪至该自然村机耕道（简易公路）于2016年春开工建设。

岭源头（2017年）

枧木冲（2016年）

枧木冲（洛家洞村第六组）

位于江河源东岭上，北与大竹源村接壤，南连甘竹园，西界再上村，东邻郑兴村，属洛家洞村第六组。2010年年末，共有33户、112人，其中唐姓92人，陈姓20人。大部分村民在外务工经商居住生活。后山张家岭植被葱茏。雨季，花楼园、大河铺水流经村南下甘竹园而入洛江。村口有一座宝塔，为唐氏先辈于清咸丰三年（1853）所建。宝塔上部分倒坍，仅存2米高之塔座，塔座侧面有碑刻一块镶嵌其中，碑文依稀。塔座上长有一女贞树，枝叶扶疏。1971年设立小学，1978年撤销。

洛家洞（洛家洞村第七、八、九、十组）

旧时亦称乐佳洞，位于江河源中心、螺蛳岭下，江河源村（社区）部所在地。其北背依螺蛳岭，上与再上村接壤，其东于牛形岭与甘竹园相连，西望兰家岭，鸡笼山坐落于南。洛江与何家源支流相会于此。2010年年底，共有111户、433人，其中何姓239人、陈姓 147人、刘姓 37人、罗姓 6人、胡姓4 人，分属洛家洞村第七、八、九、十组。1978年，公路通至晓睦塘公社；1992年，公路通至清水桥镇，2006年路面硬化。民国2年（1913），设国民学校——成俊小学；民国30年

（1941），改名为桐梓乡第十六保国民学校。1949年以来一直为村（大队）小学所在地，20世纪60年代末、70年代初，曾二度设晓睦塘中学附中。晓睦塘公社卫生院派驻医疗点 、供销社之供销点曾均设于此。洛家洞小学坐落该村之西面风景秀丽的晒禾岭下。

洛家洞（2017年）

兰家岭（洛家洞村第十一、十二组）

分上兰家岭、下兰家岭、冷水脚三自然村。东与洛家洞接壤，北与马山脚、蒋家岭为邻，西连何家源，南与晓睦塘村马栏背隔岭相望。其西北面为灯盏窝，陡峭险峻，林木茂盛；西南面为何家源山谷，其溪流于庙门口飞流而下，瀑布连叠；东有江河源八景之一的“金台远眺”——晒禾岭；南面稻田连村，何家源支流自西而来流经其间，鸡笼山横亘于东南。下兰家岭和冷水脚属洛家洞村第十一组，上兰家岭为洛家洞村第十二组。2010年年末，共有44户、164人，陈姓（上、下兰家岭）138人，刘姓（冷水脚）26人。

兰家岭（2013年）

何家源（洛家洞村第十三组）

位于洛家洞村西南部山峰之山腰处，海拔约500米。其西北与双牌县玉泉等村相邻，西南有濛濛岭与本镇晓睦塘村之马栏背、冬瓜漯接壤，东俯洛江。村民均为陈姓（原一户蒋姓已搬至外地）。2010年年末，有17户、69人。民居坐落于较为陡峭的山坡上，村右为狗爪岭槽，岭高坡陡；村左为正槽漯，溪水长流，源自瑶人槽，为江河源主要源流之一；村后为椅子型、安堂坪，山坡相对较为平缓，主要为稻田；后山顶陡峭，称之为壁子挂灯，为江河源最高峰。村前坡底为狗爪岭槽和正槽漯二溪汇合处，此处曾建有庙宇一座，于二十世纪六七十年代毁损，遗址尚存。稻田分布于村庄前后左右的山坡上，人均山岭面积较宽。有简易公路通达到村。2017年年底，该自然村因地质灾害，整体移民搬迁至清水桥。

何家源（2016年）

蒋家岭（洛家洞村第十四组）

位于洛家洞村中西部。其南、东、北向分别与兰家岭、洛家洞、马山脚、白石山、上兰家隔山相望。村后为灯盏窝，岭高坡陡，树木葱茏。胡山岭位于村西北，岭背为双牌县玉泉村牛角槽、竹丝源。发源于胡山岭的溪流于村前通过。村口曾古松轩昂夹道 。2010年年末，全村30户、123人，均为蒋姓。由于生活水平的提高或

蒋家岭（2013年）

因原宅基地地形、面积因素影响，部分村民另择他址新建住宅于对门岭上、八门口等地。

马山脚（洛家洞村第十五组）

位于洛家洞村中部。其东、南、西、北分别有螺蛳岭、晒禾岭、王家岭、雷公岭，且分别与洛家洞、兰家岭、蒋家岭、白石山、上兰家和再上自然村相邻，洛江于村前蜿蜒而过。2010年年末，全村48户、181人，其中陈姓101人、蒋姓64人、朱姓9人、唐姓7人。村中有古井一口，水质甘洌，水量四季如一，井旁有九龙照壁之饰，并有井亭一座，为江河源八景之一——“古井流香”。村口稻田肥沃，旱涝保收，产量较高。1964年，设小学，1976年秋，撤并入洛家洞小学。清江公路、古湘粤官道贯穿于村。20世纪80年代，曾一度自发形成集贸市场，交易品种主要为木材。该自然村于1945年遭日军烧杀掠抢 。

马山脚（2017年）

白石山（洛家洞村第十六组）

位于洛家洞村北部、青山垴南坡面半山腰上。因其东面有白石坡而得名，又称白山。白石坡绝壁中腰处有石阶山道通往再上村，石阶旁有岩泉一眼，水流如注，为灌溉及村民饮用水源，江河源八景之一——“白崖飞瀑”位于此处。村北（后）

为蛇头岭，在蛇头岭与白石山间有一岩泉，其名为响水岩，水流四季不歇，人亦可深入其岩穴；村西南面视野开阔，螺蛳岭（马屁股岭）、马山脚、蒋家岭、兰家岭、何家源以及雄鸡赶母、五岔路等村、岭尽收眼底。村口梯田延绵渐次而下至洛江，古湘粤官道傍村西而过。村民有唐、陈、郑三姓。2010年年末，共有36户、155人，其中唐姓108人、郑姓32人、陈姓15人。二十世纪六七十年代曾二度设立小学。因为交通以及耕作之利，自20世纪90年代初以来，大部分村民陆续从半山原址搬迁至山脚马脊坳或依山或傍水另建新居。山地与上兰家、蛇头岭等村之山地错杂相间。

白石山（2018年）

摄影　唐照中

上兰家（洛家洞村第十七组）

因曾有兰姓村民在此居住而得名，又名上唐家，位于洛家洞村北部。其东北、西北、西南分别有青山塥、蛇头岭、奔陡坡、五岔路群峰环列耸峙，背山面江，东南面开阔。东连白石山，北与蛇头岭村为邻，南与马山脚村相连，西北与双牌县塘底乡玉泉等村接壤。 村民分属唐、吕、陈、朱四姓。2010年年末，有26户、115人，其中吕姓42人、唐姓32人、陈姓22人、朱姓19人。民居较为分散。中华人民共和国成立后，部分朱姓、陈姓村民分别迁居马山脚、洛家洞自然村。先前曾有柏、兰、龚姓人家居住。村属山岭坡地较多，森林覆盖率达80%以上。主要树种为杉树、松树等建材林，为江河源主要木材生产区。1986年，自筹资金修建5千瓦小型水电站，引枇杷岩泉水发电。1992年公路通达到村。2006年，实施清洁工程，农村卫生条件进一步得到改善。

上兰家（2017年）

再上（再上村第一、二组）

位于螺蛳岭上，北与水源山、蛇头岭接壤，西俯马山脚，东与枧木冲相连，南与甘竹园、洛家洞相邻。2010年年末，全村共102户、325人，分为两个村民小组，均为陈姓。灌溉水源及饮用水主要来自村北坝里山，全村大部分土地均处于喀斯特地貌上。农业学大寨期间，因其改天换地奋斗精神可嘉，成效显著，成为全省农业学大寨先进典型。1999年，从洛家洞村供电线路处接线到村，通电到户。1991年，修通自清江公路苦竹脚处、经枧木冲到该村公路，2007年路面硬化，2017年完成路面拓宽改造。2015年下半年修通至水源山、尧上、蛇头岭简易公路。自陈氏君伍公移居于此已建村600余年。村里建有祠堂一座。1913年，设立得英学校。中华人民共和国成立后，设立新型小学，2004年撤并入洛家洞小学。

再上（2017年）

蛇头岭（再上村第三、四组）

又名李家岭、摩天岭，海拔约700米，位于江河源北，南俯江河源，极目清水桥，西望五岔路。奔陡坡位于其西北，东北向可遥望佛教圣地阳明山。其南、东、

蛇头岭（2018年）

摄影　唐照中

北分别与白石山、水源山、牛栏观接壤。因民间传说汉皇斩白蛇起义，蛇头飞至摩天岭，故名为“蛇头岭”。村子周围（特别是村西坡下）古木森蔚，包括树龄超百年的银杏树、枫树、黄连木、青冈木、红豆杉等，常年拱秀拥翠。入冬常有银装素裹、云雾缭绕奇观。村西口坡下有一水井，水流冬暖夏凉。2010年年末，全村共35户、147 人，均为李姓，分为两个村民小组。2000年，接双牌县麻江公路，修通至该村公路。2015年，修通至再上的简易公路。

该村于1944年至1945年间惨遭日军屠杀、抢掠，受害人数达9名（其中一人为外村人），财物损失亦巨大。

牛栏观（再上村第五组）

又称牛塘观，位于江河源最北部，处江河源高海拔居住地。东与尧上、侯坪接壤，南接蛇头岭，西眺奔陡坡，北连双牌县麻江镇。著名的天坑奇观——天井岩与之相邻。村里有泉井一眼，水质甘洌。2010年年末，全组共8户、23人，其中蒋姓20人、邓姓3人。村民移居外地较多，户口迁出。在籍人口绝大部分在外务工经商、居住。2016年，该村至天井坳上公路路基工程基本完工。此地生长着弥足珍贵的国家二级保护植物——红豆杉群，最大的树直径约1米，树龄百年。1945年，该村有房屋被日军烧毁。

牛栏观（2014年）

尧上（再上村第六组）

位于江河源北部，地势较为平坦，村后古木葱茏。南与水源山相接，东邻候坪，西连牛栏观。饮用水井位于村前坡下。2010年年末，全村共10户、40人，均为蒋姓。2015年，简易公路修通到村。绝大部分村民在外务工经商、居住生活。

尧上（2016年）

水源山（2013年）

水源山（再上村第七组）

位于江河源北部、蛇头岭以东，北接尧上，东邻花楼园，南连再上。相传村前有泉井潭池一处，水丰池深，因而得名。后因村民担心小孩安全，水池被填埋。2010年年末，全组共11户、57人，均为罗姓。大部分村民在外务工经商、居住生活。2015年，修通简易公路。

第二章　自然　地理

第一节　境域

一、地理位置

江河源，以行政范围而论，包括清水桥镇洛家洞村和再上村，位于宁远县西北、阳明山脉南麓，处于永州市地理中心地带。1964年5月之前，江河源处宁远、零陵、道县三县交界之地，1969年12月设立双牌县后，江河源则处宁远、双牌交界之地。江河源东临谢家、大竹源、郑兴等村；南接田伟、晓睦塘等村；西邻双牌玉泉等村；北界双牌荷叶塘、高潮等村。东距新田县城40千米，南距宁远县城40千米，西距双牌县城50千米，北距永州市80千米。洛江发源于此并贯穿全境。

二、境域面积

江河源地形由南至北渐次升高，延绵约6千米，东西最宽处约4千米，面积约15平方千米，属清水桥镇面积较大的建制村，每平方千米约164人。

第二节　地质地貌

江河源地质构造属泥盆系和石炭系及第四系松散堆积物。西部以石炭系构造为主，呈东南向断裂及单斜构造，主要分布泥岩、页岩及辉绿岩；东部以泥盆系构造为主，主要分布石灰岩，喀斯特地貌特征突出。

江河源四面环山，一水中流，地貌呈地倾东南、峰雄西北之状。域内山脉以奔陡坡为主峰，分左右两脉延伸，形成环抱之势：左向一脉岗峦绵亘，向东南经牛栏观、尧上、枧木冲后，逦迤而前折向西南以至廖家岭、万家岭，成为江河源与双牌县荷叶塘村、清水桥镇侯坪等村的分水岭；右向一脉诸峰连延，向西南经五岔路至何家源后，折向东南蜿蜒而至濛濛岭、甘井眼，成为与双牌县高潮村、玉泉村以及清水桥镇晓睦塘村的分水岭；鸡笼山坐落于南，犹如照屏。群山环抱之中，柏家垴、石鼓上、狮子岭、木鱼岭、雷公岭、王家岭、晒禾岭，如翠珠点缀其中；洛江挟井泉带溪流而入潇水终注东海。东、南岭山脉主要由石灰岩构成，溶洞分布较广，地下岩泉、岩隙水丰富，是洛江主要水源；西岭山脉由石灰岩、页岩、泥岩、辉绿岩构成，地表吸水性好，因而泉壑纵横，如托家冲、水源槽、江家冲、玉真观、正槽漯、狗爪漯槽等，水源均丰霈有加。

域内地貌由谷地、丘陵、山地组成。谷地分布于甘竹园、田间垌、下兰家岭、马山脚（包括八门口以上至蒋家岭）、马脊坳以上至枇杷岩、托家冲等地；丘陵分布于再上自然村以下，以及介乎山地与谷地之间的地区，包括一系列小山丘；山地分布于再上自然村以上、环江河源之青嶂翠岭。山地中还包括部分平地，如再上自然村、蛇头岭、尧上等自然村，甚至牛栏观自然村山顶之上也有部分平地。

一、山岭

奔陡坡 江河源主峰，位于江河源正北，海拔高约800米，堂皇竦杰，前俯九嶷，侧仰阳明，周亘数里，为洛江发源之地。其东南有蛇头岭、青山岭、牛栏观等诸峰森列连绵，西南有立石山、江家冲、五岔路、壁子挂灯等峰峦逶迤耸峙。山峰

奔陡坡（2016年）

下一条自响鼓岭联结永连公路通达双牌高潮等村的公路，一路联冈接岭从山腰逦迤而过。二十世纪五六十年代，有关部门曾在山顶设有当地人称之为“航空哨”的木质标识物。70年代大造林运动中，此地被称为宁远县大南山百里林带之龙头起点。

托家冲　洛江源头、奔陡坡下之一平畴，冲内有夹夹槽、紫苏槽、杉树槽等山槽。相传白石山唐氏先祖始迁于此，其后定居白石山。西有炉煤山、唐石山、食堂岭，杉林茂盛；东有雷公岭屹立，半岭之上，有古银杏树2株，高达30余米。银杏树前方有岩洞一个，曰阴古岩，洞口下方，有泉井一眼，泉水四季不歇。冲内共有泉井、溪流多处，稻田约20亩。

青山岭　又叫青山塪子。其南、北分别为白石山和蛇头岭自然村，东连再上坝里山，东面山腰有响水岩，西面为坡度约60度的岩石坡，山腰有气岩，山底有枇杷岩、甑子岩和洛江。古湘粤官道从西山腰穿过。山体主要为石灰岩，生长杂木和藤刺植物。该岭海拔高度约700米。

青山岭（2016年）

四方岭　为奔陡坡西南山脉支脉，水源槽右面山坡。因坡面呈四方形，故名四方岭。四方岭坡面较为陡峭，但土质肥沃，为黑沙土壤。山底为岩门口。山顶原长有毛栗、野酸枣、猕猴桃等野生坚（水）果树，坡面经人工造林后，杉树、松树蔚然。林中蕨类植物间生繁茂，其蕨根淀粉含量高。靠水源槽里，林木冠盖蒙密，为水源林。

四方岭（2017年）

马鞍子（2016年）

马鞍子 位于上兰家北部，处于立石山与杨梅脊谷中段的一处山坳，因似马鞍，故名。南坡下有泉井一眼，水质纯净。聋岩凼古溶洞即在泉井下方。

圆珠槽 自托家冲而下至枇杷岩一段峡谷。其西岭为马鞍子、杨梅脊谷，东面为蛇头岭西坡，两岭夹峙，遂为槽峡。其间，秋冬季节溪水潺湲，春夏之际，时有洪水奔泻而下。

圆珠槽（2017年）

杨梅脊（2017年）

祖凼古 麦子凼古与四方岭所夹区域。20世纪60年代，此地生长有老油茶树林。

麦子凼古 江家冲与祖凼古之间较为陡峭的一面坡地。坡地中间呈凹形。

烧火坪 上兰家吕家后山上的一处平缓地，上接四方岭、祖凼古，下有数丘稻田连接坳垴天财。

铁屑漯 长脊谷与兰家岭后山灯盏窝两山脉所夹的中间槽形地带。

正槽漯（2016年）

铁屑漯（2016年）

正槽漯　长脊谷与何家源山坡面之间的区域。其中有中金脊山脊，中金脊与长脊谷这一区域称之为麻叶槽，与何家源山坡面之间区域称之为檀槽漯。正槽漯水量大，洛家洞大队曾引此水流发电。

江家冲　位于上兰家西北，陈家脊谷与麦子凼古所夹溪槽。该槽水位高、水量大，其间横水槽，水量亦丰。该槽水灌溉约20亩稻田。

枧里槽　位于蒋家岭西北面之山槽。其槽水南流经蒋家岭注入洛江。

江家冲（2017年）

檀槽漯（2016年）

狗爪漯（2016年）

雷公岭（2016年）

狗爪漯 何家源与濛濛岭山脉之间区域。槽漯两边山坡陡峭，中间谷地有稻田数亩。其间溪流水量较大。

瑶人槽 位于檀槽漯上面、当风坳下。何家源蒋姓村民曾居住于此。20世纪70年代，洛家洞大队林场场部曾建于此。

坳垴天财 上兰家唐家后山，因相传曾有柏姓村民居住于此地，又名柏家垴。东、西面为石灰岩体，南、北面、山顶及大部分山体为黏土及风化页岩。东面陡峭，下临洛江，有峭壁一段，峭壁下有洞孔数眼，雨季有水流涌出，沿山腰有横路一条连接后山，为耕种之道。西面石灰岩山体连接烧火坪及以上四方岭。山上多为杉树、竹林，甚为茂盛。

坳垴天财（2017年）

马脊坳（2017年）

马脊坳 位于马山脚与白石山、上兰家之间的一处山坳。坳下为高枧坝，坳上有稻田一川。当坳处曾建有土地坛，遗址尚存。“大跃进”之前此处树木阴森。到2017年年底，其周围及其附近新盖村民楼房近20座。

雷公岭 位于马脊坳西北、上兰家南约600米处，与狮子岭南北相对。该岭东、南、北面陡峭，西南面平缓。由西面经四岔路上至宁远、双牌界峰，即为五岔路。整座山体多为石灰岩体。北面岭脚巴掌槽有清泉一眼，有公路从东面山腰下通过。

狮子岭　位于上兰家右村口，紧邻洛江，相对高度100余米。北向视之，岭峰矗立，犹雄狮昂首，故名。周围约900米，呈三角锥形，南匍北耸。南与雷公岭相峙立，前有木鱼岭，西有天鹅抱蛋依偎在旁。西南坡面略显平缓，东北面陡峭。岭上种植杉树（曾生长油茶树），四季葱茏。公路从东面半山腰下通过。

狮子岭（2016年）

天鹅抱蛋（2016年）

天鹅抱蛋（上兰家南）　位于狮子岭西侧、陈家脊谷山脚之一圆形小山头，因形似天鹅蛋，故名。

陈家脊谷　位于上兰家西，江家冲宁远与双牌界峰处、东西向延伸至天鹅抱蛋的山脉。山脉下半部分为石灰岩山体，上半部分为沙土、页岩山体。

陈家脊谷（2016年）

木鱼岭 位于玉真观下端、巴掌槽北、狮子岭南，其东、北、南三面陡坡，西连玉贞观稻田，东端下有公路通过。

木鱼岭（2016年）

立石山（2016年）

立石山 位于上兰家北面，奔陡坡西南山脉支脉，海拔约700米。沿支脉而下，左为托家冲，右为水源槽左面山坡，部分为宁远、双牌界山。山面较为陡峭，人工种植杉树成林。山东面为笋子山和马鞍子、杨梅脊谷。笋子山为石灰岩体，山体土质肥沃，其间黄竹、杂木混生。所产黄竹笋，肉质鲜嫩甘甜，为著名野菜。山右槽溪水长年不断，山腰中间挖佳岭处有山泉一眼，清冽绵甜，为优质饮用水，四季不涸，灌溉滋润水田一丘约200平方米。水田已荒芜。

四岔路 位于五岔路下半山腰处。此处有四岔路口分别通往五岔路、胡山岭、马山脚和玉真观，故名四岔路。

胡山岭 位于蒋家岭西北、四岔路至五岔路山脊、灯盏窝山脊、宁远与双牌界峰所围成的区域。

胡山岭（2013年）

庵子槽、横水槽（2013年）

庵子槽、横水槽 五岔路东岭下、玉真观以上、陈家脊谷西南、四岔路东北之间区域，江河源八景——“玉观岚烟”所在地。玉真观左侧为庵子槽，右侧为横水槽。

观门口 庵子槽玉真观下一片区域，主要为梯田。

水源槽 上兰家北面立石山、四方岭所夹区域，呈倒三角形。该区域内水源林茂盛，左右两溪，右（南）溪流量大于左（北）溪水流。其溪水四季不涸，灌溉上兰家10多亩稻田。

水源槽（2016年）

五岔路 位于奔陡坡至何家源宁远、双牌界岭中段峰凹处，海拔约770米。该处有一路口通往五个不同方向：宁远境内江河源，双牌境内竹丝源和两江口，以及沿界峰往南至何家源、往北至奔陡坡，故名五岔路。五岔路下双牌县境内为牛角槽，江河源境内为庵子槽。站立于五岔路峰顶，可一览江河源山川村落，以及双牌县莽莽群山。

鸡笼山（2017年）

鸡笼山 位于江河源南面，与奔陡坡南北相对，其形似鸡笼，故名（其处不同村域有不同名称）。其南北长约6千米，东西最宽处约1.5千米，其南至罗坝村，东南接清水桥、田伟村，西南连泉井眼、晓睦塘村，为石灰岩山体。其东面与枫木山、酒水井、万家岭相对而立，形成一条长约2千米的峡谷，洛江、清江公路穿峡而过。鸡笼山地下水丰富，其山脚四周泉井较多，有的泉井水量较大。

螺蛳岭 位于江河源东面，洛家洞自然村后山，东南至枧木冲陈家，西北至白石坡，亦为再上自然村的南坡面。由于其石灰岩山体呈螺旋状，形似螺蛳，故名螺蛳岭。又因地形多状，于不同位置视之，其形象各异，因而有不同名称，如马屁股岭。田间垌坡段较为陡峭。山上植被主要为黄竹林及灌木丛，紧邻民居处多树木。每临春季，黄竹笋丛生遍野，为优质绿色食品。岭脚有潭水一泓，人称"社潭"，助涨洛江。

白石坡 位于白石山东，为一西向断崖，因其石壁为白色，故称白石坡。石壁北端有一穿岩，夏季坝里山流域洪水通过穿岩飞流直下至洛江白石坡支流，坡顶翠木荫蔚， 坡前飞泉激越。为江河源八景之一——"白崖飞泉"所在地。石壁中腰绝壁上有一横道连接白石山和再上，道旁有一涌泉，水流大且四季不歇。为江河源重要水源之一。

螺蛳岭（2016年）

白石坡（2017年）

牛型岭 位于螺蛳岭东南端，其上接枧木冲陈家，下连洛家洞田间垌。二十世纪六七十年代大部被开垦为梯田，后作旱土耕作或植林木。

管子山 位于满竹坝灵岩对面，山底为洛江，南面为满竹坝何家后山，山上多石少树。

枫木石根 位于甘竹园王家屋后石灰岩山坡地。上有松树林及灌木丛。

晒禾岭 江河源八景——“金台远眺”所在地，又称“黄狗护洞”，乃一页岩基底黄土冈地。位于江河源中心，周围约1500米。其三面环水：东临洛江，南横何家源支流，北背蒋家岭支流，西连兰家岭。洛家洞学校坐落于南面山坡上。

晒禾岭（2017年）

摄影 唐照中

壁子挂灯山峰（2016年）

壁子挂灯 位于何家源西，江河源最高峰，海拔 930余米，其东北面为江河源流域，东南方为晓睦塘村，西北向为双牌县上梧江、塘底二乡。因江河源一面山体陡峭，故名壁子挂灯。登临峰顶，或可令人一洗尘目、顿舒胸怀。

天鹅抱蛋（何家源） 位于何家源后山西北，壁子挂灯峰下的一处平缓地。

椅子型 何家源村后的一块平地，因远望形似椅子，故名椅子型。

当风坳 何家源瑶人槽最上端，海拔880余米，与双牌交界，此处为一山坳，因地势较高，风势大，故名当风坳。此处西至双牌上梧江、矮路园，东南往宁远至江河源、晓睦塘。经此至上梧江的道路亦曾称之为“挑盐大道”，因早在清水桥未通达公路之时，清水桥一带村民沿此道前往上梧江销售货物和购买食盐等物资。“挑盐大道”江河源境内段曾建有一凉亭。

长脊谷 位于何家源庙西北一条直通宁远、双牌界岭的山梁，沿山梁有一耕作山道，通达至稻田旱土，往上至双牌方向。

长脊谷（2016年）

麻叶槽 长脊谷与中金脊之间的一长溪槽。

中金脊 位于何家源麻叶槽与檀槽漯之间的一条山梁。山梁下至何家源自然村山脚，上至与双牌交界的当风坳。山脉中段有稻田数亩，曾有兰家岭村民在此居住、耕种。

麻叶槽（2016年）

中金脊（2016年）

庙脊谷 何家源庙后山脉，上接何家源，其南面为狗爪漯，北面为正槽漯。

灯盏窝（兰家岭后） 兰家岭后山，亦为蒋家岭后山。山体前端陡峭，树木葱茏。山脉上延至宁远、双牌界岭。

倒凼古 位于再上东南方向，除稻田外，主要为松林和杉树林，地面有水井一口，水流注入消岩。

小凼古 位于再上东南面，主要为松树林，有少量稻田。

大鲁塘 位于再上村东，北连唐家山，东接枧木冲。

坝里山（2013年）

坝里山 又名水口山、两个鼻子出水，位于再上北部，蛇头岭东南面。除井水外，还有上游尧上山谷溪水，为再上村生产、生活重要水源地。井水水质绵甜、清澈，山林浓密茂盛。山水通过穿岩直通白石坡。

韭菜岭 再上村对门岭，自再上村渐次北上至唐家山之区域，因岭上产韭菜而得名。

和尚岭 位于再上村东南，因山光秃而得名。20世纪70年代农业学大寨时期，再上村在此开垦梯田。后广植松树，业已成林。

祖山里 位于再上东南面，为石灰石荒山，为公益山地。

大祖边 位于再上村东部，山上怪石较多，主要为公益林地。

张家岭 枧木冲后山，与大竹源村接壤。山上树木葱茏。山体为石灰岩体。

尖马古 位于再上村后（东南向），又称耗子穿梁，为螺蛳岭山头部分。山头多石，黄竹、杂木丛生。站立此处，可尽览江河源西岭山脉。中国移动、中国联通基站建于附近。

毛栗山 位于蛇头岭北、牛栏观西南方，石门坎南，石灰石山体，与灯盏窝南北相望。

毛栗山（2017年）

井草漯　位于双垴子北，付家槽南，下有一山塘，水流经石门槛，注入下方消岩。

马口槽　位于尧上东面，其东面为侯坪曹家冲。

梅子坝　位于尧上南面之一槽谷。

火马凼　牛栏观南面之一槽谷。

厚里坪　位于牛栏观东。

双垴子　位于蛇头岭北，石门槛南。

石门槛　位于天井坳上、古湘粤官道东侧，毛栗山与灯盏窝中间的一道岩石，犹似一道门槛，故称石门槛。牛栏观由此经过进村。

石门槛（2014年）

双垴子（2017年）

灯盏窝（蛇头岭北）（2017年）

灯盏窝（蛇头岭北）　位于牛栏观西南，石门坎北，石灰石山体。

五坪子　雷公岭下、蛇头岭西，原再上大队林场所在地。

雷公岭（蛇头岭西）（2017年）

雷公岭（蛇头岭西）　并立于毛栗山西面，山上树木葱茏。古湘粤官道从雷公岭、毛栗山之间穿过。

金猫伏鼠　位于蛇头岭东、水源山西，自北而南的一道山梁。

胡家冲（2018年）

胡家冲　蛇头岭与金猫伏鼠所夹之山槽。

二、岩洞

灵岩　因岩口对面原有凉亭木桥，又名大桥岩。位于洛江东岸、满竹坝罗家以北500米处。岩口高旷（洞口被树林遮掩），洞体广阔。沿岩口而入，乱石满地，两侧为黄色风化岩浆石，左下侧为干涸水道，洪水冲刷痕迹明显，疑因雨季雨水从山上岩体渗漏于洞中形成洪水由此泻出所致。进入洞中约50米，豁然开朗。洞体右折，高低崎岖而上，有石墙一面，岩洞于石墙之上延伸。架梯而上石墙，甚为开阔平坦。旧志载其“高旷闿豁，云通上马石朝阳岩”①。

灵岩（树枝遮掩，2017年）

枇杷岩·天井岩　位于洛家洞村上兰家后、青山垴下一水洞，称为枇杷岩。洞口左下方为一潭池，长约3米，宽约2米，主洞附近有泉眼无数。天井岩则位于此洞上方、双牌县一侧的天井头自然村。相传有人在天井岩抛撒谷糠，次日枇杷岩洞口

①《宁远县志·山水·舂水》（1942年版）：“干禾源水出蛇头岭，南流二里，经砦（再）上……又二里，经甘竹源，有大潮岩，高旷闿豁，云通上马石朝阳岩。”甘竹源即甘竹园，大潮岩即大桥岩。

有谷糠流出，以此证明此洞与天井岩相通。又发现洞口有垃圾被水流冲出，疑是人为在天井岩抛撒垃圾所致，再而推断此洞与天井岩相通。枇杷岩岩洞入口位于水洞上方50米处，岩口西向、扁宽。燃薪秉烛而入下行十余步，下方即为阴河，绝壁高约10米，十分惊险。当春潮涌动、岩泉澎湃时，惊险程度尤甚。再左转继续沿斜坡前行百余米往下，见一深潭，宽约2米，水潭深邃墨黑未可究极。该岩泉水量大，且长年不断流，为洛江主要水源之一。上兰家于20世纪80年代中期引此岩泉水用于发电。

枇杷岩（2017年）

甑子岩 位于枇杷岩旁侧，因岩洞洞体上节形似甑子，故名，深约7米，洞体稍斜，下节细小，与枇杷岩相通。

消岩 其学名称漏斗或落水洞，俗称消岩。位于天井坳南、石门槛西侧。该消岩处于四周为稻田的中间低洼处，洞口狭小，深不可测。周围及稻田多余水流排入洞底阴河。

此类漏斗或落水洞，江河源境域内尚有多处。

气岩 位于枇杷岩上200米、古湘粤官道上约30米处之石壁下。洞口高约2米，宽约1.5米，洞体向下延伸并逐显高旷。下行约100米处，陡然下沉。在继续下行一段距离后，便见石笋、石幔，其姿态各异。因下有阴河，入冬后寒冷时节洞内之水蒸气从岩口喷涌而出，形成气雾，故称气岩，雅称“青龙吐气”。天气愈冷，气雾愈大，为村民判断气候寒冷程度标志。

气岩入口（2017年）

气岩洞中（2017年）

罗家大岩 位于上兰家西、陈家脊谷山脚下。从上兰家水井处沿江家冲溪上行约500米处便到。该洞洞口狭小，呈扁圆形，朝向东北。岩口上方，削崖壁立，藤萝吊挂。进入洞口，下行100米余，豁然开阔犹厅堂，高10余米，可容百余人。大厅前方石壁恰如斜坡，爬行而上10米左右，便是一厅，很是干燥。抗日战争时期，驻双牌荷叶塘日军到邻村“打掳”时，村民曾于此躲避。洞内可行距离长100余米，洞左有一穴向前延伸，据说下有阴河，且与观门口相通。

穿岩 位于白石坡断崖之上，洞体高旷平缓，洞内石燕群飞。尧上、水源山、坝里山一带水流在此穿洞而过，春夏之际在白石坡形成瀑布，蔚为壮观。

罗家大岩（2013年）

穿岩（2013年）

聋岩 位于上兰家立石山马鞍子下的聋岩凼古，此处为一天然大坑，俗称凼古，凼古北面危岩峭壁，坑底处有稻田一丘，溶洞口位于坑底。山洪及井水，通过稻田旁一水沟，流进岩洞。洞门隐蔽，洞体陡斜，持烛屈身而入，碎步而下30米，洞体便见平缓、空旷。此时阴河水流声在洞中轰轰作响，有水流从洞体左上方而来，但只闻其声而不见其流，也不见阴河。再沿洞体而折向右下约100余米，便见一泓泉水，甚是清澈，流向何方，不得而知。水流方向洞体狭窄，人不能行。右侧亦有一洞，通往洞外杉树长丘，因洞狭小，人无法通过。其外杉树长丘之洞眼，炎夏季节，窜出嗖嗖凉气；寒冬季节，则有水气冒出。

聋岩口（2017年）

响水岩　位于白石山、蛇头岭之间，为一泉水洞，人可深入其间。

鸡笼山洞　位于洛家洞村对面鸡笼山脚下。洞内平坦，有水流，并有游鱼。

牛形岭岩　位于螺蛳岭东南端与牛型岭接合处。洞口西向，洞内有阴河。

牛形岭岩洞（2013年）

掩映在树丛中的响水岩（2013年）

菠萝岩 位于螺蛳岭下、马山脚村东南面。岩下为一水洞，人称“社潭”。

硝泥岩 位于牛栏观、尧上交界处。洞口狭窄，进入洞约50米后，较为开阔。因洞内有硝泥，故名。村民曾入内搜挖硝泥。洞内有水流。

阴鼓岩 位于再上村北、坝里山外，洞内有水。因雨天洞内似有钟鼓声而得名。

潮水岩 位于再上东面，相传每到下雨时，洞内似有雷鼓声，并伴有水流出。

第三节 水文 气候

为群山所环抱的江河源有着相对独立的生态系统。域内因泉井遍布、溪水潺湲而自成江河。据不完全统计，比较大型的泉井不少于10处，水流较为充盈的溪流近10条。无论泉井抑或是溪流，水质无不优良，大部分水流其流量也都比较稳定，而且溪流水位高，许多溪流滥觞于高山之上。同时，雨量也相对充沛。历史上除极个别极端天气年份，纵然大旱，洛江亦绿水长流。由于水源充足，植被较好，加之独特的地理环境，遂形成了一个略有别于邻村的小气候环境。

一、地下水

江河源地下水主要为碳酸盐类岩溶水，以及孔隙水，其广泛存在于可溶性岩石的溶蚀洞穴和裂隙中以及疏松岩石孔隙中，包括阴河、井水等。

马山脚水井（2012年）

上兰家水井（2011年）

马山脚水井 位于村南公路旁边。依饮用、洗涤用途区分上、中、下三间井池，青石围砌、铺垫。水质清澈甘洌，水量恒定如一，旱不枯涸，雨不浑溢，其源深不可究，为江河源优质饮用水井。古往今来，经多次维修改造，已成为江河源一景。

上兰家水井 位于上兰家江家冲下端。依饮用、洗涤，井池区分上下四间，水量大，水质优，水温冬暖夏凉，井口时有鱼虾出没。井旁有百年柏树一株。

再上水井 位于村北，前后三间井池，水从石壁间流出，水量稳定，水质优。

兰家岭水井 位于兰家岭村西南、何家源支流河床旁，傍靠河水。

再上水井（2013年）

兰家岭水井（2018年）

牛栏观水井 位于村北，前后三间井池，水量稳定、水质优。

枇杷岩泉水 位于上兰家后、气岩下方200米临近洛江处。水源来自蛇头岭、天井岩一带喀斯特岩溶水，水流大，春夏尤盛。

牛栏观水井（2014年）

枇杷岩泉水（2017年）

白石坡泉水 位于白石坡半坡道路旁。泉水从石壁岩洞涌出，水量大、水质清澈。

苦竹脚水井 位于苦竹脚清江公路旁，泉水量稳定，水质优越。

洛家洞水井 位于洛家洞坝下，泉井紧靠河水，水质甜润。

白石坡泉水（2017年）

苦竹脚水井（2016年）

炉煤淌 位于古湘粤官道下方、马脊坳桥北约300米处。泉水量大、水质清澈。

炉煤淌（2016年）

坝冲漯泉水　位于上兰家对门岭洛江拐弯处田坡下。水质优、水量较大且稳定。

聋岩凼古泉水　位于上兰家立石山笋子山下之聋岩凼古，水自石缝岩口流出，水质清澈、水量大。

坝冲漯泉水（2017年）

聋岩凼古泉水（2017年）

蒋家岭水井　位于村口岭脚河边，水流长年不歇。

社潭　实为一水洞，水质优异，四季不涸。其洞口潭池大部分被泥石掩埋。

社潭（2017年）

淌岩（2017年）

淌岩 位于鸡笼山下、大桥岩西洛江旁。水量大且稳定，水质好。为洛江重要水源。

麻拐井 位于岭源头村麻拐岩下方。水质甜润，水量充盈，水温冬暖夏凉。

江河源其他部分泉水分布一览表

表2

名称	位置
蛇头岭泉井	蛇头岭村西面坡下
巴掌槽泉井	木鱼岭与雷公岭之间
挖佳岭井	立石山外侧半山腰上
瑶人槽泉井	何家源瑶人槽
紫苏槽泉井	拖家冲紫苏槽
尧上泉井	尧上村前坡下

二、地表水

洛江 全长约10千米，其中江河源境域内约6千米。自江河源奔陡坡发源，于托家冲合并诸井水，经杨梅脊谷圆珠槽而下，沿途有枇杷岩水、白石坡支流、何家源支流、淌岩等众水流汇入补充。洛江水南穿苦竹脚、北极岭峡谷，并于此酒水井之水汇入，沿流而下约2千米田伟水流汇入，于清水桥与蛟源河、西春水汇合。洛江、蛟源河、西春水于清水桥三江合一南流注入潇水。

何家源支流 何家源支流包括檀槽漯、麻叶槽、铁屑漯、狗爪漯等溪流，其最长溪流长约3千米。诸溪流在庙门口汇合而下至头坝里，过兰家岭注入洛江。该支流水量丰盈，为洛江主要支流。庙门口至兰家岭头坝里段为瀑布区。20世纪80年代初洛家洞大队于正槽漯开渠导流发电。

白石坡支流 全长2千米。主要是再上村、白石山流域水系，包括白石山、蛇头岭以上流域面积水流，尧上流域水系水流（经穿岩）、再上自然村片区水系水流。沿途响水岩、白石坡泉水、坝里山溪流及泉水为该支流主要水源。

水源槽支流 全长约1千米，季节性支流。发源于上兰家水源槽谷。该支流因溪涧渗漏原因，仅春夏雨季有丰水注入洛江，秋冬水流用于灌溉。

枇杷岩支流 全长200米。为洛江重要水源。其水流主要是源自枇杷岩泉水，水流量大。

江家冲支流　全长约1.5千米。源自上兰家江家冲高山上，秋冬水流用于灌溉，较少有水入洛江。但因有上兰家泉井水汇入，以致该支流有水四季长流。

玉真观支流　季节性支流，全长1.5千米。为玉真观庵子槽、横水槽之溪流，水量大，灌溉玉真观一带30余亩稻田，春夏水流于枫木垴注入洛江。因玉真观下溪涧渗透严重，该支流全年大部分时间断流。

炉煤淌支流　全长200米。为炉煤淌泉井水所形成。该泉水水量较大，四季不歇。

巴掌槽支流　全长400米。发源于巴掌槽岩泉，水流较大且长年不断流，于马脊坳枫木垴下端注入洛江。

蒋家岭支流　全长1.5千米。发源于胡山岭枧里槽，经蒋家岭自然村于八门口注入洛江。秋冬季节水量较小。

社潭支流　发源于螺蛳岭下、马山脚东南面之社潭水流，全长100余米。

大河铺、枧木冲支流　全长约3千米，季节性支流，发源于大河铺村，经大河铺、枧木冲，过甘竹园陈家，注入洛江。

岭源头支流　发源于廖家岭，全长约2千米，于江河源牌楼处注入洛江。

三、气候

域内属中亚热带季风湿润性气候。夏季高温多雨，冬季湿冷，时有寒流来袭，四季分明。因处阳明山南麓，加之域内山坏水涌，群峰滴翠，相比邻村，尤增冬暖夏凉之感。

季风：域内冬天盛吹偏北风，夏季盛吹偏南风。

降水：春夏季节降水频繁，而夏秋之际降水明显减少，故不时出现“伏旱”。域内相对封闭，加之水源丰富，故相对湿度较大。这种湿润性气候在旱季具有调节作用。仲秋过后，来自北方的干冷空气与来自南方的暖湿空气在南岭交汇形成静止锋，时有连绵阴雨天气。

日照：域内群山包拥，山脉切割较深，开阔度小，日照时间与平原地区相比相对偏短。

霜、雪：初霜一般在12月上旬左右，至次年4月上旬断霜。全年无霜期260天左右。初雪在元月初左右，终雪期在3月底。山峰高地如牛栏观、蛇头岭、奔陡坡、五岔路、壁子挂灯等山峰及界岭上，寒冬常见冰挂景象。

第四节　土壤 野生动、植物

一、土壤

江河源土壤主要有黄泥土、砂土、黑色石灰土三类，呈间杂分布。

黄泥土　域内分布最广，谷地、山地均广泛存在。

砂土　江河源广泛分布。各溪流区域大都为沙壤。其质地松散，呈黑色或黄褐色。

黑色石灰土　主要分布于石灰岩山地区。

域内尚未发现具有开采价值的黑色金属和有色金属矿藏以及其他矿藏。石灰石分布极为广泛，尤以江河源东部分布为最。

二、植被

江河源地理条件较为优越，雨量充沛，自然条件多样，亚热带各类植物均能生长。花岗岩体山岭以生长杂木、荆棘、藤萝、各类杂竹居多，其他山岭以生长松、杉、杂木、各类草本植物居多。江河源植被主要有：

杉树林　主要分布于洛家洞以上各自然村、各山岭半山腰以上山坡地，分人工种植和野散生。

松树林　分布面积与杉树相当，江河源域内均有分布 。在人工大量种植杉树前，松树分布多于杉树。中华人民共和国成立前后，江河源森林茂密，分布大量古树，尤以古松为最，1958年“大跃进”时期遭大量砍伐。

竹林　竹类品种主要有：楠竹、黄竹、苦竹、花竹、水竹、箬竹等。 楠竹分布于房前屋后。黄竹林主要分布于螺蛳岭、马鞍子。黄竹林与薪炭杂木林相间而生。苦竹主要分布于江家冲、立石山、四岔路、玉真观、何家源等区域，其他各竹种散布于石灰岩薪炭林及潮湿地域。

薪炭、杂木林　域内广泛分布。许多为风景林、水源林。

果木林　集中在房前屋后，少量散见于山地。主要家庭种植，集体亦曾有种植。水果品种较多，如桃、李、梨、杨梅、枇杷、橘子、橙子、鸡枣等，但产量不大，水果商品化率低。

梨（2017年）

草本植被　广泛分布于高、中、低荒山及稀疏林地带，如冬茅草、丝茅草、荆棘藤类植物。水生植被多分布于水汊、溪沟、稻田，如浮萍、野芋等。

三、野生动、植物

（一）野生动物

域内野生动物有：

哺乳类：野猪、山羊、麂子、豪猪、聋猪、豺（狗）、篓鼠（竹鼠、斑茅老鼠）、鲮鲤（穿山甲）、野猫、黄鼠狼、各类老鼠、花面狸（果子狸）等。曾有花豹出没。

禽类：麻雀、野鸡、竹鸡、锦鸡、雷鸡、八哥、田八哥、喜鹊、岩鹰、猫头鹰、杜鹃、乌鸦、啄木鸟、白鹭、燕子、布谷鸟等。

鱼类：鲤鱼、草鱼、鲶鱼、鲫鱼、泥鳅、鳝鱼等；河流和部分水洞中还有各类野鱼。

爬行类：龟、团鱼、银环蛇、五步蛇、水蛇、清水飙、眼镜蛇、菜花蛇、两头蛇、蜥蜴、壁虎等。

节肢、两栖动物：米虾、木虾、螃蟹、蜈蚣、百足虫、蟾蜍（俗称“赖皮麻拐”）、石蛙（俗称“半拐”）、青蛙（俗称“青冬麻拐”）、树蛙（俗称“上树麻拐”）等。

软体动物：田螺、铁螺、半边螺蛳、圆顶珠蚌、蜗牛等。

环节动物：蚯蚓、水蛭（蚂蟥）。

昆虫：蜂类、蜻蜓、蟋蟀、蚂蚁、蝇、螳螂、蚊、萤火虫、蚕、蝴蝶、天牛等。

野猪（2016年）

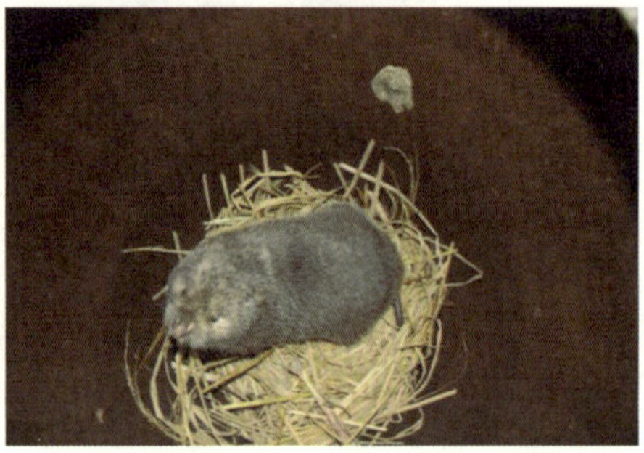

竹鼠（2010年）

白脸鼠（2013年）

五步蛇（2017年）摄影　唐柏建

（二）野生植物

域内野生植物种类较多。主要有：

竹木：杉树、喜树、红豆杉、松树、樟树、杨梅树、鸡爪树、转栗树、毛栗树、板栗树、桃树、梨树、李树、桂花树、橘子树、橙子树、枣树、酸枣树、女贞、枇杷树、柏树、椿树、皂角树、水青冈、圆榉树、枫树、苦楝树、杨树、柳树、冬瓜木、夜化木、油茶树、油桐树、茶树、梽木树、梧桐树、柿子树、桑树、银杏树、野茶子树、野枇杷树、漆树、猴灵树、朴树、槐树、翅荚香槐、青冈栎、黄连木、大叶榉、大叶桂樱、青棵楠、青檀树、梽枫木、映山红、山苍子、石榴树、花椒树（野胡椒）、杜鹃、楠竹、水竹、花竹、苦竹、黄竹、箬竹等。

草（藤）本植物　草类主要以冬芒草为盛。其他草（藤）本植物（包括各类中草药材）主要是混杂生长。如山葡萄、猕猴桃类、石楠藤，丝茅草、紫苏、蒲公英、艾叶、车前子、葛根、山芋（马鞍薯）、栀子、鱼腥草、野蒿、金刚刺、蕨类、苦菜公、野芝麻菜、号筒木、麻叶子、辣蓼草、黄泥叶（有毒）、菖蒲、野菊、蔷薇、马齿苋、野芹菜、紫苏、灌众、半夏、香附子、金银花、何首乌等，种类繁多。

第五节　自然灾害

域内不属自然灾害多发区。偶发性自然灾害主要为暴雨导致洪灾、山体滑坡，干旱，雪灾（主要折断树木），风雹比较少见。春季时有轻微低温寒冷现象发生，对早稻育秧产生不利影响。

江河源水源广泛、充盈，除少部分高山水田在特大干旱情况下有歉收之虞外，大部分农田旱涝保收。基于江河源主要是山溪、冷泉水情形，部分冷浸田遭遇高温干旱气候，水稻产量逾高。

一、寒潮　冰雪

入冬，北方寒冷地带冷空气时有来袭。除春季寒潮给春种带来不利影响外，一般不造成大的危害。偶有冰雪灾害。据传，史上有时间持续一个月有余的大雪。2008年华南大雪范围广、强度大，江河源也深受影响，造成交通、通讯、电力中断，树木折损。

被大雪压折树枝、枝干的树林（2008年）

2008年大雪雪景

二、干旱

夏秋季节稳定维持在湖南上空的西北太平洋副热带高压，会造成夏秋季节的连续干旱，甚至秋旱连冬。清光绪三十二年（1906）特大干旱，即老人相传之“丙午大旱”，有的石头岭上竹木因干旱枯死。

三、暴雨　洪涝

由于地处江河之源，除非暴雨或特大暴雨，一般不形成洪涝灾害，但有山体滑坡现象，偶有泥石流发生。相传和有记载可考的几次大水：

清咸丰九年（1859），域内大水。江家冲山洪将衡阳人全光斗在上兰家老屋后砂子丘所开木材加工厂冲毁，木制品及木材被冲走。

1968年端午节前夕，上兰家唐家房屋东侧因连续暴雨发生大面积滑坡，山坡下端稻田被冲毁。当年7月8日（农历六月十三日）特大洪水，马脊坳、马山脚、洛家洞、兰家岭、甘竹园等处稻田被淹。马脊坳石拱桥遭严重破坏。江家冲上端山坡崩裂，巨大洪水涌出并夹杂大量泥沙咆哮奔流而下，置于山坡崩裂处的杉木材，瞬间被大水冲下至马脊坳、洛家洞。

2014年6月4日晚，特大暴雨，形成山洪，冲垮河堤多处，马山脚村前、洛家洞田间垌、甘竹园村前稻田被淹。烟农所种烤烟受淹。

四、病虫害

水稻病虫害　水稻常见的病虫害有稻飞虱、钻心虫、卷叶虫、稻叶蝉、稻螟，稻瘟病、白叶枯病。

动物病害　动物病害有猪瘟、鸡瘟、鸭瘟。特别是鸡瘟、鸭瘟最为普遍。瘟源主要来自外购或亲戚朋友所赠送的带病鸡鸭。猪瘟主要发生在养猪大户，由于动物病害防治技术水平不高，因而给饲养户造成损失。

第三章　社会

第一节　人口

一、人口数量

清末民初以来，江河源人口迁徙情况变化不大，村民大都在此定居在200年以上。中华人民共和国成立以来，人口每年持续增加。据统计，1953年年初，江河源人口数为1543人，2010年年末人口数为2456人，58年间增加人口913人，年平均增长8.05‰。由于参军转业、调干，特别是高考、务工因素，比较多的人离开家乡外出工作，随之户口迁出，加之提倡并实行计划生育，以致人口增长率维持在一个相对较低的水平。

二、人口构成

民族　域内原居民均为汉族。

人口数量及性别　据统计，1953年，江河源总人口1543人，其中男性770人，女性773人，男性人口占总人口的49.90%，女性人口占总人口的50.10%，性别比为99.61；2010年，江河源总人口2456人，其中男性1331人，女性1125人，男性人口占总人口的54.19%，女性人口占总人口的45.81%；性别比为118.3。人口基本情况详见下表3。

江河源1953—2010年部分年份人口统计表

表3　　单位：户、人

(大队)村	洛家洞				再上				合计			
项目 年份	户数	人数	其中：男	其中：女	户数	人数	其中：男	其中：女	户数	人数	其中：男	其中：女
1953	283	1110	552	558	125	433	218	215	408	1543	770	773
1964	302	1238	604	634	121	483	232	251	423	1721	836	885

续表3　　　　单位：户、人

（大队）村	洛家洞				再上				合计			
项目 年份	户数	人数	其中：男	其中：女	户数	人数	其中：男	其中：女	户数	人数	其中：男	其中：女
1965	310	1263	623	640	122	497	236	261	432	1760	859	901
1966	316	1291	638	653	121	502	242	260	437	1793	880	913
1968	323	1341			126	533			449	1874		
1969	332	1365			126	550			458	1915		
1971	337	1444	720	724	131	565	321	244	468	2009	1041	968
1972	337	1484	748	736	131	576	305	271	468	2060	1053	1007
1973	332	1491	761	730	135	588	297	291	467	2079	1058	1021
1974	346	1544	786	758	134	591	283	308	480	2135	1069	1066
1975	347	1567	807	760	136	616	291	325	483	2183	1098	1085
1976	358	1570			136	616			494	2186		
1978	353	1591	801	790	138	625	316	309	491	2216	1117	1099
1980	373	1616			143	630			516	2246		
1981	400	1630	832	798	145	631	335	296	545	2261	1167	1094
1982	404	1673			144	638			548	2311		
1983	405	1682	872	810	145	660	325	335	550	2342	1197	1145
1984	405	1687	873	814	145	668	342	326	550	2355	1215	1140
1985	405	1691			146	654			551	2345		
1987	462	1755			158	644			620	2399		
1988	462	1723	887	836	158	645	335	310	620	2368	1222	1146
1989	464	1769			163	665			627	2434		
1990	481	1784	912	872	162	639	341	298	643	2423	1253	1170
1991	488	1785	895	890	166	637	324	313	654	2422	1219	1203
1992	490	1773	890	883	171	623	318	305	661	2396	1208	1188
2010	468	1864	1008	856	166	592	323	269	634	2456	1331	1125

2010年年末江河源人口统计明细表

表4　　　　单位：户、人

村别	洛家洞				再上				合计			
组别	户数	人数	其中：男	其中：女	户数	人数	其中：男	其中：女	户数	人数	其中：男	其中：女
1	30	128	71	57	53	167	90	77	83	295	161	134
2	20	94	50	44	49	158	84	74	69	252	134	118
3	30	128	65	63	19	80	40	40	49	208	105	103

续表4　　单位：户、人

村别	洛家洞				再上				合计			
组别	户数	人数	其中：男	女	户数	人数	其中：男	女	户数	人数	其中：男	女
4	26	102	56	46	16	67	41	26	42	169	97	72
5	17	60	34	26	8	23	14	9	25	83	48	35
6	33	112	66	46	10	40	22	18	43	152	88	64
7	26	104	58	46	11	57	32	25	37	161	90	71
8	27	115	71	44					27	115	71	44
9	22	89	42	47					22	89	42	47
10	36	125	72	53					36	125	72	53
11	17	65	32	33					17	65	32	33
12	27	99	57	42					27	99	57	42
13	17	69	39	30					17	69	39	30
14	30	123	69	54					30	123	69	54
15	48	181	93	88					48	181	93	88
16	36	155	77	78					36	155	77	78
17	26	115	56	59					26	115	56	59
合计	468	1864	1008	856	166	592	323	269	634	2456	1331	1125
性别比（女为100）：118.31，其中洛家洞村117.76，再上村120.07												

年龄　2010年年底，江河源按少年组（0~17岁）、青壮年组（18~59岁）、老年组（60岁以上）划分，各年龄组人口占总人口的比例分别是24.72%、61.60%、13.68%，见表5。其他各年龄组人口年龄构成详见下表6、表7。

2010年年末江河源人口年龄结构情况表

表5　　单位：人

年龄组	0~17岁（少年组）		18~59岁（青壮年组）		60岁以上（老年组）		合计	占总人口（%）
性别＼人数	人数	占同性别总人口（%）	人数	占同性别总人口（%）	人数	占同性别总人口（%）		
男	368	27.64	801	60.18	162	12.17	1331	54.19
女	239	21.24	712	63.29	174	15.47	1125	45.81
合计	607	24.72	1513	61.60	336	13.68	2456	100
性别比（女为100）	153.97		112.50		93.10		118.31	

2010年年末江河源人口各年龄组构成情况表

表6　　　　　　　　　　　　　　　　　　　　　　　　单位：人

村别	洛家洞			再上			合计		
年龄组＼性别	男	女	小计	男	女	小计	男	女	合计
0~6岁	128	77	205	38	21	59	166	98	264
7~17岁	147	112	259	55	29	84	202	141	343
18~29岁	203	165	368	64	61	125	267	226	493
30~39岁	152	140	292	55	56	111	207	196	403
40~49岁	149	125	274	48	32	80	197	157	354
50~59岁	104	99	203	26	34	60	130	133	263
60~69岁	81	82	163	24	18	42	105	100	205
70~79岁	38	44	82	11	14	25	49	58	107
80岁以上	6	12	18	2	4	6	8	16	24
合　计	1008	856	1864	323	269	592	1331	1125	2456

2010年年末江河源各组男性人口年龄构成情况表

表7　　　　　　　　　　　　　　　　　　　　　　　　单位：人

组别	年龄组（男）									
	0~6	7~17	18~29	30~39	40~49	50~59	60~69	70~79	80岁以上	小计
洛家洞村										
1	8	5	20	8	11	8	7	3	1	71
2	3	10	7	9	8	5	4	3	1	50
3	7	11	15	8	12	5	5	2		65
4	7	9	7	11	13	5	2	2		56
5	4	6	8	2	6	3	4	1		34
6	11	7	9	10	10	7	9	3		66
7	9	8	13	7	9	5	4	3		58
8	17	7	14	10	7	8	5	3		71
9	7	4	11	8	4	3	2	2	1	42
10	7	8	19	13	8	10	5	2		72
11	4	6	4	7	6	2	3			32
12	5	11	8	12	5	7	4	3	2	57
13	3	10	5	10	5	2	3	1		39
14	8	11	17	5	10	8	9	1		69
15	6	17	23	9	15	11	8	4		93
16	13	10	13	12	13	6	6	4		77

续表7 单位：人

组别	年龄组（男）								
	0~6	7~17	18~29	30~39	40~49	50~59	60~69	70~79	80岁以上	小计
17	9	7	10	11	7	9	1	1	1	56
小计	128	147	203	152	149	104	81	38	6	1008
再上村										
1	10	18	18	14	15	8	6	1		90
2	9	16	15	13	16	7	3	4	1	84
3	4	6	8	5	7	4	4	2		40
4	6	5	10	7	4	3	4	1	1	41
5	2	2		6		1	2	1		14
6	2	4	4	5	3	1	2	1		22
7	5	4	9	5	3	2	3	1		32
小计	38	55	64	55	48	26	24	11	2	323
合计	166	202	267	207	197	130	105	49	8	1331

2010年年末江河源各组女性人口年龄构成情况表

表8 单位：人

组别	年龄组（女）								
	0~6	7~17	18~29	30~39	40~49	50~59	60~69	70~79	80岁以上	小计
洛家洞村										
1	5	5	13	7	9	8	8	2		57
2	6	4	7	8	6	4	4	2	3	44
3	7	6	15	8	10	6	6	5		63
4	5	6	11	7	6	6	5			46
5		4	3	5	3	5	4	2		26
6	4	10	6	12	2	4	6	2		46
7	4	7	6	8	7	8	3	3		46
8	3	5	8	10	5	7	4	2		44
9	3	8	12	4	6	6	3	4	1	47
10	6	4	9	7	8	10	5	3	1	53
11	4	7	3	8	4	2	3	1	1	33
12	2	6	5	10	5	6	6	1	1	42
13	4	3	5	6	4	3	4	1		30
14	2	5	12	7	12	6	5	3	2	54
15	9	10	19	12	15	9	7	4	3	88
16	6	16	17	10	14	3	6	6		78

续表8　　单位：人

组别	年龄组（女）									
	0~6	7~17	18~29	30~39	40~49	50~59	60~69	70~79	80岁以上	小计
17	7	6	14	11	9	6	3	3		59
小计	77	112	165	140	125	99	82	44	12	856
再上村										
1	5	16	9	17	10	8	7	5		77
2	7	6	20	10	13	9	4	3	2	74
3	4	3	12	7	5	6	1	2		40
4	2	2	6	5	1	4	4	1	1	26
5		2		3		2	1	1		9
6			6	7		2		2	1	18
7	3		8	7	3	3	1			25
小计	21	29	61	56	32	34	18	14	4	269
合计	98	141	226	196	157	133	100	58	16	1125

2017年年末江河源八十岁以上老人名单一览表

表9

姓　名	性别	出生年月	所在村组
段土玉	女	1935年4月	洛家洞村第一、二组（甘竹园陈家）
欧阳鸾凤	女	1934年6月	洛家洞村第一、二组（甘竹园陈家）
陈起朋	男	1930年6月	洛家洞村第一、二组（甘竹园陈家）
何金良	女	1924年8月	洛家洞村第一、二组（甘竹园陈家）
陈起华	男	1937年12月	洛家洞村第一、二组（甘竹园陈家）
蒋云良	女	1936年7月	洛家洞村第一、二组（甘竹园陈家）
陈起洪	男	1937年2月	洛家洞村第一、二组（甘竹园陈家）
陈起炫	男	1924年2月	洛家洞村第一、二组（甘竹园陈家）
蒋兴銮	女	1936年	洛家洞村第一、二组（甘竹园陈家）
罗怀干	男	1937年5月	洛家洞村第三组（满竹坝）
唐贵凤	女	1935年12月	洛家洞村第三组（满竹坝）
郑荣珍	女	1932年12月	洛家洞村第三组（满竹坝）
陈美玉	女	1937年11月	洛家洞村第三组（满竹坝）
陈开保	男	1936年12月	洛家洞村第六组（枧木冲）
李国玉	女	1936年8月	洛家洞村第六组（枧木冲）

续表9

姓　名	性别	出生年月	所在村组
刘春梅	女	1937年3月	洛家洞村第七组（洛家洞）
何世建	男	1937年11月	洛家洞村第八组（洛家洞）
何爱秀	女	1937年1月	洛家洞村第九组（洛家洞）
陈开芝	男	1935年1月	洛家洞村第九组（洛家洞）
何四荣	女	1936年5月	洛家洞村第九组（洛家洞）
杨银凤	女	1936年4月	洛家洞村第十一组（下兰家岭）
陈令湘	男	1927年5月	洛家洞村第十二组（上兰家岭）
陈起柏	男	1935年5月	洛家洞村第十三组（何家源）
何苏良	女	1937年5月	洛家洞村第十三组（何家源）
唐美凤	女	1937年6月	洛家洞村第十四组（蒋家岭）
李满元	女	1928年5月	洛家洞村第十四组（蒋家岭）
蒋显德	男	1934年9月	洛家洞村第十五组（马山脚）
何贵銮	女	1936年2月	洛家洞村第十五组（马山脚）
蒋显勋	男	1936年11月	洛家洞村第十五组（马山脚）
唐贤纯	男	1936年4月	洛家洞村第十六组（白石山）
蒋春荣	女	1934年3月	洛家洞村第十六组（白石山）
唐政荣	男	1928年12月	洛家洞村第十七组（上兰家）
陈春荣	女	1936年3月	洛家洞村第十七组（上兰家）
夏秀云	女	1936年11月	再上村第一、二组（再上）
陈起建	男	1934年10月	再上村第一、二组（再上）
袁柏兰	女	1932年2月	再上村第一、二组（再上）
胡宝荣	女	1930年9月	再上村第一、二组（再上）
陈彩艳	女	1934年4月	再上村第一、二组（再上）
李明凤	女	1935年10月	再上村第一、二组（再上）
李道锡	男	1931年10月	再上村第三组（蛇头岭）
胡兰玉	女	1934年8月	再上村第六组（尧上）
蒋柏生	男	1935年6月	再上村第六组（尧上）

姓氏比例构成　江河源原居村民共14个姓氏，其中100人以上的姓氏有陈、何、蒋、唐、罗、李6姓，其占总人口的比例分别为43.24%、11.52%、10.06%、9.73%、8.47%和5.99%，共占总人口的89.01%。详见表10。

2010年年末江河源姓氏人口统计表

表10　　单位：人

姓氏	洛家洞村	再上村	合计	占全部人口比例（%）
陈	737	325	1062	43.24
何	283		283	11.52
蒋	187	60	247	10.06
唐	239		239	9.73
罗	151	57	208	8.47
李		147	147	5.99
刘	63		63	2.57
王	57		57	2.32
吕	42		42	1.71
郑	32		32	1.30
朱	28		28	1.14
龚	26		26	1.06
邓	15	3	18	0.73
胡	4		4	0.16
合计	1864	592	2456	100

三、计划生育

20世纪60年代，提倡计划生育。70年代开始推行计划生育。80年代后，计划生育成为一项基本国策。计划生育工作是（大队）村领导班子的一项重点工作，主要领导重点抓，妇联主任具体负责。计划生育工作主要包括宣传提倡晚婚晚育，鼓励一孩，控制二孩，推行各种节育措施。对计划生育工作做得好的给予奖励。

四、姓氏来源

江河源姓氏有陈、何、蒋、唐、罗、李、刘、王、吕、郑、朱、龚、邓、胡等14个姓氏（均为汉族，不包括嫁入、入赘人员姓氏）。据族谱资料，江河源各姓氏村民均从外地辗转迁徙至此，且多姓始祖来自江西。各族姓尽管来自不同地区，迁徙时间不一，其人口数量也相差悬殊，但在长期的生产生活中各宗族间均能和平相处，相互支持，未曾传有大的纠纷和矛盾，从而成为一个团结、和谐的村落群。

（一）陈姓

1．再上、甘竹园、白石山、上兰家、枧木冲陈姓及洛家洞、马山脚部分陈姓，即陈君伍三郎公系：

元至正元年（1341）陈君伍（三郎）公由江西迁宁远，卜居东门跳墩石，至正六年（1346）迁宁北杨柳桥陈家塘（即今柏家坪），终定居再上，随后开枝散叶分居于甘竹园、枧木冲、洛家洞、马山脚、白石山、上兰家等自然村，历28世、600余年。

2017年再上、甘竹园等地陈姓辈分排行一览表

表11

世代	82	83	84	85	86	87	88	89	90	91
派语	君	筹	志	法	联	遇	继	福	寿	长
世代	92	93	94	95	96	97	98	99	100	101
派语	恒	广	万	世	大	礼	玉	克	正	光
世代	102	103	104	105	106	107	108	109	110	111
派语	明	文	起	开	国	运	本	固	邦	宁
世代	112	113	114	115	116	117	118	119	120	121
派语	日	和	亲	康	乐	时	修	齐	扬	骏
世代	122	123	124	125	126	127	128	129	130	131
派语	烈	平	治	展	鸿	规				

根据《陈氏宗谱》（2012年版）安排，82世~107世为旧排行，108世~127世为新增拟统一排行。

郡号：颍川郡

2．兰家岭及洛家洞、马山脚部分陈姓：

根据《陈氏宗谱》（2011年版）记载，兰家岭陈氏第94世生寿公迁至晓睦塘马栏背，第100世先祖三杰、三俊从马栏背迁至兰家岭历8世，近200年。

郡号：颍川郡

2017年兰家岭及洛家洞、马山脚部分陈姓辈分排行一览表

表12

世 代		91	92	93	94	95	96	97	98	99	100
派语（旧）		甲	世	学	生	宗	登	伯	一	二	三
世 代		101	102	103	104	105	106	107	108	109	110
派语	旧	光	昭	先	令	德	佑	启	继	文	明
	新								本	固	邦
世 代		111	112	113	114	115	116	117	118	119	120
派语	旧	全	赖	怀	忠	孝	能	沾	圣	泽	恩
	新	宁	日	和	亲	康	乐	时	修	齐	扬
世 代		121	122	123	124	125	126	127	128	129	130
派语（新）		骏	烈	平	治	展	鸿	规			

根据兰家岭《陈氏宗谱》新旧排行衔接说明，新排行“本”取代旧排行“继”字，从此沿用新排行。

3. 何家源及洛家洞部分陈姓：

何家源等陈氏其九十三世世文公于明万历年间（1573—1620）开派于江河源。

郡号：颍川郡

2017年何家源及洛家洞部分陈姓辈分排行一览表

表13

世代	88	89	90	91	92	93	94	95	96	97
派语	道	近	先	志	英	世	守	兴	龙	茂
世代	98	99	100	101	102	103	104	105	106	107
派语	圣	德	发	光	明	文	起	开	国	运
世代	108	109	110	111	112	113	114	115	116	117
派语	本	固	邦	宁	日	和	亲	康	乐	时
世代	118	119	120	121	122	123	124	125	126	127
派语	修	齐	扬	骏	烈	平	治	展	鸿	规

根据《陈氏族谱》（2012年版），88世~107世排行为“道近先志英、世首兴龙茂、圣德发光明、文起开国运”，自108世起启用新排行“本固邦宁日、和亲康

乐时、修齐扬骏烈、平治展鸿规”。

4．马山脚部分陈姓：

根据其族谱，马山脚陈姓先祖自江西鹅颈塘迁东安，明正德年间（1506—1521）嘉绵公从东安迁至江河源，历约500年。

郡号：颍川郡

2017年马山脚部分陈姓辈分排行一览表

表14

世代	88	89	90	91	92	93	94	95	96	97
派语	伯	子	孔	嘉	维	一	自	圣	贤	书
世代	98	99	100	101	102	103	104	105	106	107
派语	先	元	尚	天	庭	文	章	德	高	中
世代	108	109	110	111	112	113	114	115	116	117
派语	本	固	邦	宁	日	和	亲	康	乐	时
世代	118	119	120	121	122	123	124	125	126	127
派语	修	齐	扬	骏	烈	平	治	展	鸿	规

根据《陈氏族谱》（2012年版），88世~107世排行为“伯子孔嘉维、一自圣贤书、先元尚天庭、文章德高中”，自108世起启用新排行“本固邦宁日、和亲康乐时、修齐扬骏烈、平治展鸿规”。

（二）何姓

根据2003年版《何氏宗谱》，其始祖才富公自江西鹅颈因避乱而历经荆楚，初居宁远荷叶塘，继而西江脚、旺福田。清康熙九年（1670）才富公第11代孙德成公由旺福田迁至洛家洞居住，历340余年。

郡望：庐江郡

2017年江河源何姓辈分排行一览表

表15

世代	1	2	3	4	5	6	7	8	9	10
派语	才	贵	启	留	永	子	仁	义	礼	万
世代	11	12	13	14	15	16	17	18	19	20

续表15

派语	德	奇	光	廷	明	开	国	朝	延	世
世代	21	22	23	24	25	26	27	28	29	30
派语	泽	维	邦	士	友	振	家	声	建	道
世代	31	32	33	34	35	36	37	38	39	40
派语	敦	安	承	绍	定	懋	修	先	绪	民
世代	41	42	43	44	45	46	47	48	49	50
派语	文	勋	昌	前	裕	后	膺	荣	瑞	应
世代	51	52	53	54	55	56				
派语	兆	谟	猷	福	寿	新				

（三）蒋姓

1．蒋家岭、马山脚蒋姓：

据《〈中华蒋氏通谱〉——清水桥镇蒋吕罗成、蒋家岭、马山脚分谱》（2015年版），清水桥蒋姓皆三国蜀汉政治家蒋琬之后代，约260年前蒋家岭始祖学舜公于清朝时期从零陵（今双牌）辛乐洞大井头搬迁至江河源何家源，后迁至蒋家岭。马山脚蒋姓由蒋家岭迁居至此：一是111世廷恒公于清同治年间（1862—1874）迁居马山脚，二是112世仕伦公于清光绪年间（1875—1908）迁居马山脚。

郡望：乐安郡

辈分派语：

1~84世：

伯本仲英季、庆叔承诞段、饬纪德肆彝、 明思甄蟾静、毓圣简祯振、运绍五元庚、鼎呈祚迁宗、立一允亦惠、良满望诩助、晃横澄休尚、兖堪裕瀣佩、錞昕琬斌珩、恭少俨钦镇、浚防明乂偕、凝伸殷平静、瓘植漳如日、介梦复继。

88~107世：

源公次子、百七郎、千八郎、万十九郎 、景隆、宝元、卿贵、仲先、泽民、文兴、世禄及世爵、海成及老成、清銮、銮池、奉、孔教、国仪、可忠、正荣（五子）、学舜。

108~213世：

维名、朝廷仕有、运（先）显（崇）逢（尊）敬、忠孝传芳、熙朝仁厚、富贵荣昌、恩登金玉、泽肇周邦、时同安泰、克致嘉祥、敦诗维礼、明道有光、日新树立、代钟能良、宏开宝运、功普休扬、福禄庆颂、长乐寿康、心怀祖训、信义伦常、平和盛世、善行德广、学文尚武、民丰国强、芝兰毓秀、英才兴旺、俊杰益远。

2．牛栏观蒋姓：

其后人自述，始迁祖万二十五郎于明洪武年间（1368—1398）从江西吉安府泰和县鹅颈塘迁至零陵（今双牌）县茶陵老院子，其第十三代成禄公从老院子迁徙至唐家山。第二十一代国裕公于清光绪年间（1875—1908）晚期从唐家山迁徙至牛栏观，已繁衍至第二十六代。国裕公生子三名，三子进铭1938年迁居江永迴龙圩高尚村，长子、次子后裔迁徙他地亦众。

郡望：乐安郡

辈分排行（1~30代）：

万千正富晚、宗祖甲乙文、时登学成武、仕君仲廷光、国进天星顺、积德久辉芳。

1911年茶陵老院子重修家谱，新订班行并从旧排行第二十四代起启用新排行（即新排行“先”取代旧排行“星”）：

先崇尊敬、贞孝传芳、熙朝仁厚、久远荣昌、恩铭金玉、泽肇周邦、咸同安泰、克致嘉祥、敦诗维礼、明道允臧、日新树懋、代钟能良、宏发宝祚、功普休扬、福禄庆颂、长乐寿康。

3．尧上蒋姓：

其后人自述约120年前从双牌茶林迁至江河源。

（四）唐姓

1．上兰家唐姓：

始迁祖璧公（璧三郎）于明洪武初年（1368—1398）自江右吉安府庐陵县鹅颈垯迁居零陵中沙洲（蒿苹里），即今永州市零陵区茅坪。五世祖贵公之子道尊公六世自茅坪徙道州社江，其长子永纲公居社江，次子永常公居北江（今双牌县塘底），十六世祖三英公于清乾隆年间（1736—1795）迁至江河源何家源、再迁冷水脚、上兰家。至江河源已经11代，历220余年。三英公部分后代居清水桥镇罗坝村（蒋家坝）、田伟村。

郡号：晋阳郡

2017年上兰家唐姓辈分排行一览表

表16

代	派语	代	派语	代	派语
1	未列班派	11	国登廷	21	祖彦悦隆
2	未列班派	12	时扬文	22	述英自规
3	未列班派	13	朝之绍学	23	崇怀天垂
4	未列班派	14	民命荣肇	24	明晋伦奕
5	未列班派	15	元文方大培运士	25	峻楚顺载
6	道	16	世三	26	箕瑞欢光
7	永	17	成克尚有得长	27	裘玉腾耀
8	仲	18	开绳九鸿	28	衍守间纪
9	应	19	启兴亲景	29	荫侯里熙
10	宗	20	维在安休	30	桐封融功

说明：上述辈分排行根据《蒿苹里唐氏族谱》（1936年版）整理

2．马山脚唐姓：

其后人自述原居零陵接履桥大树口村，后于柏家坪九龙岩等地居住，最后定居马山脚，历200余年。

2017年马山脚唐姓辈分排行一览表

表17

世代	9	10	11	12	13	14	15	16	17	18
旧派语	一	嘉	朝	仕	兴	荣	显	开	奇	英
新派语								敬	训	用
世代	19	20	21	22	23	24	25	26	27	28
旧派语	方	绍	字	成	瑞	登	俊	裕	光	明
新派语	才	能	年	远	俊	秀	升	传	家	多
世代	29	30	31	32	33	34	35			
新派语	吉	佳	富	贵	喜	云	礽			

上述辈分、派语系根据族人提供。原使用“一嘉朝仕兴、荣显开奇英、方绍字成瑞、登俊裕光明 ”字派，光绪三十年（1904）合族同修谱牒新编二十辈“敬训用才能、年远俊秀升、传家多吉佳、富贵喜云礽”，第一排行只使用到“显”字

辈，便启用第二排行，即从“敬”字辈开始。

3．白石山唐姓：

根据其后辈所得手抄本族谱，其始祖璧公（字璧山，号赤石，因排行第三，故称璧三郎）于明洪武年间（1368—1398）迁居零陵邑。其先祖（世代俟详）分居于零陵邑虾公塘、大河塘、五岳塘、蚂蟥塘、樟木坝、石山塘。后廷槐公迁居金子堂。廷槐公之子时贵公、时荣公于清康熙元年（1662）由零陵（地址俟详，所传源自零陵瓦屋唐家，又称麻茨塘）徙宁远西乡斜陡岭托家冲（即江河源奔陡坡下），时荣公后丁再迁白鸡山（即白石山村），时荣公之小重孙成第公继而从白石山迁居罗坝村。

郡望：晋阳郡

辈分排行：

时鼎春成芳、国大定贤良、武能荣子茂、天德信关长。

清光绪二十一年（1895年）新议辈行：

敬（与原“良”字辈同辈份）训用才能、年远俊秀升、传家多吉庆、福贵喜云礽。①

4．枧木冲唐姓：

根据该村前宝塔碑记，枧木冲唐氏自零陵福田洞迁至江河源枧木冲，据其后人自述，迁徙至此已历300余年。其辈分排行：

甫、一、登、尚、志、启、永、大、明、九、世、定、德、光、辉

（五）罗姓

江河源罗姓始祖辛二郎原籍江西吉安府泰和县鹅颈大坵，于明洪武三年（1370）任职永州府，居泉陵。

1．满竹坝、岭源头罗姓：第十二祖罗世槐、罗世榜（壬一郎派下）于明崇祯十五年（1642）从泉陵分别迁至江河源满竹坝、狗爪湾。

2．水源山罗姓（壬三郎派下）：其后人自述于明万历四十年（1612）从零陵大石井迁至江河源。

郡号：豫章郡

①白石山唐姓与马山脚唐姓新议排行同一派语（一字不同），各自所述其拟定时间不一。

2017年江河源罗姓（壬一郎派下）辈分排行一览表

表18

世代	1	2	3	4	5	6	7	8	9	10
派语	辛	壬	癸	甲	乙	万	罗	永	仲	志
世代	11	12	13	14	15	16	17	18	19	20
派语	应	世	廷	文	春	大	三	元	开	正
世代	21	22	23	24	25	26	27	28	29	30
派语	朝	长（贤）	怀	前	哲	融	睿	超	虞	舜
世代	31	32	33	34	35	36	37	38	39	40
派语	勋	猷	冠	禹	汤	军	民	皆	颂	载
世代	41	42	43	44	45	46	47	48	49	50
派语	欧	亚	赏	安	康	勤	俭	储	珍	宝
世代	51	52	53	54	55	56	57	58	59	60
派语	农	桑	毓	栋	梁	乘	联	亲	谊	笃
世代	61	62	63	64	65					
派语	奕	叶	喜	丛	芳					

说明：此辈分派语系根据旧谱及《罗氏宗谱》（2014年版）整理

（六）李姓

蛇头岭李氏，据其后人自述，于清朝时期从零陵天子地迁至江河源，部分后代由此再迁坝子头。

2017年江河源李姓辈分排行一览表

表19

世代	1	2	3	4	5	6	7	8	9	10
派语	千	孟	行	仲	文	用	文	才	士	太
世代	11	12	13	14	15	16	17	18	19	20
派语	如	定	永	子	日	希	子	应	元	仁
世代	21	22	23	24	25	26	27	28	29	30
派语	善	绍	文	志	仕	万	德	尚	春	逢
世代	31	32	33	34	35	36	37	38	39	40

续表19

派语	旧	开	方	承	家	有	道	邦	国	之	光
	新	造	物	资	陶	铸	民	彝	气	至	刚
世代		41	42	43	44	45	46	47	48	49	50
派语	旧	俊	秀	继	起	实	显	名	扬	学	兴
	新	经	纶	襄	育	煦	基	序	溯	源	长
世代		51	52	53	54	55	56	57	58	59	60
派语	旧	贤	茂	永	世	荣	昌				
	新	高	峻	赓	崧	岳	睦	雍	颂	棣	棠
世代		61	62	63	64	65	66	67	68	69	70
派语		谋	贻	绵	燕	绪	宝	鼎	祝	馨	香
世代		71	72	73	74	75	76	77	78	79	80
派语		望	族	繁	兰	桂	华	旭	灿	中	原
世代		81	82	83	84	85	86	87	88	89	90
派语		诗	书	兆	英	杰	乾	坤	树	栋	梁
世代		91	92	93	94	95	96	97	98	99	100
派语		科	技	兴	邦	国	群	雄	啸	傲	攀
世代		101	102	103	104	105	106	107	108	109	110
派语		纵	横	擎	禹	甸	护	裔	振	龙	寰

说明：上述派语根据《李千护公通谱》（2001年版）整理而来，从41代起不用旧派语，改用新派语，即用“经”取代旧派语“俊”

（七）刘姓

根据刘氏后人自述，洛家洞刘姓约310年前从道州（今双牌）天平迁至江河源；冷水脚刘姓从江西彭城迁至零陵的菱角塘义家村，又迁至宁远晓睦塘刘家，又迁至马栏背，19世纪末、20世纪初迁至江河源冷水脚。

辈分排行（冷水脚）：

胜、文、兴、仕、记、上、世、贤、财、顺、具、汉、树、烈、仁、忠、于、多、耀、增。

辈分排行（洛家洞）：

道、高、世、荣、昌、具、汉、树、烈、仁、忠、于、多、耀、增。

（八）王姓

王姓后人自述约于130年前从零陵漯子岭迁至江河源。

辈分排行：

……石、承、本、焕、贤……

（九）吕姓

上兰家吕氏始迁祖祯公（从简公九世孙）与其兄弟福、禄、祥、禧、祚为避金元战乱于元贞二年（1296）自河南祥符县秀水塘徙居湖南零陵，祯公居东乡雷公洞。祯公十世孙世霖公于清康熙年间（1662—1722）由零陵雷公洞石门口迁徙宁远江河源上兰家。

郡望：河东郡

2017年江河源吕姓辈分排行一览表

表20

世代	1	2	3	4	5	6	7	8	9	10
派语	贞	元	志	友	思	纪	景	伯	天	世
世代	11	12	13	14	15	16	17	18	19	20
派语	应	大	学成	之	道	至	善德	明	新	国格
世代	21	22	23	24	25	26	27			
派语	致	诚	正保	修	齐	治	平			

说明：上述派语根据《吕氏宗谱》（2016年版）整理。民国10年（1921）六房联谱，统一字派为：保定孔厚、日升月恒、吉占利用、载兆咸亨

（十）郑姓

白石山郑氏后人自述约130年前自柏家坪马头上的塘下洞（其祖永琏）迁徙至此。

辈分排行（根据2003年版《郑氏宗谱》）：

旧排行（68~99世）：

福三幼小、大汝世四 、玉庭以立 、绍克永琼 、仁义礼希、 嘉宇宏延、有启万元、逢际会生。

辈分新排行（100~195世）：

起、钧汉茂光堂、钦沛彬炀瑞、铭询杰灿匡、鉴波林炳重、介荥穆煐旺、会济科然壮……

（十一）朱姓

马山脚、上兰家朱氏始祖瑶公江西鹅颈开派，明洪武年间（1368—1398）徙居零陵福田开基，13世迁居宁远。上兰家居址是否乃迁居宁远初居之地俟详。

郡望：沛国郡

2017年江河源朱姓辈分排行一览表

表21

代	派语	代	派语	代	派语	代	派语
1	志	7	自	13	振	19	世
2	壬	8	永	14	朝	20	成、宏
3	千	9	思	15	有、日、臣	21	昌
4	万	10	彦、文、廷	16	一	22	盛
5	福	11	子	17	登	23	忠
6	道	12	大	18	国、三	24	厚

说明：上述派语根据《朱诸族谱》（2010年版）整理

续修宗谱所定20班辈：

泰运隆清治、奇英冠楚才、笃培贻荫远、广举沛恩来。

三修宗谱班行20辈：

先君传哲理、禹甸灿祥云、雄杰勋名显、高科建家园。

（十二）龚姓

龚姓后人自述约150年前从零陵（今双牌）大河江迁至江河源。

辈分排行：

……祖、德、继、述、大、群、元……

（十三）邓姓

根据邓姓后人自述，其迁徙、辈分情况：

甘竹园邓姓约100年前从晓睦塘迁至江河源。

辈分排行：

……景、运、孝、家、祥、安、邦、肖、站、强……

牛栏观邓姓于民国9年（1920）从零陵（今双牌）县茶林大河江搬迁至此。

（十四）胡姓

根据《胡氏宗谱》（1938年版）记载，胡氏始迁祖（一世）禄祥公自江右瑞州新昌上马头鹅江迁楚南永州东安。元道公（四世）于明正德年间（1506—1521）左右继迁宁远清水桥侯坪。江河源胡氏约100年前从侯坪迁至江河源。

郡望：安定郡

2017年江河源胡姓辈分派语一览表

表22

代别	1	2	3	4	5	6	7	8	9
派语				道	化	明	从	可	有
代别	10	11	12	13	14	15	16	17	18
派语	开	鸿	瑞	贤	树	振	国	运	昌
代别	19	20	21	22	23	24	25	26	27
派语	逢	光	明	上	世	咸	庆	德	崇
代别	28	29	30	31	32	32	34	35	36
派语	承	先	肇	基	永	远	丰	隆	

第二节　方言

江河源方言不同于宁远官话，它由零陵话演变而来，与零陵语音较为相近，这主要是历史上绝大部分村民从零陵迁徙至此，且江河源紧邻零陵县（即今双牌县）。零陵方言究竟属湘方言区还是北方方言区，虽有无定论之说，但从听觉上看，比较接近湘方言区。因此，江河源语言与县城为代表的官话相比存在着较大的差别。但随着社会发展，交流的增多，以及在外工作人员增多，江河源方言与宁远官话有趋同迹象。

一、词汇

江河源方言对事物表述之所用词语，与宁远官话差异不大，惟读音有别。部分方言与普通话词汇对照表如下。

江河源方言与普通话词汇对照表

表23

普通话	江河源方言	普通话	江河源方言
做饭	煮饭	火塘架	撑架
吃中饭	吃晌午	煤尾	炉煤
吃晚饭	吃夜饭	饭锅	鼎锅
面条	面	厨房	火落
稻谷	谷子	曾祖父	白公
土酒	火酒、水酒	曾祖母	婆婆
米甜酒	糊酿酒、脱缸酒	祖父	公公、咯咯（读第四声）
酒曲	饼药	祖母	奶奶、奸奸（读第四声）
检菜	夹菜	父亲	爹爹（dia dia ）
粽子	枕头粑粑、羊角粽	母亲	耶耶
小麦	麦子	叔叔	满满（读第四声）
玉米	命命崽崽、苞谷	婶娘	闷闷（读第四声）
小米	黍米	弟弟	毛毛
花生	落花生	姐姐	扎扎
南瓜	北瓜	妻子	婆娘
荸荠	麻茨	姑母	帼帼（读第四声）
蒜苗	蒜叶子	女婿	姑丈
蒜子	蒜崽崽	舅舅	求求（读第四声）
葱蔸	葱蔸把	舅妈	求们
蔬菜	小菜	男孩	赖仔
野苦菜	苦菜公	女孩	女仔
豌豆	雪豆	单身汉	单身公
薯蓣	马鞍薯	小孩	小孩子
菜锅	粑锅	厨师	大师傅
锅铲	铲雀	前天	前日
房门	门板	今天	今朝
楼上	楼子高头	昨天	昨日
墙体	墙埂	明天	明朝
客厅	堂屋	上午	上朝
房间	间子	下午	满阳
澡盆	脚盆	晚上	夜晚
凉水	冷水	中午	晌午边

续表23

普通话	江河源方言	普通话	江河源方言
热水	濑水	春天	上春
毛巾	帕子	松树	枞树
厕所	茅厕	甘蔗	梗子
榔头	锤子	橘子	柑子
地窖	窖眼	向日葵	向日林
盖房	砌屋	柿子	柿花
砖坯	水砖	猕猴桃	藤藤公
烧砖（青砖）	火砖	银杏	白果
窗户	格子	努力	加势
石头	马拉古	厉害	显火
太阳	日头	不讲道理	霸蛮
星星	星子	嫉妒	眼红，眼睛浅
打雷	雷公叫	害羞	怕丑，不出众
闪电	打闪	算计	谋
刮风	吹风	撒谎	讲假话
下雨	落雨	烤火	加火
彩虹	杠	舀水	掠水
起霜	打霜	节约	节省
下雪	落雪	母牛	牛婆
下冻雨	落米沙子	公牛	牯牛
落雪花	落棉花毛、落铺雪	放牛	养牛
冰凌	构子	青蛙	麻拐
走亲戚	走人家	石蛙	半拐
后悔	打悔心	蟾蜍	癞皮麻拐
睡觉	困觉、睡眼皮	虾	虾公
打瞌睡	打眼皮	蜻蜓	阳沟�
打鼾	鼓痹	螳螂	螳螂爪蚂
呕吐（想吐）	打哕	蟑螂	瘙嘎婆
疟疾	打摆子	跳蚤	狗蚤
拉稀	泻肚子	蜘蛛	波丝
不讲话	不作声	蚯蚓	虫线
怀孕	怀小孩子	蜂	蜂子
中暑	发痧	乌鸦	老哇
癫痫	羊角风	苍蝇	青冬蚊

续表23

普通话	江河源方言	普通话	江河源方言
作揖	做请请	母猪	猪婆
祝寿	做生日	公猪	猪公
葬坟	葬祖	蝙蝠	洋耗子
抬棺	抬山、举重	老鼠	耗子
坟山	祖山	蝗虫	蚤蚂
纸钱	钱纸	萤火虫	阳火虫
香	线香	母狗	狗婆
干活	做事	公狗	狗公
插秧	插田	大雁	天鹅
追肥	掬禾蔸	公鸡	鸡公
扮桶	方桶	母鸡	鸡婆
扮禾	打谷子		

二、谚语

桐子树开花，叫花子乐开花；桐子树落叶，叫花子造孽。

清明断雪，谷雨断霜。

麦子不吃小满水。

立夏种姜，夏至离娘（姜种）。

四月八，枇杷烂渣渣；五月五，杨梅落下土。

安堂坪戴帽，下雨有靠。

荞麦倒了半边宝，麦子倒了是把草。

立夏吃个蛋，石板都踩烂。

早起三朝当一工。

男人不打三朝，女人不赶庙会。

穷人靠养猪，富人靠读书。

寸土三担泥。

趴地栽柑，拄棍栽桃。

老虎来了无跛脚。

八月芥菜经得剥，重阳米酒经得喝。

第三节　民俗风情

江河源民俗与邻近县域民俗差异不大。因地缘因素，江河源民俗与双牌民俗较为相近。

一、庆贺

（一）嫁娶

旧时婚姻讲究媒妁之言，即经介绍人（俗称“媒婆”）穿针引线，与男女双方父母提亲，经男女双方见面，初步同意谈后，请八字先生合好双方“八字”，两家有无冲克，合则可谈，否则不宜谈亲。在可谈之情况下，女方到男方家了解家境状况。男女双方通过了解、沟通后，如能确定婚事，男方请人择定结婚日期，或称“看日子”，然后男方到女方家预报佳期，告知结婚日子，俗称“去日子”，并协议男方进送彩礼细节，包括礼品、礼金。礼品、礼金标准、数额要根据女方亲属（主要是至亲）的多少以及家庭经济状况确定，特别是进送给长辈、至亲的礼品、礼金标准稍高一些。此后，女方家以及接受礼品、礼金的亲属准备嫁妆。女方家的嫁妆主要包括家具（床、柜子、桶、盆、桌、凳、椅等）、被褥、衣服等，还有现金；亲属主要准备被褥、衣服、现金等。成婚日，男方家挑选年轻姑娘以及抬、挑嫁妆的青壮年小伙（有的还请乐队）组成接亲队伍，清早在媒婆的带领下到女方家接亲。清晨，新娘梳妆打扮之后，开始哭父母、叔伯、兄弟、嫂子、舅舅等，感谢养育、关照之恩，俗称“哭嫁”。“哭嫁”时哭嫁对象时有礼金等馈赠于新娘。哭嫁过程一般至新娘“上轿”为止。女方做喜酒正餐一般为早餐。早餐完毕，媒婆手提烘笼，在其带领下即迎娶新娘至男方家。女方亦有其亲属姑娘送亲队伍相送。受邻近地区习俗影响，偶有新娘弟弟跟随送亲队伍“拦轿”，即在新娘到达男方家进门及进入卧室之前，新娘弟弟拦住新娘不让进门或进入卧室，此时新郎送上一定的“拦轿钱”，才允进入，“拦轿钱”太少不能进入。女方嫁妆到后，马上布置新房，请一位八字好（即主要是儿孙多）的妇女为其铺好被子。男方喜酒正餐在中餐。在新郎、新娘拜完天地、父母、对拜之后进入洞房。酒席上新郎、新娘一般象征性地逐一敬酒，特别是对长辈。次日，新郎、新娘回女方家，称“上门”，二人吃完中饭即返回新郎家。新娘在婆家住2~3天后，再回娘家住3~5天，由新郎将其接回婆家。最后，答谢媒婆。至此，整个婚事即告完成。

中华人民共和国成立后，嫁娶习俗经历了从沿袭旧俗到逐步简化的过程。随着社会的不断进步，绝大部分人特别是青年人思想解放，嫁娶习俗不再落窠臼，而是采取新事新办，婚事形式多样，既不再请八字先生看八字，也不一定要媒人介绍；不再“哭嫁”，也极少请乐队吹吹打打。一些在外务工青年，自由恋爱，确定婚姻关系，回乡办理结婚登记手续，自择结婚日期，婚礼当日，宴请相关亲戚、朋友、同事，仪式简约。部分仍在农村举办的婚事，习俗则相对稍显烦琐。当男方看中女方后，男方托（媒）人前去说媒，通过男女双方互相了解确定婚姻关系后，除办理结婚登记手续外，双方协商彩礼等事项。男方所送彩礼数额，主要先由女方根据其具体情况提出，双方协商确定。彩礼数额确定、男方择定结婚日期后，男方携带礼金、礼品到女方家，告知结婚日期。然后双方筹办婚礼。结婚日，男方迎亲、女方送亲，女、男双方各自分别于结婚日的早餐、中餐操办酒席，宴请宾客。婚礼完毕，答谢媒人。

（二）三朝

新生儿出身三天后，一般操办“三朝酒”，俗称“打三朝”，以贺“璋”“瓦”之喜。前来贺喜的主客为“老水源家”（即老外婆家）及“新水源家”（即晚一辈外婆家）客人。旧时，当地有“男不打三朝，女不赶庙会”之说，因而“三朝酒”来客以女性居多。

（三）百日

新生儿出身满100天，一般还操办酒席，俗称“对百工”。当日，在水田里拿回一条大鲤鱼，将鱼嘴对着新生儿的嘴（吹一吹），寓意为今后要“讲理”。

（四）满岁

婴儿出生一年，一般操办酒席，俗称“对岁酒”。这天，家里准备一些物件，比如笔墨纸砚，各类玩具等，任小孩抓，根据他所选择哪一件东西，预测其未来志向。当然，家长还是希望其选择文具类物品，意味着今后会读书、当官。

（五）祝寿

人到中年以后，生日逢十整寿，亲戚朋友一般都会前来祝贺，主人则置酒宴客。年岁越大，场面愈显隆重。非整寿生日，则不一定摆酒庆贺。

（六）建房

房主先择吉地，请堪舆先生确定方位，并择黄道吉日开工。过去盖木柱房时（规制大一点的五柱，小的三柱），挑选树干高而直的生杉树作横梁（用作梁柱的生杉树，即使是别人的，一般也不要钱购买，杉树所有人赠送之），横梁加工好后，在横梁中用红布包上四双筷子、一本历书、文房四宝等物品。在包裹缝联筷子等物品时，二人唱和，即缝针人唱："一针一线"，另一人答唱："一举成名"；"两针两线"，"双福双贵"；"三针三线"，"三多财宝"；"四针四线"，"四季发财"；"五针五线"，"五子登科"；"六针六线"，"六位高升"；"七针七线"，"七星拱照"；"八针八线"，"八马进庄"；"九针九线"，"久远富贵"；"十针十线"，"十全大美"。所缝针线总数为十针。当四扇木墙（三间堂式）完工之日，择吉日（一般选择旭日东升之际）上梁，选择两个八字好——主要是家庭人丁兴旺的男子捧梁上房顶，上梁之时，木匠师傅口念"上梁文"颂祝词，并抛撒"旺果粑粑①"、糖果、花生等，称之为"抛梁"。上梁完毕，摆酒庆贺，宴请嘉宾。20世纪80年代以后盖楼房，选择吉日封顶，与上梁相近。

（七）进伙

新房盖好后，择吉日进伙，搬入新居，一般也置酒席，宾客前来祝贺"乔迁之喜"。进伙日，请一位八字好的人，从原居火塘烧一大盆炭火或火把（越旺越好）作为火种置于新居火塘中。随即燃放鞭炮庆祝，并开始烹制菜肴款待客人。

家庭子孙较多而分家独立生活，另起炉灶也称进伙。进伙仪式及摆酒待客类似搬入新居进伙。

（八）其他

考取学校、入伍等，亦有摆酒庆贺情形。

二、传统节日

（一）元宵节

农历正月十五日是元宵节，是农历一年中第一次月圆，因而成为团圆节，晚

---

①一种糯米糕点，扁圆形，重约100克，内含芝麻糖馅，外表裹有食品红色糯米。一般在喜庆日制作，作为礼品回赠客人。

餐为正餐 。在此节日，家人一般团聚会餐，外出经商、务工者也一般过了元宵节以后才外出。

（二）黏鸟节

农历二月初一为黏鸟节。此日，用一根带树杈树枝，在树杈上黏上糖炒粑粑，插在菜园田土间，意即众鸟来吃把它黏住，而不祸害庄稼。

（三）清明节

一般在公历4月4日左右。在此节日，宗亲聚会，祭奠、怀念祖宗。主要活动及程序包括整修祖坟之后，摆上祭品，宰杀雄鸡，焚香烧纸，鸣放鞭炮，祭奠祖上先人，祭毕，用生树枝夹纸钱插于坟头。这称之为扫墓。扫墓完毕，族人聚餐。一些族内大事，一般也在聚会上商定。

（四）三月三

又称“蚂蚁节”。将野外蚂蚁草（地菜）采摘回来洗净与鸡蛋同煮。鸡蛋供人食用，将煮过的蚂蚁草置于桌上及墙角处，防止虫蚁上桌或到处为害，寓意驱虫避害。

（五）端午节

农历五月初五称之为端午节，又称“端阳节”，中餐为正餐。此日，家家户户门前挂菖蒲、艾叶，在孩童额上涂抹雄黄，中午喝雄黄酒，以示驱邪。域内与外地不同，没有包粽子的习惯。

（六）立夏

此日，农家将稻米磨成粉，加水拌匀柔和，再用手捏成形似橄榄的“粑粑”，俗称“黏米粑粑”，下锅水煮并加入鸡蛋煮熟食用。意味吃了之后有力气干农活。俗语有曰：“立夏吃个蛋，石板都踩烂”。

（七）尝新节

此节日期每年不尽相同，一般农历六月的辛卯日或癸卯日为尝新节日期。此时，粮食即将成熟，新鲜蔬菜瓜果也大量上市，人们即将享用新的一年劳动成果。节日的主要做法是将尚未完全成熟的稻穗采摘少许放在饭锅中蒸熟取出，插在大门上，并烹制新鲜蔬菜，供祭苍天，感谢苍天为人们带来好收成。

（八）七月半

也称中元节，俗称鬼节。民间传说农历七月半期间，各自逝去的祖先、亲人

"回家小住"几天。相传各姓逝去的祖先、亲人"回家"日子不尽相同，但大部在七月十五前就要离开，少数七月十五之后离开。在此期间，人们准备酒菜、烧香化纸迎送之。

（九）中秋节

农历八月十五为中秋节。中秋节是仅次于春节的重要节日，也是一个团圆节。每家每户都比较重视这个节日。中秋节包粽子，晚餐为正餐。

（十）重阳节

农历九月初九为重阳节。域内一般不过此节，有俗语说："八月芥菜经得剥，重阳米酒经得喝。"因而到了这个季节，该是酿米酒的时候了。有说此日所酿之酒既甜又多。

（十一）过小年

农历十二月二十三日，称之为小年。该日晚上"火落姑娘"（即灶姑娘）上天"述职"，报告家庭情况。人们以酒水鞭炮相送，企盼其在上天讲好话。小年过后，家里开始搞卫生准备过年。

（十二）除夕、春节

农历十二月三十日（月小为二十九日）晚上为过年，晚餐前准备酒肉、烧香化纸敬祖宗，然后全家团聚庆贺用餐。晚上人们守岁（有的通宵坐以迎曙），火塘里燃烧特别准备的枫树柴火（因枫树长得快、长得大），以期望来年养猪长得好。接近晚上12点时，摆上糖果点心，放鞭炮迎接"灶姑娘"下来。晚上大人、老人给孩子们压岁钱。次日，大年初一，即春节，凌晨早起烧火时，注意要将柴火置于前晚上剩余炭火上，让其自燃，不要人工吹燃。洗漱完毕后焚香、烧钱纸、放鞭炮，谓之"出恒"。然后小孩给长辈拜年，长辈给"红包"。早饭后，或准备迎接客人前来拜年，或按照"初一崽，初二郎"的习俗，外出给亲戚朋友拜年。

三、打猎

江河源素有打猎习惯。过去有的村民家中有一、二支鸟铳，并养有猎犬。一旦发现有野兽进入村境，或在农闲时，村民便上山围猎，有时还与邻县村民合作共猎。打猎出发前，先要请巫师焚香化纸占卦，祭拜猎神——"四散菩萨"（亦称

“梅山菩萨”）一番，祭拜之处称之为“四散堂”，祭祀完后，接着放几铳，称之为“洗铳”，然后上山围猎。围猎时，铳手把守野兽习惯出没点，另有人带着猎犬进山大声吆喝寻找驱赶野兽，并将其赶出来，这称之为“赶山”。如果遇有野兽并被驱赶出来经过猎手伏击点时，猎手开铳射杀。当猎物被打死后，猎手折一枝青树枝，沾上猎物鲜血围着猎物扫一圈，称之为“扫血堂”，并将青树枝带回插在“四散堂”。猎物带回村后，还要再次祭拜四散菩萨。猎物的分配方法是：凡打死野兽者，如被打死的是山羊等，猎手独得羊头和皮，如果是野猪，猎手则得一爪，多名猎手开铳打死猎物者，则平分之或酌情分配。其余则按参加打猎的人数以及猎犬数平均分配，这称之为分“四散肉”。自二十世纪末以来，随着加强对鸟铳火器的管制，打猎活动几近停止。但因野兽祸害庄稼，偶有个别人在野兽经常出没处采取放置夹子（俗称“老虎夹子”）的办法捕捉之，或采取其他方法驱赶之。

四、丧葬

依照传统习俗，老人病逝， 孝子穿孝服到至亲家报丧，俗称“报服”。然后请来风水师即阴阳先生，根据亡人的生庚八字，并结合祭主的八字，择定入殓、出殡等吉日，但不能冲犯祭主。然后陪同风水师到岭上去寻找墓穴。亡者经整容穿上寿衣后，一般在地上停放一段时间，然后入殓。入殓后，亡者头部要安放在寿木正中，不偏不倚（各子女看后确认），以示身后对每一个子女都同样关照。出殡的前一晚上，请礼生主持追悼仪式。

追悼仪式程序：

（一）上祭。首先是家祭，即念主家祭文；其次是客祭，礼生喊礼，念外婆家祭文；再次来宾上祭，念祭文；最后家属代表讲话，对客人、来宾之祭礼表示感谢。

（二）行奠礼。上祭完毕，按亲疏关系，来宾逐一三跪九拜对亡者行奠礼，化纸。

上述过程用时因丧家之亲戚朋友的众寡不同而有长短。祭奠礼之后，奏乐至晚上12点，吃半夜饭，暂告一段落。饭后接着唱传统挽歌（又称浩歌）。挽歌内容较广泛，有赞颂亡者功德的，有倾诉亡者对子女养育之恩的；也有借机批评子女不孝的；一般的还有古典曲目如《十月怀胎》，等等。所唱者，有专业人士，也有随兴而唱的亲朋好友。挽歌结尾由专业人士唱，称之为“扫歌堂”，结束恰至天亮。

祭奠仪式及唱歌活动结束后，即按择定的时辰扶柩出殡、入土。抬棺（又称举重、抬山）者8人一组，一般配备2组，若墓地较远，则相应增加组数。出殡途中，孝子手捧灵牌在前。灵柩抬至墓穴处，阴阳先生按照其传统仪式摆弄一番后，入土下葬。入土七天，家人上坟烧纸祭奠，谓之“头七”。去世四十九天，称为“满四十九”，亦给予祭奠一番。逝世周年，称为“满年”，家人、亲戚朋友前来再祭奠一次，同时，主人置办酒席，款待亲朋。

进入21世纪以来，大致仍沿袭传统习俗，但较为简单。老人去世，孝子“报服”，按传统习俗入殓。出殡的前一晚上，举行追悼仪式。追悼仪式内容主要是来宾向逝者告别行奠礼，如是中共党员逝世，一般情况下村党支部还为其召开追悼会进行追悼。整个祭奠仪式均有乐队奏乐，增添气氛。现代乐队，注重形式和热闹，所奏之乐，既有传统哀乐，也有现代欢快曲目，乐曲较为随意，不注重内容和哀悼主题，可以付小费点歌、点戏曲。次日大致按传统习俗出殡。出殡、安葬不一定严格按照旧俗择时择地，丧事一般在三日处理完毕，之后亦有“头七”“满四十九”“满年”等祭奠活动。

五、其他

（一）取名

有的父母期望自己的孩子健康成长，有意为其取一个较为土（俚）俗或低贱的名字，如“石头”“狗蛋”“尿桶”等，认为越低贱的东西越不容易损坏或出问题，小孩取了低贱的名字之后，容易抚养。

（二）寄名

孩子时有不适或病状，有的父母则为其择认古树或石头为干亲，并在小孩的名字中取该树名的一个字，谓之寄名。以期孩子平安健康成长。

（三）架桥

有的孩子经常生病，其父母在一处河流上自费架一座木桥供人们通行，即做好事以求孩子平安。架桥时在桥栓上扎上五色布，焚香化纸，并杀鸡一只祭祀一番。

第四节　迷信　陋习

中华人民共和国成立以前，域内不少人存在程度不同的封建迷信思想、神鬼观念。迷信活动形式亦五花八门，对社会负面影响较大。

一、看八字

民间算命先生根据个人生辰八字，即出生年、月、日、时之相对应的天干、地支八字，推断其未来吉凶、前景，俗称看八字。此外，旧时结婚嫁娶时也要分析男女双方生辰八字是否相克，相克者不宜结婚。

二、收惊

小孩受惊吓夜哭，在晚上小孩睡着的时候，将其抱至室外（有的不抱小孩至外面，只是扫一下小孩头发，把小孩衣服拿至室外），口中念念有词："天灵灵，地灵灵，一觉睡到大天明"。此谓之"收惊"。

三、收魂

民间迷信认为某人患病是因为其魂魄被某某鬼摄去，故而请师公（道士或巫师）为其驱鬼、捉鬼，收回魂魄。

四、问娘娘

民间迷信行为。某人若有病灾，欲了解病因，或了解过世先人情况等，家人前去巫婆处询问，俗称"问娘娘"。询问进行时，说是巫婆低头对着装满水的脸盆，并用毛巾罩着头部，念念有词，随即灵魂进入阴曹地府，找到相关"当事人"，并以对话形式说出相关情况，询问者则据此采取相应的措施以除却病患或达到其他目的。

第五节　饮食

江河源主食以大米为主。20世纪80年代以前，仍有部分杂粮补充。副食主要是自家所养畜、禽，还有稻田养鱼，以及蔬菜种植。口味重，偏于咸辣是饮食最大特点。

一、主食

江河源虽处丘陵山区，稻田乃为主要耕地，根据已有记载，稻田面积最大的年份（1968年）达1458亩，人均0.78亩。由于绝大部分稻田能够旱涝保收，加之精耕细作，水稻单产达到较高水平，稻米成为主食。除稻米外，也有少量杂粮，特别是在耕作技术原始、良种普及之前，水稻平均亩产维持在300公斤左右，稻谷不能完全满足人民生活需要，因此，大量种植一些杂粮，作为口粮的补充和饲料，其中种植最多是红薯，其他还有高粱、小米、玉米、荞麦、燕麦、大麦、小麦、穇子等。改革开放以后，由于大量村民外出务工，在家人口减少，粮食需求量亦相应减少。此外，随着杂交水稻等优良品种的普及，水稻产量得到大幅提高，与此同时，家畜、家禽饲养量大幅下降，饲料量亦随之减少。因此，进入21世纪以后，由于稻米已足够满足人们的生活需要，故作为食粮的杂粮已种植不多。村民种植部分红薯、玉米、高粱则主要用于酿酒或外售。

二、副食

（一）蔬菜类

江河源村民所种蔬菜，素以自给自足、自产自销为主，除少数大宗蔬菜如生姜、辣椒外，其他大部分蔬菜鲜有交易。

主要蔬菜品种：生姜、辣椒、芥菜、菠菜、苋菜、白菜、红菜、芹菜、香菜、韭菜、芥蓝、蚕豆、豌豆、黄豆、扁豆、刀豆、四季豆、豆角、马铃薯、切薯（脚板薯）、藠头、萝卜、胡萝卜、黄瓜、南瓜、冬瓜、葫瓜、丝瓜、苦瓜、佛手瓜、茭瓜、芋头、蒜、葱、洋葱、茄子、茼蒿等。

槟榔芋（2016年）

丝瓜（2016年）

长豆角（2016年）

辣椒（2016年）

（二）家畜、禽类

猪、鸡、鸭是江河源农家传统养殖，用于自家食用和交易。此外也有少量鹅、兔养殖。

（三）水产品

江河源缺少山塘水库，稻田养鱼则是主要传统水产，鱼类品种主要是鲤鱼，鲫鱼，少量的草鱼、鲢鱼。所产鲜鱼主要为自家食用，少部分用于交易。由于稻田种植特别是“冬田”（长年四季均有水的水田）面积减少，加之大量使用农药，自产鲜鱼大为减少。

（四）野菜

江河源山地面积较宽，土质肥沃，气候湿润，适合野生蔬菜生长。散布于山地、沟汊间的野菜诸如竹笋、蕨菜、野芝麻菜、苦菜公、鱼腥草、野藠头、山药（马鞍薯）、蕈菌、水芹菜等，是村民的天然绿色食材。

山药（马鞍薯）（2016年）

野芝麻菜（2016年）

苦菜公（2017年）

蕨菜（2016年）

三、食品加工

江河源的副食制作包括烹煮、腌制两大类。烹煮主要包括炖、炸、蒸、炒、煎，如炖鸡，油炸豆腐，蒸扣肉，炒血鸭，煎鱼，等等。

腌制的菜有肉食、豆制品和蔬菜三大系列。肉食腌制一般先煮熟或烘干后，加食盐放入菜坛中，密闭一定时间后，取出后即可食用，有的则须蒸熟后食用，如米粉肉等。豆制品的腌制主要是腌制油炸豆腐、霉豆腐、豆腐渣。油炸豆腐的腌制是将压干压实的豆腐切成块（约1厘米厚），下油锅炸透捞出，然后将辣椒面加盐、加水煮熟，裹拌在油炸豆腐上，再放入菜坛中，在坛沿灌满水密封即可。豆腐渣的腌制是将制作豆腐剩余的豆腐渣，放在锅里炒熟，去掉部分水分，经发酵后，拌进食盐、辣椒面、姜丝等作料，置入菜坛中密封即可。食用时将菜坛中的豆腐渣盛出，入锅油炒即可，加入野藠头则更具风味；或将从菜坛中盛出的豆腐渣加少许肥肉入锅蒸熟即可。蔬菜的腌制形式多样，有的将蔬菜洗净晒干，放入菜坛子中加食盐腌制，如豆角，刀豆、冬瓜、萝卜；有的将新鲜蔬菜洗净剁碎或切片加盐放入菜坛子腌制，如剁辣椒、子姜；而火烤萝卜则是将萝卜放在火塘周围慢慢烫烤至软化、焦黄，然后洗净晒干水分切片加拌食盐、姜丝、大蒜放入菜坛子腌制；还有泡菜类，在菜坛子中放入清泉水加食盐，再将有关新鲜蔬菜放入其中，不日即可食用，如泡萝卜、泡辣椒、泡豆角、泡黄瓜等。

火烤萝卜（2016年）

腌制的各类食物，为防止变味（容易变酸），一般加盐较重。

四、特产

（一）土酒

域内村民大都有饮酒的习惯，亦好以酒待客，家家有酿制家酒的传统和置有酿制设备及工具。

水酒　水酒是村民主要自制酒品种之一。该酒平和养性，醇香甜绵。加热之，入口更觉香醇。制作方法：选上等糯米，经适当浸泡，沥干后上甑蒸熟端出，将酒曲粉碎溶解在清泉水中，再将其浇至甑中糯米饭上，清水滤去，酒曲留在糯米饭中，冷却后装入酒缸中平整，再适当放入少量的酒曲，封缸。在酒曲的作用下，一般两天（48小时）后发酵成糖分较高的甜酒，随着时间的延续，糖分逐步转化成乙醇。这个转化过程的时间长短，根据温度以及酒曲的浓度而定：温度以及酒曲的浓度愈高，转化的时间愈短，反之，时间愈长。这种状况的酒，称之为糊酿酒。当糊酿酒糖分绝大部分转变为乙醇后，即加入适当清泉水，密封一个月以上，过滤出来的酒称之为水酒。水酒的浓度低于糊酿酒。二者酒性相同，唯浓度有异。水酒容易变酸，不易长期存放。

附：酒曲的制作方法

酒曲俗称“饼药”。采集辣蓼草（有辛辣味）、紫苏叶、柑子叶、路边筋、田边草、饼子草、淡竹叶、石楠藤（又称“满草香”）等野生植物，经晒干磨成粉后，同时将稻米磨成粉与其搅和，加上老饼药作引子，加水适量拌和，再搓成直径1~2厘米的圆球晒干即可。米酒酒曲用药较少，火酒酒曲用药较多。

火酒　火酒，亦称烧酒。将粮食（主要是糯米和红薯）磨碎或捣碎蒸熟，冷却后，将饼药与蒸料拌匀，发酵1~3个月，经蒸馏即可。

土法加工蒸馏火酒（2017年）

制作粽子所需碱水（2016年）

糊酿勾烧酒　又称过缸酒、脱缸酒、倒缸酒，其制作较为简单：将火酒倒入糊酿酒中密封一段时间后，抽出酒汁即可。这种酒加热后香甜可口，但喝醉后较难醒酒。

（二）粽子

江河源粽子是以糯米为原料，经烧制碱水、包缠成型、熬煮等过程所制作的一种食品。其制作程序如下：

首先，制作碱水。用当年干净稻草烧成灰，用清水浸泡后过滤，取水沉淀（即碱水）待用。其次，挑选上等精糯米（以前主要用钓竿糯或称粒子糯），用碱水泡发，待糯米发好后，加入适量食盐拌匀，视各人喜好，还可加入饭豆、瘦肉等。第三，将最好是当年采摘、叶片较大较老的箬竹叶及捆绑粽子用的棕树叶洗净后，在碱水中浸泡待用。第四，包缠。①羊角粽：用一片或两片箬竹叶卷成圆锥体装入约100克糯米，包缠捆绑后成正三角锥体，称为羊角粽；②用多片箬竹叶铺垫，放上约1000克糯米，然后包缠捆绑成圆柱体状，成为枕头粽。不论是羊角粽还是枕头粽，都要包缠捆紧，切忌松软。最后，将粽子放入大锅，加入碱水，大火烧开后，文火熬煮10小时左右即可食用（凉吃为宜）。

包扎粽子（枕头粽）（2016年）

箬竹（2016年）

特点：有晶莹剔透感，嚼劲足，清香味浓郁。常温下秋季里较长时间不会变质。

羊角粽及绞好的枕头粽（2016年）

枕头粽（2016年）

（三）糍粑

糍粑是糯米食品。精选上等糯米（最好是当地粒子糯），经水泡发后上甑蒸熟，然后舀出适量糯米饭置入石制的工具（俗称 “粑坎”）中，两人轮置木棒槌将其捣碎成糯米饭团，然后逐一分扯开若干份（每份约100克米），揉成团乘热手工摊薄成圆形，稍待冷却后叠码。食用时将糍粑掰成小块与蔗糖放入锅内，加适量清水煮软即可。也可以将糍粑油煎之后切成小块入锅与预先熬制的蔗糖汁加热搅拌即可。

特点：洁白、糯性好，大米原味浓。

糍粑（2017年）

粑坎（2017年）

（四）酿豆腐

酿豆腐是油豆腐内含肉馅的一种地方食品。制作时，将压干的新鲜豆腐切成一寸见方的小块，然后下锅适当油炸，使豆皮不焦不嫩，且富有弹性，之后将其中未炸透的豆腐掏出。另取带皮五花肉若干，配以适量白菜、荸荠等蔬菜，加以辣椒面、大蒜、橘子皮、食盐等佐料，剁碎后酿进待用的油豆腐内，然后加油煎炒片刻再加水适量煮熟即可。

特点：不油腻，香、鲜、松软可口。

酿豆腐（2011年）

红烧狗肉（2011年）

（五）红烧狗肉

将狗宰杀煺毛后，用稻草将整只狗烧烤至狗皮焦黄，以去掉未煺尽的细绒毛和狗皮异味。然后开膛切成大块将狗肉放至锅中，加入花椒、桂皮、较辣的红干辣椒、生姜等适当熬煮（筷子可以插进狗肉即可，不宜煮得过火），再将狗肉（垂直于狗肉纹路）切成小块，回锅红烧，出锅时加入香葱兜，盛于碗中，再浇上少许新鲜生茶油即可。

特点：狗肉鲜甜，无异味。

（六）腊肉

腊肉是农家最主要的冬令熏烤食品。一般立冬后，将猪肉、最好是五花肉切成条块状，重约1公斤，或将猪蹄肉切开，用食盐若干将肉裹拌均匀腌制1~2天后，晾干水分，然后挂在火塘上文火熏烤月余即成。

特点：肥肉成金黄色透明状，肥而不腻，香味浓厚持久，易于保存。

红烧腊肉（2011年）

烘烤腊肉（2017年）

（七）扣肉

扣肉是招待客人的主要佳肴。制作时，选上等五花肉洗净切成15厘米见方肉块，放于锅中加盐煮熟捞出，汤水待用，将葱蔸拍碎后与糯米甜酒（糊酿酒）混拌并涂擦在肉皮上，再下锅油炸至红色取出放入原汤水中浸泡片刻取出待用。然后将炸好的肉块改刀切成1厘米厚的肉片，上锅蒸熟、蒸软。佐以油淋辣椒面、蒜泥食用。此外，用同样的方法也可制作红烧猪脚。

特点：细滑、肉味浓香爽口，不腻人。

扣肉（2017年）

红烧猪脚（2017年）

（八）炒血鸭

血鸭是湘南最普遍的农家菜。由于制作方法不同，因而口味也不尽相同。江河源血鸭口味特色较为明显。将鸭子（最好是三个月大的水鸭）宰杀煺毛加工整理，并切成2~3厘米见方的肉块，同时将鸭血混入糯米甜酒汁中搅拌待用（有的不用甜酒，而将鸭血搅动片刻，不使鸭血凝固）。准备适量五花肉并切块（与鸭肉块同样大小），入锅煎炸出油后，肉、油分别盛出待用；将鸭肉放入锅中大火爆炒至鸭肉飘香，放入五花肉、子姜、辣椒、食盐、料酒（当地糊酿酒）等调料煮熟、煮软。出锅时将鸭血、大蒜放入锅中小火翻炒片刻，拌上猪油即可。

特点：香辣可口，无腥味。

血鸭（2017年）

霉豆腐（2017年）

（九）霉豆腐

霉豆腐又称乳豆腐，一般在腊月或冬天，将刚制作出来、经过压实压干的上等豆腐，切成一寸见方的豆腐块，适度晒干，用稻草垫在箩筐周围保温，放入豆腐块，盖好，放在温度较高的地方让其发酵，待豆腐表面长出细绒毛后，将其添加辣椒面、姜丝、盐，拌匀后置入菜坛中，再加少量白酒密封月余即可。

特点：香味独特，豆腐硬度适中，成型好，不易稀碎。

（十）禾花鱼

中稻扬花灌浆后，为便于收割水稻后耕种第二季秋粮如麦子、荞麦、秋红薯等，需要提前将稻田水放干。此时从稻田中抓出的鱼称之为“禾花鱼”，其单个重量约100克左右。将禾花鱼加食盐煮熟烘干，然后与优质剁辣椒拌匀并加入姜丝、食盐、甜酒糟等调料一同放入菜坛中腌制，数月后开坛即食，也可再蒸热后食用。还可将禾花鱼洗净入锅油煎至鱼鳞焦黄，放入食盐、姜丝、辣椒等佐料，加水焖煮至鱼鳞膨松即可出锅食用。

特点：味道香浓。

（十一）山药炖猪骨

山药，又称薯蓣，江河源称之为马鞍薯，多年野生草本植物，地下块茎，圆柱状，若其地下块茎生长遇到石头，则呈不规则状。将马鞍薯去皮切成小段，待用。先将猪骨（排骨或筒子骨）先炖至八成酥，再放入马鞍薯炖至松软，出锅时加入食盐、葱花等调料即可。

特点：清香可口。

第六节　生活用具

中华人民共和国成立前　富裕的家庭，拥有比较精致的家具，如樟木靠背椅，八仙桌、雕花大床、梳妆台、铜脸盆等，甚至楠木家具；普通穷苦人家一般都是普通、简易的杉木家具。

中华人民共和国成立后　随着社会的进步，经济的发展，生活水平逐步提高，人民群众的日常生活用品、用具也随之不断更新换代。如电饭煲取代铁鼎锅，席梦思大床取代简易木架床，精致细腻瓷碗取代粗瓷大碗。在穿着上，由过去的土、粗布衣服，到机织布衣、毛料衣服；由布鞋到胶鞋、皮鞋；在烹调中，由火塘撑架到煤灶、燃气灶；在照明上，由桐油灯、煤油灯到电灯；过去舂米、磨面使用碓臼（江河源称碓坎）、石磨，现在使用碾米机、磨粉机。总之，成套的现代化家具、电器等生活用品、用具进入寻常百姓家，已是比较普遍现象。

生活用具（品）主要包括：碓（坎）、石磨（子）、檑子（木砻）、粑坎、菜锅、饭锅（鼎锅）、电饭煲、灶锅、甑子、撑架、煤气灶、菜刀、饭桌（八仙桌）、条凳、沙发、椅子、躺椅（懒床）、碗柜、大床、橱柜、书桌、被子、蚊帐、缸、坛、罐、罩缸、煤油灯、马灯、桐油灯、手电筒、水桶、热水瓶、电热水壶、空调、电视机、电扇、太阳能热水器、摩托车等。

铁鼎锅 生铁铸制，用于煮饭、烧水，型号大小不一。随着生活水平的提高，铁鼎锅逐步被电饭煲、高压锅、铝锅所取代。

铁鼎锅（2017年）

缸（2017年）

甑子（2017年）

坛子 陶器，用于腌制各类蔬菜。

烘笼 木制，烤火用具。外形似手提水桶，直径约25厘米左右，内置一瓦钵盛炭火。可手提移动。也有用铁皮制作的烘笼，其形状为圆柱形。

坛子（2017年）

20世纪90年代酒罐

20世纪70年代烘笼

撑架 铁制，上为圆形铁环，直径约30 ~40厘米，下有三脚插入火塘中固定，三只铁脚上面与铁环相连，并向内、略向下弯折约10厘米，与圆环共同承托锅具，高约25厘米。

麻箩 竹制，其形状类似于箩筐，圆形，直径约40厘米，高25厘米。手工将苎麻拧成麻纱时，边拧边将拧好的麻纱逐层叠放于麻箩中，麻箩装满后，通过手工纺机进一步纺成细线，用于纺织蚊帐或麻布。平时用麻箩盛装剪刀、布头一类女红物品。

油鞋 将布鞋用桐油浸泡鞋底和接底边的部分鞋面，再在鞋底钉上数颗大头铁钉，作为雨鞋使用。胶鞋未普及年代广泛使用。

20世纪火塘撑架

20世纪70年代麻箩 摄影 陈德才

簸箕（2017年）

米筛（2017年）

20世纪70年代煤油灯
摄影 陈德才

20世纪70年代马灯
摄影 陈德才

20世纪石磨

第四章　政治

第一节　中共党支部

中华人民共和国成立前，尚未发现资料证明江河源存在中共组织及其活动。

1952年，江河源发展第一批中共党员并成立党小组。高级农业生产合作社期间成立晓睦塘乡洛家洞分支部，陈开棋任分支书，1958年成立人民公社后，洛家洞大队成立党支部，首任支部书记为朱木石，副书记蒋有文、陈起善，分别分管农业、工业。一年后，陈开棋接任支部书记。1961年“整风整社”，洛家洞大队划分为洛家洞大队、甘竹园大队、再上大队，支部书记分别为陈开棋、蒋有文、陈起善。1962年2月，洛家洞大队进一步划分为洛家洞大队、马山脚大队，支部书记分别为何雄飞、蒋运姣。1965年，洛家洞、甘竹园、马山脚三个大队合并为洛家洞大队，支部书记为陈开棋。1969年4月，大队成立革命委员会，实行一元化方式，党务与行政合为一体，大队设革命委员会主任。洛家洞大队、再上大队首任革命委员会主任分别为唐政荣、陈起善。1978年设大队长，党政分开。1984年，撤社建乡，在原大队的范围内设村，原大队党支部为该村党支部。2016年2月，洛家洞、再上两村合并后，成立党总支部委员会，唐柏建任总支部书记，陈小波、陈小六、罗水明为总支部委员。由于不同时期党的工作任务不同，支部委员人数也不相同。

2016年江河源党总支党员统计表

表24

支部＼人数	合计	其中（人）		其中	60岁（含）以下（人）			61岁以上（人）		
		男	女		男	女	小计	男	女	小计
洛家洞村	33	28	5		11	2	13	17	3	20
再上村	27	23	4		12	3	15	11	1	12
合　计	60	51	9		23	5	28	28	4	32

1958年冬洛家洞大队首任大队干部组成一览表

表25

姓 名	职 务	备 注	姓 名	职 务	备 注
朱木石	党支部书记	国家委派干部	何雄飞	会 计	
陈开棋	大队长		陈文铲	经济委员	
蒋有文	党支部副书记	分管农业	陈玉英	妇联主任	
陈起善	党支部副书记	分管工业	周邦淑	秘 书	国家委派干部
唐政荣	民兵营长		陈建中	治保主任	
陈起球	副大队长		蒋运姣	秘 书	

1979年大队干部名单

表26

洛家洞大队			再上大队		
姓 名	党内职务	行政职务	姓 名	党内职务	行政职务
唐政荣	党支部书记		罗上青	第一副书记	
陈开芝	党支部副书记	大队长	李邦福	党支部副书记	大队长
蒋运礼	党支部委员	副大队长、治保主任	邓木青	党支部委员	管委会委员、民兵营长
陈开桃	党支部委员	管委会委员、民兵营长	胡保荣	党支部委员	管委会委员、贫协主任
唐天华	党支部委员	管委会委员、林场场长	蒋先光		管委会委员、妇女主任
邓水云	党支部委员	管委会委员、妇女主任	陈起国		副大队长、生产队长
罗柏生	党支部委员	管委会委员	陈文善		管委会委员、治保主任
刘水秀		管委会委员、贫协主任	陈起玉		管委会委员、大队会计
何泽玉		管委会委员、大队会计			
唐明德		管委会委员、团支书			

2017年江河源村（社区）干部名单

表27

姓 名	职 务	姓 名	职 务
唐柏建	村（社区）党总支书记	陈小波	村（社区）总党支委员、主任，再上网格书记
陈小六	村（社区）党总支委员、副主任	陈黎明	村（社区）党总支委员、洛家洞网格书记
陈二坤	村（社区）会计、再上网格支部委员	刘满妹	村（社区）计生专干
陈治军	洛家洞网格支部委员	陈 华	再上网格支部委员

第二节　村民委员会

民国前，实行的是乡、里行政体制，设有乡长、里长处理行政事务；民国实行县、乡（镇）、保、甲行政体制，设保长、甲长，负责村里治理。中华人民共和国成立初期，按行政区域划分建立农协分会和农协小组，洛家洞、再上建立上龙盘乡农民协会第三分会，属上龙盘乡农民协会领导，行使行政领导权；1952—1954年，成立洛家洞乡，下设4个村，村设农协分会，行使行政领导权；成立初级农业生产合作社、高级农业生产合作社后，成立管理委员会，管理社务，由社主任领导日常工作。1958年，成立人民公社，政社合一，成立大队、生产队，相应设大队长、民兵营长、会计、治保主任、妇联主任、生产队长等职。1969年，大队成立革命委员会，设革命委员会主任，副主任和委员若干名以及民兵营长、会计、贫协主席等职。1979年，成立大队管理委员会，设大队长。1984年建立乡、村体制，在原有大队范围设村，成立村民委员会、设村主任等职，管理行政事务，在原有生产队范围成立村民小组，协助村民委员会工作。

1979年生产队干部名单

表28

职务 队别	队　长	副队长	会　计	保管员	贫协组长	民兵排长	妇女组长
洛家洞大队							
1	陈起儒	陈开忠	陈起柏	陈水兵	陈开板	陈开恕	杨德良
2	陈起贵	陈开海	陈开勇	陈顺妹	陈起名	陈起鸿	胡六青
3	王本六	罗火青	罗汉学	何土恩	王本福	罗松青	何金龙
4	龚生毛	罗怀兴	罗水明	王本秀	王石青	邓祥军	龚述英
5	罗怀远	罗顺荣	罗火旺	罗怀莲	罗怀龙	罗上青	陈火荣
6	唐德仁	唐德顺	唐德明	陈开保	唐德富	陈开红	唐春莲
7	何雄飞	陈开玉	何泽飞	陈开富	刘水秀	何知旺	陈金义
8	陈德修		刘具仁	陈令元	陈令青	刘汉文	蒋桂銮
9	陈先忠	陈令先	陈令贵	陈德兴	陈令安	陈令兵	
10	陈起先	陈开寅	陈起松	陈开洋	陈开顶	陈开明	蒋满銮
11	蒋显美	蒋有凡	蒋运财	蒋显国	蒋运杰	蒋运辉	唐爱荣

续表28

职务 队别	队　长	副队长	会　计	保管员	贫协组长	民兵排长	妇女组长
12	蒋显德	陈兴龙	蒋显文	陈国昌	陈水佑	陈国汉	何贵銮
13	唐良松	唐良友	唐良起	唐良辉	唐贤纯	唐良宣	唐知荣
14	陈国云	唐石明	朱昌保	吕东旺	朱昌保	陈石毛	郑金莲
再上大队							
1	陈起国	陈开荣	陈石明	陈起建	陈起竹	陈起福	胡玉华
2	李道钧	李国汉	李邦荣	李邦恒	李邦贵	李邦仁	陈秀凤
3	蒋星坤	蒋天云	蒋天兵	邓德秀	郑顺红	邓老六	郑顺红
4	罗柏青	将土生	罗绍文	蒋木元	蒋木清	罗老三	胡中秀

江河源历任村（大队）干部（含洛家洞乡）任职情况表

表29

<table>
<tr><th>姓　名</th><th>性别</th><th>历　任　职　务</th><th>备　注</th></tr>
<tr><td>唐德正</td><td>男</td><td>洛家洞乡乡长</td><td></td></tr>
<tr><td>顾保秀</td><td>女</td><td>洛家洞乡副乡长</td><td></td></tr>
<tr><td>陈起奎</td><td>男</td><td>洛家洞乡团支部书记</td><td></td></tr>
<tr><td rowspan="4">邓元生</td><td rowspan="4">男</td><td>洛家洞乡农协主席</td><td rowspan="4"></td></tr>
<tr><td>甘竹园大队党支部副书记</td></tr>
<tr><td>洛家洞大队综合工厂厂长</td></tr>
<tr><td>洛家洞大队党支部委员</td></tr>
<tr><td>陈开国</td><td>男</td><td>洛家洞乡财粮主任</td><td></td></tr>
<tr><td rowspan="5">陈起善</td><td rowspan="5">男</td><td>洛家洞乡民兵中队长</td><td></td></tr>
<tr><td>洛家洞大队党支部副书记（1958年）</td><td>分管工业</td></tr>
<tr><td>再上大队党支部书记</td><td rowspan="3"></td></tr>
<tr><td>再上村党支部委员</td></tr>
<tr><td>再上村主任</td></tr>
<tr><td rowspan="4">陈开棋</td><td rowspan="4">男</td><td>洛家洞初级社社主任</td><td rowspan="4">60年代初
任晓睦塘公社
监察委员</td></tr>
<tr><td>洛家洞高级社分支部书记</td></tr>
<tr><td>洛家洞大队大队长</td></tr>
<tr><td>洛家洞大队党支部书记</td></tr>
</table>

续表29

姓　名	性别	历　任　职　务	备　注
蒋有文	男	兰家岭、蒋家岭初级社社主任	
		洛家洞高级社主任	
		洛家洞大队党支部副书记（1958年）	分管农业
		甘竹园大队党支部书记	
		洛家洞大队党支部副书记	
唐政荣	男	白石山、上兰家互助组组长	晓睦塘公社革委会委员
		洛家洞高级社宣传委员、马山脚生产队队长	
		洛家洞大队党支部委员、民兵营长	
		洛家洞大队大队长	
		马山脚大队大队长	
		洛家洞大队革委会主任	
		洛家洞（大队）村党支部书记	
		洛家洞村党支部副书记	1990年修建清江公路再次任职
何世武	男	洛家洞大队民兵营长	
		洛家洞大队党支部委员、革委会常委	
陈文仪	男	洛家洞高级社会计	
		洛家洞大队综合工厂会计	
		洛家洞大队大队长	
蒋运姣	男	洛家洞大队秘书	
		马山脚大队党支部书记	
		洛家洞大队指导员	
		洛家洞大队党支部副书记、革委会副主任	
陈开柳	男	洛家洞大队革委会副主任、民兵营长	
罗怀干	男	洛家洞大队党支部委员、会计	
陈起柏	男	甘竹园大队会计	
陈起球	男	马山脚初级社社主任	
		洛家洞高级社副主任	
		洛家洞大队副大队长、大队长	

续表29

姓　名	性别	历　任　职　务	备　注
陈章炳	男	洛家洞大队团支部书记	
		马山脚大队会计	
何世良		洛家洞高级社生产委员	1950—1952年任上龙盘乡乡长
		洛家洞大队养猪场场长	
蒋有远		洛家洞大队牧牛场场长	
陈开芝	男	洛家洞大队大队长	
		洛家洞村副主任	
		洛家洞大队党支部副书记	
蒋政平	男	洛家洞大队林场场长	
		洛家洞大队党支部委员、民兵营长	
蒋运礼	男	甘竹园大队保管员	
		洛家洞大队副大队长兼治保主任	
		洛家洞村党支部副书记、书记	
陈开桃	男	洛家洞大队党支部委员、民兵营长	
刘水秀	男	洛家洞大队党支部委员、贫协主席	
何雄飞	男	洛家洞大队党支部书记	
		洛家洞大队会计	
		洛家洞村村主任	
		洛家洞村党支部副书记	
何世斌	男	洛家洞大队党支部委员、治保主任	
陈德修	男	洛家洞大队会计	
陈开勇	男	甘竹园大队大队长	
		洛家洞大队党支部委员、大队长、革委会常委	
		洛家洞大队民兵营长	
罗柏生	男	洛家洞大队党支部委员	
		洛家洞大队团支部书记	
刘金和	男	洛家洞村党支部书记、副书记	
		洛家洞村村主任	
陈竹茂	男	洛家洞村党支部委员、民兵营长	
		洛家洞村党支部书记	
何泽玉	男	洛家洞大队党支部委员、会计	

续表29

姓　名	性别	历　任　职　务	备　注
唐良辉	男	洛家洞大队团支部书记	
唐天华	男	洛家洞大队林业专干	
		洛家洞大队党支部委员、林场场长	
		洛家洞大队治保主任	
蒋运柏	男	洛家洞村党支部委员、会计	
蒋运泉	男	马山脚大队民兵营长	
朱三荣	男	马山脚大队治保主任	
		洛家洞大队治保主任	
罗怀龙	男	甘竹园大队贫协主席	
		洛家洞大队贫协主席	
陈令荣	男	洛家洞大队贫协主席	
蒋运文	男	马山脚大队贫协主席	
陈玉英	女	洛家洞大队妇女主任	
陈胡花	女	甘竹园大队妇女主任	
何贵銮	女	马山脚大队妇女主任	
蒋显伦	男	洛家洞村村主任	
		洛家洞村党支部书记	
蒋　平	男	洛家洞村党支部委员、民兵营长	
		洛家洞村副主任	
陈起儒	男	洛家洞村村主任	
唐柏建	男	洛家洞村团支部书记	
		洛家洞村民兵营长	
		洛家洞村村主任	
		洛家洞村党支部书记	
		江河源村（社区）党总支书记	
陈德兴	男	洛家洞大队党支部委员、治保主任	
胡爱銮	女	洛家洞大队党支部委员、妇女主任	
陈小六	男	洛家洞村村主任	
		江河源村（社区）党总支部委员、副主任	
		洛家洞村治保主任	
邓水云	女	洛家洞大队党支部委员、妇女主任	

续表29

姓　名	性别	历　任　职　务	备　注
罗水明	男	洛家洞村会计	
何汉春	男	洛家洞村会计	
		洛家洞村民兵营长	
陈秀清	男	洛家洞村会计	
何泽美	男	洛家洞村会计	
邓保秀	女	洛家洞大队妇女主任	
龚述英	女	洛家洞村妇女主任	
陈小妹	女	洛家洞大队妇女主任	
陈小艳	女	洛家洞村妇女主任	
唐明德	男	洛家洞村团支部书记	
陈兴旺	男	洛家洞村团支部书记	
陈黎明	男	洛家洞村会计	
		江河源村（社区）党支部委员、 江河源村（社区）洛家洞网格书记	
陈美石	男	洛家洞村综治维稳专干	
李运妹	女	洛家洞村妇女专干	
陈国进	男	洛家洞村团支部书记	
刘满妹	女	洛家洞村妇女主任、江河源村（社区）计生专干	
陈治军	男	江河源村（社区）洛家洞网格支部委员	
胡保荣	女	再上大队贫协主席	
		再上大队党支部委员、妇女主任	
		再上大队革委会副主任	
陈起高	男	再上村会计	
陈文铲	男	洛家洞大队经济委员	
		再上大队大队长	
		再上生产队队长	
李邦福	男	再上大队党支部副书记	
		再上大队大队长	
陈起国	男	再上大队党支部副书记、书记，副大队长、会计	
		再上村主任	

续表29

姓　名	性别	历　任　职　务	备　注
陈起玉	男	再上大队会计	
陈土华	男	再上村主任	
		再上村党支部书记	
		再上村民兵营长	
		再上村团支部书记	
李国文	男	再上大队党支部委员、支部书记	
		再上大队革委会常委	
李国良	男	再上村党支部委员、支部副书记	
		再上村主任	
		再上村团支部书记	
罗上清	男	再上大队党支部第一副书记	
		再上村主任、副主任	
陈起建	男	再上大队党支部委员	
陈白宝	男	再上村会计	
陈起礼	男	再上村主任	
		再上村党支部书记	
		再上村治保主任	
蒋星爱	男	再上村主任	
陈小波	男	再上村主任、党支部书记	
		江河源村（社区）党支部委员、村主任	
		江河源村（社区）再上网格书记	
陈开庚	男	再上村主任、会计	
陈起保	男	再上大队会计	
李石福	男	再上村团支部书记	
陈起竹	男	再上大队会计	
邓木清	男	再上大队革委会常委、会计	
		再上大队党支部委员、民兵营长	
陈石明	男	再上大队会计	
蒋星坤	男	再上大队党支部委员、会计、村主任	
陈冬午	男	再上大队会计	
李小伍	男	再上大队会计兼妇女专干、团支部书记	
罗石干	男	再上村会计	

续表29

姓　名	性别	历　任　职　务	备　注
李邦良	男	再上村计生专干	
陈二坤	男	再上村会计	
		江河源村（社区）会计	
		江河源村（社区）再上网格支部委员	
陈雄飞	男	再上村会计	
谢桂良	女	再上村妇女主任	
蒋先光	女	再上大队党支部委员、妇女主任	
欧加苏	女	再上村妇女主任	
李石付	男	再上村团支部书记	
谢爱玉	女	再上村妇女主任	
陈　华	男	江河源村（社区）再上网格支部委员	
李邦奎	男	再上大队民兵营长	

第三节　群团组织

一、农民协会

根据1950年7月政务院颁布的《农民协会组织通则》，1950年11月，江河源在原民国时期15保、16保的行政范围成立了上龙盘乡农民协会第三分会。1952年洛家洞乡成立后，成立农民协会，邓元生任农协主席。下设4个村，设农协分会。农民协会行使村组行政管理职能。农民协会的成立，在建立乡村新政权、贯彻落实政府有关法令政策、领导开展土地改革、上交公粮、组织农民走互助合作道路、发展生产等方面发挥了重要作用。1954年后，农协停止活动。

二、共青团

1952年，洛家洞乡成立共产主义青年团，首任书记为陈起奎。共青团支部积极宣传党的政策，响应上级号召，组织带领青年在生产活动和其他各项工作中，积极带头，发挥生力军和突击队作用。同时，发挥党联系青年的桥梁和纽带作用，围绕党的各项中心工作，开展有青年特点的各项活动。关心青年成长，使之成为有理想、有道德、有文化、有纪律的建设人才。

（大队）村设立团支部，设书记一名。自团组织成立以来担任团支部书记的有陈起奎、陈章炳、唐良辉、罗柏生、陈德兴、陈兴旺、唐明德、唐柏建、陈国进、李石福、李国良、陈土华、李小伍等。

三、大队贫下中农协会

1964年9月，大队建立贫下中农协会，生产队设“贫协”小组。甘竹园大队贫协主席罗怀龙，洛家洞大队贫协主席陈令荣，马山脚大队贫协主席蒋运文，再上大队贫协主席胡保荣。1965年10月，洛家洞、甘竹园、马山脚三大队合并后罗怀龙任贫协主席（罗之后为刘水秀）。生产队贫协小组负责对生产队的监督工作，大队贫下中农协会在公社贫下中农协会的领导下，配合大队做好有关工作（“四清”运动时主要是配合“四清”工作组开展“四清”工作）。20世纪80年代后停止活动。

大队合并前贫协主席名单

表30

大　队	姓　名	职　务
甘竹圆	罗怀龙	贫协主席
洛家洞	陈令荣	贫协主席
马山脚	蒋运文	贫协主席
再　上	胡保荣	贫协主席

洛家洞大队贫下中农协会领导成员名单

表31

主　席	罗怀龙（前期）　刘水秀（后期）
副主席	朱三荣　陈开闪
成　员	陈开勇　陈开榜　罗长吉　何泽汉　刘水秀　陈令荣　蒋运文　朱昌保　陈星荣（女）　罗小清　陈令清　陈开鼎　胡爱銮（女）　蒋云良（女）

再上大队贫下中农协会领导成员名单

表32

主　席	胡宝荣
副主席	蒋木清　陈起义
成　员	陈起善　陈起松　陈开亮　郑顺红　李邦远　李邦达

江河源各生产队贫下中农协会小组组长、副组长名单

表33

洛家洞大队			再上大队		
队别	组　长	副组长	队别	组　长	副组长
1	陈开榜	陈起儒	1	陈开亮	
2	陈起铭	陈文宣	2	陈起义	
3	罗长吉	罗怀风	3	胡宝荣	陈起松
4	王承福	王尧尧	4	李邦远	李道旺
5	罗怀龙	罗世国	5	李邦达	蒋荣玉
6	胡爱銮	唐德富	6	郑顺红	
7	罗小清	何世福	7	蒋木清	
8	何泽汉	何世槐			
9	何延计	陈开显　陈先保			
10	刘水秀	陈开禄			
11	陈令清				
12	陈令荣	刘冬生			
13	陈开鼎	陈起祯　陈六荣			
14	蒋运文	蒋有遂			
15	朱三荣	陈水佑			
16	唐良桂	陈新荣			
17	朱昌保	唐政荣　吕美秀			

四、妇女联合会

1958年人民公社成立后，洛家洞大队设立妇女联合会，妇联主任为陈玉英。妇女联合会作为党和政府联系妇女的桥梁和纽带，在发展生产、维护妇女儿童合法权益、关心妇女工作生活，以及进入20世纪80年代后的计划生育工作中发挥了重要作用。

担任江河源两个大队（包括原甘竹园、马山脚大队）妇联主任的有陈玉英、胡宝荣、陈胡花、何贵銮、胡爱銮、邓保秀、邓水云、龚述英、陈小妹、陈小艳、刘满妹、谢爱玉、蒋先光、欧加苏、谢桂良、唐德英、李运妹等。

在江河源工作过的部分国家干部（包括临时工作人员）一览表

表34

姓　名	性别	籍　贯	备　　注
谢云英	女	祁阳	洛家洞乡干部
杜明士	男	新田	
周邦淑	男		洛家洞大队支部秘书
侯学东	男	牡丹江	县劳动科长
黄家静	男	零陵	县新华书店经理
谭国和	男	祁阳	晓睦塘公社武装部长
李运生	男	宁远太平	晓睦塘公社代理书记
李显福	男	宁远	晓睦塘公社党委书记、革委会主任
陈桂祥	男	宁远鲤溪	晓睦塘公社革委会副主任
张文成	男		晓睦塘公社组织委员
陈桐才	男	柏万城	县林业局干部
李隆芳	男	宁远保安	晓睦塘公社干部
胡树华	男	宁远侯坪	晓睦塘公社干部
张绪国	男		“四清”工作组成员
卿德贵	男		“四清”工作组成员
唐建民	男		“四清”工作组成员
蒋世宣	男		“四清”工作组成员
邓世通	男		“四清”工作组成员
唐　荣	男	零陵	“四清”工作组组长（马山脚大队）
汪义卿	男	零陵	“四清”工作组副组长
陈茂光	男	零陵	驻蒋家岭“四清”工作组秘书
刘　坤	男	零陵	驻上兰家“四清”工作组成员
王芳井	男	零陵	驻马山脚“四清”工作组成员
蒋玉和	男	零陵	驻白石山“四清”工作组成员
吕宝龙	男	零陵	驻上兰家、白石山“四清”工作组成员
杨克石	男	零陵	洛家洞大队“四清”工作组组长
卿石进	男		洛家洞大队“四清”工作组副组长
朱木石	男	新把头	洛家洞大队支部书记
刘忠响	男	上龙盘村	洛家洞乡乡长
谢克敏	男	谢家	晓睦塘公社财税所长
黎知成	男	双井墟	晓睦塘公社秘书

续表34

姓　名	性别	籍　贯	职　　务
梁光清	男	宁远麦地	晓睦塘公社组委
向水红	女		晓睦塘公社妇女主任
欧阳成仰	男	龙岗	晓睦塘公社革委会副主任
邓怀庸	男	清水桥	晓睦塘公社辅导会计
郑小明	男	金阶塘	晓睦塘公社武装部长
蒋芳明	男	乐佳芳	晓睦塘公社政法部长
柏梓珍			驻再上村干部
唐　喜			驻再上大队“四清”工作队员
江　彪			驻再上大队“四清”工作队员
何四祥			驻再上大队“四清”工作队员
蒋显南			驻再上大队“四清”工作队员
李之胜			驻再上村干部
杨晓泽			驻再上村干部
陈维新			驻再上村干部
胡养文			驻再上村干部
郑旦松			驻再上村干部
杨海波			驻再上村干部
万　能			驻再上村干部
李梦辉			驻再上村干部
郑会敏			驻再上村干部
陈国华			驻再上村干部
寻时雨	男	浏阳	湖南省工商管理局副处长、扶贫工作小组组长
邓建丰	男	长沙	人民银行长沙中心支行干部、扶贫工作小组组员
陈琼鸾	女	宁远	县农机局驻再上村扶贫干部
郑文彪	男	宁远	县农机局驻再上村扶贫干部
彭宁明	男	宁远	县电信局驻再上村扶贫干部

第四节　服兵役和民兵组织

一、服兵役

中华人民共和国成立初期，实行志愿兵役制。1950年冬，中央政府发出“抗美援朝、保家卫国”号召。至1955年，江河源共有11人走向抗美援朝战场，其中牺牲2人、负伤2人。

1955年8月1日，中华人民共和国颁布《兵役法》，实行义务兵制。征兵工作一般每年一次，适龄青年自愿报名，通过目测、体检、政审，家庭同意，批准入伍等程序，由县征兵部门发入伍通知书通知入伍。

附：中华人民共和国成立以来江河源参军入伍人员名单

陈开桃　陈竹茂　陈国用　陈文连　陈起红　陈国强　陈水龙　陈水斌　陈开文
陈起焖　陈起华　王光荣　罗贤恩　王老五　罗明成　王老七　王国生　陈国礼
王尚辉　何水安　龚国武　罗火生　罗上荣　罗火恩　唐延安　唐德元　唐光请
唐光华　陈国礼　陈运星　何知旺　何小伦　何四毛　何干春　何　军　何世忠
何世干　何世平　何世武　何泽权　何汉春　陈国政　陈开祥　陈国文　陈国红
刘国民　陈国强　刘具海　刘具英　陈国彪　刘三毛　陈开显　陈四忠　陈起明
陈松青　陈秀清　陈　黎　陈　适　陈德兴　陈令宣　陈佑华　陈佑忠　陈开明
蒋显礼　蒋运敏　蒋建英　蒋运柏　蒋运竹　蒋运辉　蒋耀辉　蒋德亮　蒋国平
蒋运斌　蒋　华　蒋国安　蒋逢文　朱石荣　蒋显德　陈开忠　陈国昌　陈苏武
蒋显义　蒋　平　陈　晔　唐良民　唐良发　唐朝生　郑会兵　郑会军　唐政荣
唐天桂　唐柏操　陈起后　陈开丁　陈起美　陈　刚　陈起兵　陈海林　陈先书
陈起兰　陈文监　陈俊杰　陈起仕　陈军午　陈文通　李小毛　李石钢　罗国军
罗海军　李石旺　邓老七　李国良　李邦造　陈国军　蒋水旺　李道宏　陈开根
蒋星尧　罗剑辉　罗志辉

中华人民共和国成立前参加解放军人员：

陈起珉　何延计　陈起镇　李水林　李邦友

二、民兵组织

1952年，洛家洞乡设民兵中队，中队长陈起善。1958年成立人民公社后，1959年洛家洞大队成立民兵营，民兵营长为唐政荣，各生产队成立民兵排。根据个人素质、家庭社会情况，民兵成员划分为基干民兵和一般民兵。在一些重大活动中，民兵发挥着特殊作用。担任民兵营长的有唐政荣、何世武、陈开柳、陈开桃、陈开勇、陈竹茂、蒋运泉、蒋政平、蒋平、何汉春、唐柏建、邓木清、李邦奎、陈土华等。

1975年江河源民兵组织情况一览表

表35

大队	营（个）	连（个）	排（个）	基本班（个）	普通班（个）	民兵数
洛家洞	1		15	23	25	584
再上	1		4	12	6	243

民兵训练费

表36 单位：元

村别	1985年	1986年
洛家洞	255.97	254.24
再上	95.8	102.24

第五节 日军侵略与抗日斗争

抗日战争后期（1944年下半年），日军侵入永州，至抗日战争结束，在永州烧杀、奸淫掳掠达一年之久。在此期间，驻扎在江河源邻村——双牌县麻江镇荷叶塘的日军给江河源人民带来了空前的灾难和损失、精神伤害。面对穷凶极虐的日本侵略军，江河源人民为保卫家乡和群众生命财产，不拍牺牲，拿起武器与其进行了斗争。

一、日军主要罪行

（一）屠杀百姓

1944年12月3日，日军为抢劫物资和疯狂报复因其侵掠时一名日本兵被村民打死而偷袭蛇头岭，抓捕平民10人押解到天井头村后，将其中9人杀害①。1944年冬，洛家洞唐敬志妻子在洛家洞原土地坛西边不远处被日军打死。

①据该村老人回忆，被杀害的9人是：李火宝、李秋林、李美 林、李金林、李五宝、李道德、李邦文、李春旺、李五宝妻弟黄氏（外村人士）。

关于被杀害的人数另有10人和11人之说。被杀10人者，其姓名为：李火宝、李川旺、李美林、李秋林、李金林、李石源、李善林，其余3人为李氏邻近亲戚（双牌县高潮村人）。

1945年5月10日，日军在抢、烧马山脚时，开枪打死了平民陈起备的妻子唐荣章，并抢走了其怀揣不多的银圆。

（二）抢劫财物

日军在江河源除了屠杀百姓外，还经常到各村大肆抢劫财物（俗称“打捞”）。抢劫的物资有（据不完全统计）：

1944年12月3日，日军在蛇头岭抢走耕牛24条，生猪60多头，被子29多床，蚊帐15顶。

1945年5月10日，日军100多人全副武装，加之受日军强迫跟随挑粮的外地村民共约200人到马山脚村，抢走猪、牛10多头，粮食近百担，还有无法估计的家禽、银圆。

日军在驻扎期间，白石山被抢粮食1000余公斤，生猪2头，被子8床。

江河源其他被抢财物已无法统计。

（三）烧毁房屋

1944年5月10日，日军在马山脚抢劫财物之后，放火烧毁房屋13座，还有仓库、牛栏、猪圈等，共100余间。

日军在驻扎期间，还烧毁了尧上及邻村大河铺蒋姓村民房屋。牛栏观也有民房遭日军烧毁。

二、抗击日本侵略军

1944年11月的一天，一名日军散兵进入蛇头岭村掳掠施暴，在一村民家中杀鸡一只，砸烂柜子用柜子板在伙房烧火烤熟在吃时，被村民发现，并告知上兰家吕正荣，吕正荣持枪至蛇头岭，将该日本兵击毙。

1945年5月9日（农历三月二十八日），驻扎在双牌县上梧江的侵华日军经过江河源至双牌麻江荷叶塘。江河源部分村民与自卫队埋伏在三十六炮、百步陡、铁屑漯一带，中午时分，日军进入自卫队伏击圈，双方交火，日军且打且退，自卫队及村民一路追至五岔路、奔陡坡。

1945年5月10日，驻扎在荷叶塘的日军兵分两路到马山脚抢劫粮食。一路经天井岩、马脊坳，另一路从再上村下螺蛳岭进入马山脚。当日军进入马山脚时，受到该村蒋汉杰等人阻击。此时正在犁田、尚未吃早餐的蒋知元听到枪声，未及穿鞋赤着脚拿起枪边走边喊“抓活的”“抓活的”冲到马山脚后山与蒋汉杰等会合。当时一个日军正坐在蒋生毛（蒋有源）门口，蒋汉杰举枪射击，未击中，而击断日军所坐的凳腿，此时，正从对面螺蛳岭上下来的日军见状，立即射击，蒋知元中弹牺牲。

日军驻点荷叶塘期间，某日，两个日本兵经再上过枧木冲，沿牛形岭下至洛家洞侦探。被村民发现后，村民一边高喊“抓活的”，一边背着枪、拿着刀从马山脚、洛家洞、兰家岭包围过来。最后，日本兵被追至晒禾岭，经红马拉古涉水过河沿螺蛳岭再上方向丢盔弃甲慌忙逃去。事后有村民拾得日本兵丢下的钢盔、钢笔、被子等物品。

第五章 农业 林业 水利 工商业

江河源境域内自然环境较为优越，土地肥沃，雨量充沛，气候温和，绝大部分稻田无旱涝之虞。境域内粮食生产主要以水稻为主，红薯种植比较普遍。小麦、高粱、玉米、荞麦等其他粮食作物在一定时期内也得以广泛种植。此外诸如花生、油菜、棉花以及生姜等各类蔬菜也属传统种植。农产品品类较为齐全。江河源素有养殖传统，家畜特别是生猪、家禽诸如鸡、鸭、鹅等饲养较为普遍。稻田养鱼曾是单一的传统水产养殖。域内农副产品主要是自产自销，少部分用于对外销售，农产品商品化率较低。

域内林业生长条件优越，20世纪60年代以前林木茂密，森林资源丰富，森林覆盖率高；1958年大炼钢铁，森林遭大量砍伐；70年代，群众造林运动，森林覆盖率达历史最高，林木商品化率也随之提高。果木林亦有种植，如70年代再上大队林场曾种植梨树，退耕还林以及省、县扶贫期间逐步有商品化的种植。60年代末、70年代初，洛家洞大队茶场在高岭及低矮山丘大量种植茶叶。

域内泉井密布、溪流纵横，水力资源较为丰富。通过整修堤坝，疏浚沟渠，购置机电灌溉设备，以及加强水土保持和治理，为农业生产提供了保障。

域内工商业不发达，但传统手工业门类较为齐全。80年代以后，村民外出务工，其中部分人员进而异地自行创业，开展工商等业务活动。

中华人民共和国成立前，地主、富农占有或控制大部分土地，大部分农民缺少土地，而且生产方式落后，农业收成低，广大农民因而长期处于贫困状态。

中华人民共和国成立后，农民通过土地改革分得了土地，并在党和人民政府的组织带领下，逐步对农业实行社会主义改造，解放了生产力，同时进行农田水利建设，引进良种，提高粮食复种指数，使用农药化肥，粮食产量大幅提高。1978年中共十一届三中全会以后所实行的家庭联产承包制及以后林业推行的“三定”（即“稳定山权林权、划定自留山、确定林业生产责任制”）改革工作，调动了农民的生产积极性，同时调整农业产业结构，部分农业剩余劳动力转移到第二、第三产业，生产效率得以提高，农村经济有了新的发展。

第一节 农村经济体制改革

中华人民共和国成立前，农村经济主要表现为封建土地所有制经济，江河源土地、森林资源绝大部分为地主、富农等占有，还有部分土地为同宗族姓共有，称之为宗族公田，这些公田基本上也是被地主、富农控制。庙宇亦占有少量土地。此外，地主、富农在外地还占有土地。江河源亦有部分土地为外地所有者占有。

一、土地改革

1950年6月28日中央人民政府委员会第八次会议通过了《中华人民共和国土地改革法》（以下简称《土地改革法》），并于同月30日中央人民政府公布实施。为正确实施《土地改革法》，1950年8月4日政务院第44次政务会议通过了《关于划分农村阶级成分的决定》。根据中央政府文件精神，江河源于1951年年初开始实施土地改革。土地改革过程一般经历了发动群众、划分阶级、没收和分配地主土地财产、复查总结和动员生产等步骤：

1. 丈量土地及清查其他财产。首先将稻田划为10个等级，其中一等最差，十等最好。豪子口、马山脚对面、螺蛳岭下的稻田就属于十等田。划分稻田等级并登记后，即对其进行丈量。当时江河源丈量土地时，由于尺寸把握得较严，故每亩土地的实际面积较其他一些地方相对窄一些。其次清查各项财产，包括房屋、耕牛、大型农具、多余粮食等，并造册备查。

2. 划分阶级。根据政务院《关于划分农村阶级成分的决定》，主要根据占有土地数量和是否从事主要劳动以及从事主要劳动多少时间，并以解放时为起点，向上推算，连续三年剥削时间和剥削量占全家总收入的比例等指标，分别划分地主、富农、富裕中农、中农、下中农、贫农等。具体方法是采取自报阶级成分，群众评议，由农民协会在乡人民政府领导下评审定案。评定后，由乡人民政府报请区人民政府批准。通过自报、评定、批准， 江河源共划分出地主16户，其中洛家洞村11户，再上村5户；富农7户，其中洛家洞村6户，再上村1户。

3. 没收和分配地主土地阶段。没收地主土地，除富农人口和土地外，其他全部稻田以乡为单位按人口进行分配，已有稻田但不足平均数的，用没收的地主稻田予以补足至平均数，对于地主，也按其人口予以分给稻田。土地分配后接着颁发土地房产所有证，从法律上承认和保障农民分得的土地权益。

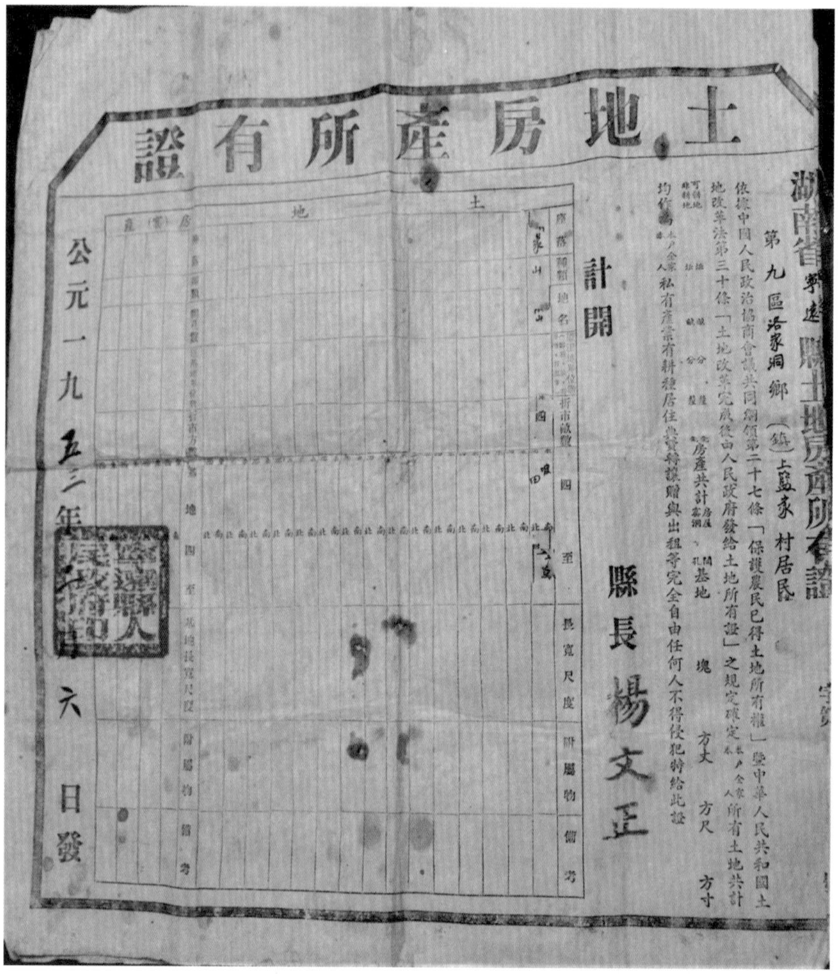
土地房產所有證

湖南省寧遠縣土地房產所有證

第九區洛家垌鄉（鎮）上盧家村居民

依據中國人民政治協商會議共同綱領第二十七條「保護農民已得土地所有權」暨中華人民共和國土地改革法第三十條「土地改革完成後由人民政府發給土地所有證」之規定確定本戶全家人所有土地共計

房產共計 基地 塊 方丈 方尺 方寸

均作為本戶全家人私有產業有耕種居住典賣轉讓贈與出租等完全自由任何人不得侵犯特給此證

計開

縣長 楊文正

公元一九五三年 月六日發

1953年政府颁发给村民的土地房产证

地主被没收的除了土地之外，还有大型农具、耕畜，多余的住房、粮食等被没收并进行分配。

为巩固土地改革的成果，在土地改革结束后又对土地改革工作进行复查，对于土地改革过程中存在的问题及时予以纠正,如漏划地主富农的，予以补划，划错的予以纠正。

1952年土地改革工作结束。

二、农业合作化

（一）互助组

土地改革后，贫困农民分得了土地。人人有了土地，人民群众焕发出了极大的革命和劳动热情。但因部分农民家底薄弱，出现了畜力和农具缺乏、资金不足、劳动力强弱不均等现象。为改变单干力量的不足，在党的引导下，根据自愿的原则，走互助合作的道路，以一个自然村或多个家庭组合成立了互助组，采取互相换工的形式，自由互助。1953年起，江河源逐步成立了农业生产互助组织。

（二）初级社

由于互助组是一种比较松散的农助组织形式，比较普遍的是成立于农忙期间，农闲时解散。互助组存在规模小、组织松散等弱点。为此， 在政府的引导下，1955年，江河源在互助组的基础上逐步成立初级农业生产合作社（简称初级社），如甘竹园陈家初级社，满竹坝、王家、岭源头初级社，洛家洞初级社，兰家岭和蒋家岭初级社，马山脚初级社等。初级社设社主任等职。在初级社这种农业生产组织形式下，农户土地集中，耕畜及农具有偿使用或入股分红，劳动记工分，并给予土地报酬。

（三）高级社

在农业合作化高潮的推动下，江河源1956年冬组建了甘竹园、洛家洞、再上三个高级农业生产合作社（简称高级社）。在这种农业生产组织形式下，社员土地入社为合作社集体所有，取消土地报酬，耕畜、大型农具等折价归社，粮食分配按人口、劳动工分加照顾进行分配。高级社的建立，土地私有制改变为集体所有制，基本完成了对农业的社会主义改造，实现了农业集体化。

在发展、建立农业合作社的过程中，全国一些地方出现“退社”情况，为此，1957年8月中共中央下发《关于向全体农村人口进行一次大规模的社会主义教育的指示》，在农村开展社会主义教育、“反资”运动。年内甘竹园有2户农户退社。

三、人民公社

根据1958年8月29日《中共中央关于在农村建立人民公社问题的决议》精神，1958年10月，洛家洞高级社、甘竹园高级社、再上高级社合并成立洛家洞大队，下设6个生产队，属先锋人民公社。

人民公社成立后，江河源许多劳力外调出去大搞农田基本建设，如修建水库等。粮食统一调配，社员自留地收归集体，以自然村为单位开办集体食堂，吃饭不要钱，劳动不记工分。

1960年11月，中共中央颁布《关于农村人民公社当前政策问题的紧急指示信》（12条）后，开始“整风整社”，洛家洞大队析分为洛家洞大队、甘竹园大队、再上大队，划小生产队规模，纠正了“一平二调”，刹住了“共产风”，并改变生产管理体制，确立三级所有、队为基础的经营管理体制。集体食堂于1961年6月撤销。1962年，部分生产队试行包产到户，恢复自留地，允许社员搞家庭副业，农业生产得到恢复。1963年，试行包产到户的生产队又恢复集体所有制。

在大集体化时期，不免出现出工不出力等“吃大锅饭”现象，生产效率低下。但有的生产队如洛家洞大队第9生产队、14生产队，农业生产形势较好，部分年份人平粮食水平、纯收入一度达到新的高度，第14生产队工分值最高将近0.8元。再上生产队在农业学大寨运动中，艰苦奋斗，开山造田，兴修山塘、水渠，粮食大幅增产。

四、农村家庭联产承包责任制

1978年中国共产党第十一届三中全会后，贯彻《中共中央关于加快农业发展若干问题的决定》，农村进行经济体制改革。1979—1980年，生产队分为承包小组，这种形式只是划小核算单位。1980年，洛家洞大队、再上大队原合并的生产队重新分开。1981年，试行家庭承包责任制，即稻田按人口分到户，核定上交任务。1982年，正式实行农村家庭联产承包责任制，承包期限3年。1984年年底，三年承包期满，根据1984年中央1号文件精神和上级指示，从1985年起进行第二轮承包。在第二轮承包中，各村民小组对稻田重新分配，承包15年不变。1993—1998年，中央连续发文明确，农村耕地承包再次延长30年不变。长期稳定的土地承包政策和法规，使土地承包关系得到了长期稳定。实行家庭联产承包责任制后，江河源农村经济有了新的发展。

第二节　农业

一、农田基本建设

江河源属于丘陵山区，开荒造田，治坡开渠，整理耕地，修建水坝山塘等是农田基本建设主要项目。自实行农业集体化后，农田水利基本建设有了很大的进展。农业学大寨时期，许多便于灌溉、面积较大的平整土地或平缓坡地被开垦为稻田，如再上大队在其和尚岭上的石山窝中，开垦梯田（大寨田），建小型水库，兴建山塘，当时涌现了诸如“铁姑娘队”“现代愚公”等一批先进典型。

实行家庭承包责任制初期，农田基本建设基本停止，一些基础设施没得到相应维护。中共十八大以来，随着国家对农业的不断投入，江河源争取部分资金，修建和改善灌溉设施，修建机耕道，修砌河坡、水渠，农业生产设施和条件相继得到了维护和改善。

由于实行严格的耕地保护，江河源的耕地面积相对稳定。2000年以后，耕作面积有所减少。

1964—2012年部分年份江河源土地面积统计表

表37　　单位：亩

（大队）村	洛家洞		再上		合 计	
耕地/年份	稻 田	旱 土	稻田	旱 土	稻 田	旱 土
1964	1011	199	446	98.68	1457	297.68
1968	1003.43	250	454.6	119.4	1458.03	369.4
1969	987.13	369.4	451.3	113	1438.43	482.4
1971	987	229	450	92	1437	321
1972	992.2	299	450.69	110	1442.89	409
1973	992.1	430.9	450.69	159.49	1442.79	590.39
1974	992	339	451	94	1443	433
1975	996	427	451	169	1447	596
1976	986	375	448	97	1434	472
1978	987	373	448	97	1435	470

续表37 单位：亩

（大队）村 耕地 年份	洛家洞		再上		合计	
	稻田	旱土	稻田	旱土	稻田	旱土
1980	987	373	451	94	1438	467
1981	978.4	303	449.2	101	1427.6	404
1982	978.4	272	449.74	101	1428.14	373
1983	986	372	449	101	1435	473
1984	978	381	448	103	1426	484
1986	986	372	448	150	1434	522
1987	986	373	450	150	1436	523
1988	986	373	450	150	1436	523
1989	986	373	450	150	1436	523
1991	974	373	445	150	1419	523
1992	974	373	445	150	1419	523
2012	881	426	377.45	79.48	1258.45	505.48

2012年江河源各组耕地面积统计表

表38 单位：亩

村别	洛家洞			再上		
组别	稻田	旱土	小计	稻田	旱土	小计
1	60	35	95	86.96	21.31	108.27
2	60	35	95	86.96	19.74	106.7
3	56	22	78	57.96	10.96	68.92
4	42	29	71	58.99	9.81	68.8
5	39	20	59	19.57	6.13	25.7
6	48	24	72	33.60	6.42	40.02
7	53	22	75	33.41	5.11	38.52
8	42	24	66			
9	54	25	79			
10	62	20	82			
11	31	19	50			
12	40	23	63			

续表38

单位：亩

村别	洛家洞			再上		
组别	稻田	旱土	小计	稻田	旱土	小计
13	38	15	53			
14	66	28	94			
15	92	30	122			
16	60	32	92			
17	38	23	61			
合计	881	426	1307	377.45	79.48	456.93

二、粮食生产

江河源农业种植以水稻为主，辅以种植红薯、玉米、高粱、小麦、荞麦、燕麦、小米、马铃薯、䅟子等。

（一）水稻

20世纪60年代以前，本地农业生产一般一年两熟，即收割水稻后再种植荞麦或小麦、秋红薯，有的种植油菜籽。受水稻品种（主要是高秆品种，如黑谷子、朵谷黏、广西黏、冷水黏等）影响和耕作方法限制，粮食产量水平较低，稻谷平均亩产在300公斤左右。60年代后，推广良种如矮秆品种珍珠矮，逐步普及晚稻，以及施用化肥等，粮食单产有了较大的提高，特别是杂交水稻品种的推广，粮食亩产更是登上新的台阶，平均亩产达500公斤以上。80年代中后期，随着外出务工人员的增多，晚稻种植面积逐步减少。

品种 1965年以前，主要是高秆品种，如黑谷子、朵谷黏、广西黏、冷水黏等；糯谷品种有钓竿糯、铜壳糯、石灰糯等，产量相对较低一些。1965年以后，逐步试种推广矮秆品种，如农垦58、珍珠矮、广丘矮等。1977年以后，逐步推广杂交稻品种，如威优系列、南优系列、金优系列。

育秧 一般在春分后、清明前浸种，每亩杂交稻种0.5~1公斤，秧苗催芽后抛撒在整理好的秧田里，一般下种30天后，即可扯插。有的为防寒采用薄膜覆盖育秧。70年代，曾尝试过小苗带土移栽，这种育秧方法，种谷不撒在水田里，而是在旱地铺上一层湿润细土，种谷撒在其上，待秧苗长至约5、6厘米高时（20天后），连苗带土移植至经犁、耙后平整的稻田里。

犁田 稻田的翻耕一般要经过“两犁两耙”，即犁两遍，耙两遍，种有绿肥的稻田甚至“三犁两耙”。进入21世纪后，农户逐步采用小型耕田机犁田，取代以前耕牛犁田耕作方式。

传统耙田（2017年）

耕田机犁田（2017年）

耕田机（2017年）

插秧 江河源因属山区，山坡田多，且人均稻田面积较少，一直以来都是人工插秧。一般而言，一个壮劳力一天能插0.7亩田左右。如种双季稻，早稻则在“五一”前插完，晚稻则在“八一”前或立秋前插完。如在种植烤烟后插一季晚稻，一般也在8月或立秋前插完。

20世纪70年代初，为保证整齐和行距、株距宽度，采取拉绳方式插秧，即每隔9蔸或7蔸的株距宽度，纵向拉一条直线，沿直线按行距距离插上秧苗，将水田分隔成相等宽度的条块，再在条块中每行插上8蔸或6蔸秧苗。还有采用方框架子插秧，即用竹条或木条制作一个长方形架子，架子中间按照株距宽度钉上竹条，竹条上刻上行距刻度，插秧时将秧苗插在刻度处。有四人用架子和两人用架子。

秧田（2018年）

插秧（2018年）

合理密植　种植“高秆”品种，一般每亩栽植7000~8000蔸。“矮秆”品种一般每亩15000~16000蔸左右。1959年“大跃进”时，高秆品种有的每亩近20000蔸，结果造成严重减产。

20世纪60年代禾蔸桶

施肥　传统施肥方式主要是将猪牛栏肥抛撒在田间 ，以及种植紫云英、大麦、蚕豆青苗肥（在犁田时翻压在泥水之下让其腐烂）；冬天在闲置水田中“沤凼肥”；还有“割青”施肥——即上山割取鲜嫩、易腐烂的某些草本植物踩压在禾苗间距中；秧苗插后20天左右在禾苗开始分蘖期间，将烧制的草肥混拌人粪尿施禾蔸肥，用禾蔸桶装上肥料在禾苗行距中边拖行边施肥（每蔸都施），俗称“掬禾蔸”，等等。在禾苗生长1个月时，抛撒石灰，俗称“耗田”，其作用一是杀虫，二是起中和作用——用石灰降低土壤酸性。20世纪80年代以后，传统肥料逐步被化肥取代。常用化肥主要是碳酸氢铵、尿素、硝酸铵、硫酸亚、氯化钾、硫酸钾、过磷酸钙、钙镁磷肥、磷矿粉等等，其中尿素最受欢迎。

1975年洛家洞、再上大队积肥情况表

表39　　单位：担

项目 大队	猪牛肥	刈青	杂肥	石灰	其他
洛家洞	4680	2160	1200	880	
再上	155	55	420	1800	1750
合计	4835	2215	1620	2680	1750

杀虫　50年代，主要采用人工防治水稻病虫害，如夜间点灯诱捕螟蛾，冬天深耕翻土、减少虫害越冬机会。随着科技的发展，逐步推广使用农药，大大地提高了杀虫效果。但不断施用农药，病虫害的抗药性也不断增强，随之农药的毒性也越来越强。为降低毒性、减少污染，低毒农药逐步普及。

使用的杀虫药剂有六六六、乐果、杀虫脒、1059、1065、敌敌畏、稻瘟净、甲胺磷、DDT、混合粉，等等。

水稻（2013年）

收割水稻（2017年）

收割 传统上一直采用扮桶（江河源称之为“方桶”）下田，将割好的稻子人工轮砸在“方桶”内侧，将谷、株分离。然后挑回稻谷在禾堂（即晒谷坪）或竹篷垫上晒干，用风车车净归仓。20世纪70年代开始，使用脚踏打谷机，收割效率有所提高，但劳动强度较大。之后又对脚踏打谷机加以改装，添加动力，从而降低了劳动强度，收割效率亦有较大提高。

20世纪60年代方桶

篷垫（2017年）

1972—1978年部分年份洛家洞、再上大队化肥农药使用情况表

表40

大队	洛家洞					再上				
项目	化肥施用量			农药施用量		化肥施用量			农药施用量	
年份	担	其中氮肥	公斤/亩	担	公斤/亩	担	其中氮肥	公斤/亩	担	公斤/亩
1972	205	80		60		140	55		5	
1973	500	200	25	50	2.5	205	19	20	17	1.5
1975	153	153	7.5	75	4	286	153	25	22	2
1978	565	458	21	78	4	217	75	20	8	1

1964–1991年部分年份洛家洞、再上（大队）村绿肥栽培情况表

表41 单位：亩、担

（大队）村	洛家洞		再上		备注
项目 / 年份	播种面积	产量	播种面积	产量	
1964	298.43	4605	224.5	2240	
1969	487	1268	206	9400	再上绿肥产量原表如此
1972	560	37	225	18	再上绿肥产量原表如此
1973	750		200		

续表41

（大队）村	洛家洞		再上		备注
年份＼项目	播种面积	产量	播种面积	产量	
1975	481	3960	178	700	
1978	722	21160	230	4600	
1987	300		200		
1989	350				
1991	350		200		

1964—1992年部分年份洛家洞（大队）村稻谷面积、产量情况表

表42　　单位：亩、担

品种	早稻		中稻及一季晚稻		双季晚稻		合计	
年份＼项目	面积	产量	面积	产量	面积	产量	面积	产量
1964	381.88	1435.59	620.92	3228.97	306.7	1185.95	1309.5	5850.51
1968	381	1429.63	622.39	3183.59	236	505.88	1239.39	5119.1
1969	355.99	1638	631.14	3832.8	263.59	873.8	1250.72	6344.6
1971	991	6306			527	1173	1518	7479
1972	385	1704	605	4392	336	646	1326	6742
1973	979.5	6311			600	496	1579.5	6807
1974	398.5	2252.92	591	4247.98	389.5	528.15	1379	7029.05
1975	761	3805	225	3125	416	1246	1402	8176
1976	985	6618			528	1521	1513	8139
1978	935	7269			637	2658	1572	9927
1980	911	7454			730	3914	1641	11368
1981	920	7708			863	5348	1783	13056
1982	920	7574			851	5124	1771	12698
1983	920	7437			855	6359	1775	13796
1984	919	6265			800	5665	1719	11930
1985	919	6434			800	6638	1719	13072
1986	796	5570	130	1130	810	6890	1736	13590
1987	790	4843.4	130	1040	816	6413.76	1736	12297.16
1988	799	5638	100	706	819	6350	1718	12694
1989	792	5464	100	800	763	5340	1655	11604

续表42

品种 项目 年份	早稻		中稻及一季晚稻		双季晚稻		合计	
	面积	产量	面积	产量	面积	产量	面积	产量
1991	790	5740	100	680	810	5680	1700	12100
1992	790	3960	80	540	800	5120	1670	9620

说明：上述粮食播种面积系指单季，不算复种面积

1964—1992年部分年份再上（大队）村稻谷面积、产量情况表

表43　　　　单位：亩、担

品种 项目 年份	早稻		中稻及一季晚稻		双季晚稻		合计	
	面积	产量	面积	产量	面积	产量	面积	产量
1964	98.17	234.94	337.7	1381.52	2	4	437.87	1620.46
1968	290.7	1451.95	163.9	573.82			454.6	2025.77
1969			451.36	2424			451.36	2424
1971	450	2812.56			110	98.36	560	2910.92
1972	105	365	347	1416	4	4	456	1785
1973	450	2592			39	72	489	2664
1974	148	572	302.78	2222.07	26	26.5	476.78	2820.57
1975			451	2941.4	25	51.16	476	2992.56
1976	450	2802			34	53	484	2855
1978	440	2988.32			97	196.43	537	3184.75
1980	446	2143.4			40	73.88	486	2217.28
1981	449	3324.5			60	51.9	509	3376.4
1982	449	2369					449	2369
1983			450	2250	2	5	452	2255
1984			448	1259			448	1259
1985	448	2260					448	2260
1986	249	1080	199	1420			448	2500
1987	426	2879.76			20	60	446	2939.76
1988			428	2782	20	50	448	2832
1989			428	2396.8			428	2396.8
1991	80	480	370	2200			450	2680
1992	80	320	370	1660			450	1980

（二）麦类

麦类种植主要以小麦为主，生产队集体种植一般在单季水稻收割后再种植于稻田。大麦主要用作饲料，麦秆用作稻田肥料，种植不多，燕麦也有少量种植。所有麦类作物亩产均较低，但家庭个人在旱土种植的小麦和燕麦亩产则稍高一些。

1964—1992年部分年份洛家洞、再上（大队）村 麦类面积、产量情况

表44　　单位：亩、担

（大队）村	洛家洞						再上			
品种	小麦		大麦		燕麦		小麦		大麦	
年份	面积	产量	面积	产量	面积	产量	面积	产量	面积	产量
1964	174.5	145.46	66.5	42.63			86.85	79.6	60.2	29.18
1969	251	206.2					32	28		
1972	98	52	22	7	20	10	5	2		
1973	200	40	180	20	60	23	4	5		
1974	160	80	31	10			10	13	50	10
1975	219	44	77	32			8	8	8	8
1978	179	165	11	3			58	36		
1983	175	159							38	24
1986	45	54								
1987	40	20					11	22		
1988	45	46							10	10
1989	48	48					35		9	9
1991	50	40								
1992	40	40								

（三）红薯

红薯是江河源仅次于水稻的传统种植，产量较高。有的年份红薯曾是村民粮食的重要补充部分。红薯也是酿制家酒和加工粉条的主要原料，同时也是最主要的猪饲料。当稻米作为主粮已满足人们生活需求的情况下，红薯一般不再作为食粮供人们食用，而是主要用作饲料和酿制家酒。

20世纪70年代以后，江河源开始种植马铃薯，主要是村民个人种植。

红薯（2016年）

玉米（2013年）

1964—1992年部分年份洛家洞、再上（大队）村红薯面积产量情况表

表45　　单位：亩、担

（大队）村	洛家洞		再上	
年份＼项目	面积	总产量	面积	总产量
1964	300.47	699.99	218.75	142.47
1969	232	657.7	34	256
1971	161	507	130	191
1972	166	563	45	143
1973	300	729	33	198
1974	359.7	501	140	42
1975	796	1182	151	402
1976	367	723	111	257
1978	458	1934	227	329
1980	50	96		
1982	262	762		
1983	262	1262	34	119
1984	269	1024	122	249
1986	160	572	94	1070★
1987	250	800	72	144★
1988	258	696.6	20	10
1989	273	546	20	64
1991	400	1200	250	500
1992	420	1260	250	750

说明：★为原表数据；红薯5公斤折1公斤稻谷

（四）其他

玉米 玉米生长适应性较强。江河源种植玉米比较普遍，既有零星边角土地种植，也有成片土地种植，一般亩产200公斤左右。除玉米鲜嫩时少量食用外，一般用作饲料，或作为家酿原料，部分出售。

玉米（2017年）

小米 俗称“粟米”。20世纪70年代江河源大造林运动，大量高山荒坡被开垦，在造林的同时，大量间种小米，亩产100公斤左右。

高粱 80年代以前较广泛种植。主要在旱土上种植，亩产200公斤左右，大部分自家酿酒用，少部分（主要是糯高粱）制作甜食（粑粑）。2015年以来，高粱种植增多，主要用于出售。

小米（2013年）

䅟子（2013年）

荞麦 70年代以前广泛种植 。一般在中稻收割之后播种秋荞，年底收割。随着二季稻的推广，荞麦逐步减少种植。上兰家生产队曾经在旱土种植苦荞，亦有收成。

䅟子 村民个人旱土种植，主要用于制作糕点、甜食，种植面不广。

1964—1992年部分年份洛家洞（大队）村其他粮食作物面积、产量情况表

表46 单位：亩、担

品种	玉米		高粱		秋荞	
年份＼项目	播种面积	产量	播种面积	产量	播种面积	产量
1964	59	52.58	17	13.34	340.5	197.93
1972	98.5	135	50	40	412	380
1973	150	170	60	15	200	8
1974					350	158
1975	254	134	91	51	323	186
1978	48	26	56	45	80	27（春荞）
1983			39	103		
1986	20	20	30	48		
1987	20	12	35	28		
1988	22	33	30	45		
1989	20	20	37	37		
1991			30	24		
1992			30	30	10	10

1964—1992年部分年份再上（大队）村其他粮食作物面积、产量情况表

表47 单位：亩、担

品种	玉米		高粱		秋荞	
年份＼项目	播种面积	产量	面播种积	产量	播种面积	产量
1964	83.6	94.95	4	3.56	169.7	78.49
1972					165	214
1973	7	160?	3	14	54	101
1974					230	35
1975	38	38	39	42	95	78

续表47

单位：亩、担

品种 年份＼项目	玉米		高粱		秋荞	
	播种面积	产量	面播种积	产量	播种面积	产量
1978	24	10	41	14		
1983	64	34	39	38	92（春荞）	46
1986	2	2	4	4		
1987			2	4		
1991			10	8		
1992	10	30	20	40	20	32

（五）豆类

大豆 一般种植在旱土、田埂上。集体、个人均有种植。村民主要用于自制豆腐、豆豉。种植时间在3月以后。

蚕豆 20世纪60年代大量种植，冬季稻田播种，次年4、5月间采摘。豆粒果实较大。苗杆作为绿肥，在犁田时埋于泥土中腐烂成肥。村民个人则于旱土种植。

豌豆 当地称雪豆，有开红、白花两个品种，开红花的域内俗称“红花雪豆”，嫩荚和籽实均可食用。开白花的俗称“白花雪豆”，只食用豆子。在立冬后种植。

绿豆 少量种植。

1969—1992年部分年份洛家洞、再上（大队）村大豆生产情况表

表48

单位：亩、担

（大队）村 年份＼项目	洛家洞		再上	
	播种面积	产量	播种面积	产量
1969	119	78.4	27	22
1972	61	18	16	7
1973	50	5	11	8
1975	38	14	9	6
1982	165	63		
1986	20	14	2	2
1987	20	12		

续表48　　单位：亩、担

（大队）村	洛家洞		再上	
年份＼项目	播种面积	产量	播种面积	产量
1988	20	6		
1989	40	40	3	3
1991	100	100	30	20
1992	120	120	30	30

三、经济作物

甘蔗　二十世纪六七十年代集体曾有种植，用于土榨制糖。蔗糖除自用外，少量外售；个人零星种植，不用于制糖，主要食用蔗汁。

花生　种植较普遍，亩产约100公斤，集体化时期个人和部分生产队均有种植，但商品率低，对外销售较少。

油菜　油菜一度为域内主要经济作物，并作为自用食用油重要来源。一般在中晚稻收割后种于稻田之中，少量旱土种植，于次年5月成熟，亩产50公斤左右，收割后土榨压榨制油。

芝麻　域内少量种植，主要作为调味品用于食品小吃辅料。60年代，洛家洞大队上兰家生产队曾于江家冲山坡上种植芝麻，虽刀耕火种，但收成尚可，并进一步压榨制油食用或他用。

茶叶　1970年年初，洛家洞大队成立茶场，于何家源瑶人槽以及部分低矮山地大量种植。后因采摘成本过高等原因，茶场关闭。域内亦有野生茶叶分布。

烟叶　20世纪70年代前，广泛种植土烟，为烟民自吸，少量用于出售。土烟较适宜于新开垦的沙质土壤，其经晾干后呈黄褐色，劲大、味浓，质量较好。70年代后，村民基本不再或很少种植土烟而改种烤烟出售。2017年年底，有烤烟种植大户1户。

烤烟（2018年）

摄影　唐柏建

1964—2017年部分年份洛家洞、再上（大队）村烟叶生产情况表

表49　　单位：亩、担

（大队）村	洛家洞		再上	
年份＼项目	播种面积	产量	播种面积	产量
1964	17.5	4.43	28	9.06
1969	2	4		
1975	7	6		
1983	178	267	18	14
1986	310	744		
1987	230	690	50	50
1988	230	460	120	240
1989	250	500	120	240
1991	230	368	165	264
1992	200	320	100	200
2013	50	110		
2014	70	150		
2015	50	110		

续表49　　单位：亩、担

（大队）村	洛家洞		再上	
项目 年份	播种面积	产量	播种面积	产量
2016	50	110		
2017	50	110		

生姜　生姜有白姜和黄姜两个品种，域内稻田、旱土均广为种植，并且产量高，质量好。生姜既是重要的经济作物，也是村民日常生活资料，其亩产一般在1000~2000公斤左右。正月开始催芽（置于火塘之上，加温），清明前后出种，夏至前离种（取除母体）。白姜在7月底开始上市，黄姜在秋冬季节或次年上市。由于生姜的用途限制以及市场开拓原因，村民一旦大量种植，就面临销路问题，因而价格波动较大，有时造成增产不增收。

黄姜（2015年）

姜农（2013年）

白姜（2015年）

1972—1991年部分年份洛家洞、再上（大队）村生姜生产情况表

表50　　单位：亩、担

（大队）村	洛家洞			再上		
项目 年份	播种面积	亩产（公斤）	产量	播种面积	亩产（公斤）	产量
1972	3	566	34	3	467	28
1973	20	125	50			
1975	2	250	10	2	150	6

续表50　　单位：亩、担

（大队）村	洛家洞			再上		
年份＼项目	播种面积	亩产（公斤）	产量	播种面积	亩产（公斤）	产量
1978	4	612	49	3	1666	100
1986	20	300	120	71	238	338
1987	20	400	160	10	400	80
1988	22	400	176	30	400	240
1989	60	350	420	30	200	120

黄红麻　黄红麻并非本地传统种植。20世纪70年代初，在国家号召生产及收购情况下，有一定的种植，供销社棉麻公司负责收购。由于其用途窄、少，产量低，农民一般也不使用，仅种植几年后便不再种植。

西瓜　70年代初，集体化时代曾种植过，但收成不佳。进入21世纪后，村民种植比较普遍，但商品化率不高。

棉花　在传统的自给自足小农经济时代，棉花是部分村民必种的经济作物，主要用于纺纱织布，缝制衣服和被褥。80年代后，已不再或极少种植棉花以及纺纱织布。

苎麻　与棉花一样，苎麻也是自给自足经济的重要物品，满足村民的生活需要。苎麻制成粗细不等的绳索或纱线后，用于纳鞋底或织补衣物、蚊帐。

1969—1992年部分年份洛家洞、再上（大队）村其他经济作物面积产量情况表

表51　　单位：亩、担

（大队）村	洛家洞						再上					
作物品种	棉花		花生		油菜籽		棉花		花生		油菜籽	
年份＼项目	播种面积	产量	播种面积	产量	播种面积	产量	播种面积	产量	播种面积	产量	播种面积	产量
1969	8.5	2.9	10	9					2	3		
1972	20	7	37	28			2	1	29	20	31	6
1973	50	14	50	20	40	10	15	4	7	9		
1974	41	8	25	18	9	4	4	2	3	3		
1975	21	3	12	8			5	2	6	9	3	2

续表51 单位：亩、担

（大队）村	洛家洞						再上					
作物品种	棉花		花生		油菜籽		棉花		花生		油菜籽	
年份＼项目	播种面积	产量	播种面积	产量	播种面积	产量	播种面积	产量	播种面积	产量	播种面积	产量
1978			33	32					10	20		
1986			5	3								
1987			20	14	5	3						
1988			25	1								
1991	10	8	60	60	20	20			50	50		
1992	15	12	70	70					50	50		

四、生产工具

中华人民共和国成立前及成立后一段时期内，农业生产沿袭着传统耕作方式，全部使用手工工具，生产效率低下，如耕田使用牛，收割稻子用扮禾桶人工脱粒，运输上靠肩扛人抬。20世纪70年代开始使用脚踏打谷机，公路修通后，大部分肩扛人抬的重活采用汽车运输；21世纪以来，脚踏打谷机改装成动力打谷机，砍伐木材由使用斧头到使用油锯，等等。先进生产工具的使用，在提高生产效率的同时，把人们从繁重的体力劳动中逐步解放出来。

常用的生产工具包括：汽车、耕田机、犁、耙、方桶、禾蔸桶、打谷机、碾米机、箩筐、畚箕、篷垫、锄头、铁锹、挂耙、镰刀、斧头、蓑衣、斗笠、风车、油锯、电钻、钢钎、铁锤以及各行手工工具等。

犁 耕田工具。分为把手、犁嘴、牛轭、牵引绳几部分。主体一般选用杉树制作，牛轭（呈直角形）选用硬度较大的杂木制作，犁嘴用生铁铸造，用梧桐树皮拧成牵引绳。进入21世纪以后，动力耕田机逐步推广使用，但仍有部分耕田使用犁杖耕作。

铁耙 耙田工具。铁制（主体部分上端握杆为木制），耕牛拖行，用以耙碎体积较大的泥块，并平整稻田。

犁（2014年）

耙头（2017年）

碾米机（2017年）

铺滚　耙田工具。在一个长方形的框架中，装上一个铁滚筒，滚筒上有刀齿。作业时，耕牛在前拖行铺滚，带动滚筒不断翻滚，用以碾碎泥块，平整稻田。

别篓　一种小型竹制盛装工具。人们在捕捞鱼虾、捕捉泥鳅、鳝鱼、蛙类和螃蟹、在稻田拾捡螺蛳时，别在腰际，用以盛装鱼虾蟹等。

篓子　用竹篾编织的挑载器具，大小、形状类似箩筐，呈方形，有盖，具一定防雨功能。人们外出特别是出远门步行挑载物品时使用。中华人民共和国成立后，随着交通运输业的发展，人们外出搭乘汽车，篓子遂逐渐被箱包等替代。

斗笠　雨具。用竹篾编织成圆锥形，底边最大直径约70厘米、锥边长50厘米左右，外表敷设韧性较强的纸，再刷上桐油或清漆，内有用竹篾编制用于头戴的圆形头套（帽）。主要在农作时使用。

别篓（2017年）

斗笠（2017年）

棕丝斗笠 遮阳用具。形状和结构类似斗笠，体积稍小。底边直径约50厘米，锥边长约30厘米。双层竹篾编织，中间夹放棕丝，故名棕丝斗笠，从顶部至底边的中间处，敷纸并上油漆。

蓑衣 棕毛编织，雨具。农作（特别是犁田）时穿着身上用于挡雨，与斗笠配套使用。

蓑衣（2017年）

棕丝斗笠（2017年）

禾莞桶 一种水田固体肥料施肥工具，木制。桶体呈椭圆形，桶深25厘米左右，长70厘米、宽25厘米左右，上有提手。

夯扬棒 木制，捶打工具。选用硬质木材做成木棒，一端凿方孔，另选木材作把手，顶端凿圆孔，又选硬质木材作轴，形似铆钉，一端粗，圆柱形，有帽；一端方形，穿过把手后插入木棒方孔中固定。使用方法：双手握住把手上扬再砸下，同时使木棒旋转砸在被砸的物体上。主要用于部分粮食作物脱粒，或击打捶碎火土肥等。

篷垫 竹篾编织，长3米、宽2米左右，两端用两片竹片夹紧固定，不使用时，卷成圆筒形收置。平时用于晾晒谷物。有时搭设临时棚子，用篷垫作覆盖材料，用于遮雨挡阳。

竹篮（2017年）

肥筛（2017年）

挂刨（2017年）

墨斗（2017年）

锯子（2017年）

镰刀、柴刀、砍山刀（2017年）

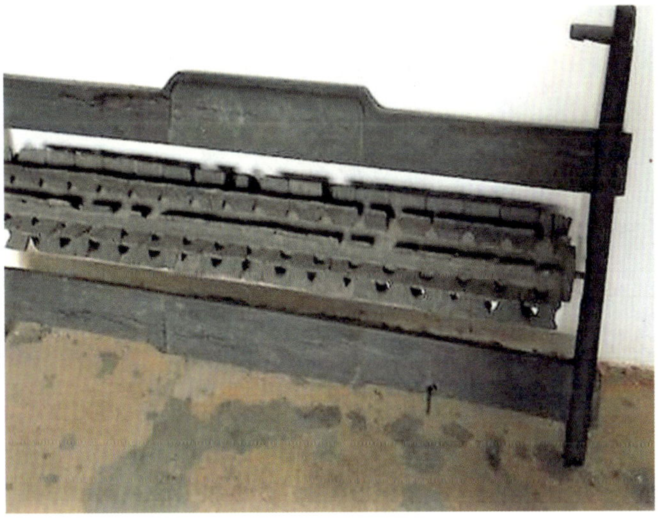

20世纪70年代铺滚

20世纪夯扬棒

木工刨（2017年）

铁耙（2017年）

踩犁（2017年）

斧头（2017年）

月挂（2017年）

筲子（2017年）

油锯（2018年）

第三节　畜牧业

江河源畜牧业主要是饲养生猪、耕牛，家庭大规模饲养较少。牛是重要的生产资料，退役耕牛则成为肉牛，不饲养奶牛。有村民饲养山羊。

一、生猪

21世纪以前，饲养生猪一直是个人和集体重要的收入来源。生猪饲养方式主要以家庭为主，一般每户饲养1~3头，饲养时间半年至一年。所养生猪用于自食（特别是春节）、红白喜事、出售。出售方式主要是饲养户将生猪宰杀后，将猪肉上市交易，也有屠户上门整猪收购或交售给国家。

1959年至1961年“大跃进”时期，洛家洞大队在兰家岭冷水脚设办养猪场，饲养生猪，何世良任场长。此后一段时间部分生产队又办有养猪场，但规模不一。不过私人饲养仍为主要形式。洛家洞大队、洛家洞生产队曾被评为县生猪饲养先进单位。1962年，洛家洞大队作为养猪先进单位出席衡阳专区先进代表会议。1978年，洛家洞大队有3个生产队办有养猪场。

20世纪50年代中期至80年代，国家实行生猪派购计划，按国家牌价进行收购。收购的生猪根据其重量分为三等：65.5公斤以下为丙等猪，65.5~75公斤为乙等猪，75.5~90公斤为甲等猪，90.5公斤以上为特等猪。生猪等级越高，收购价格越高。国家收购计划分到生产队，生产队再安排到户饲养，补助一定量粮食，并增加一分自留地，生猪长到一定重量，适时交售。

1969—1989年部分年份洛家洞、再上（大队）村生猪生产情况表

表52-1　　　　单位：头

（大队）村	洛家洞										
项目＼年份	1969	1972	1973	1974	1975	1978	1983	1986	1987	1988	1989
全年饲养数		609	650	617	908	1039					
年末存栏数	226	337	250	347	349	563	410	905	950	950	1000
其中：集体		60		49	97	50					
社员自养		277	150	271	252	513					

续表52-1　　单位：头

（大队）村	洛家洞										
项目＼年份	1969	1972	1973	1974	1975	1978	1983	1986	1987	1988	1989
其他			100	27							
年末存栏能繁母猪	5	12	9	13	27	20	20	120	110	100	104
年内出栏肥猪		272	430	270	559	476	800	1300	1300	1150	1200
其中：1.集体个人自宰自食数		120	250	50	300	220					
2.国家收购				220	259	256					

表52—2　　单位：头

（大队）村	再上										
项目＼年份	1969	1972	1973	1974	1975	1978	1983	1986	1987	1988	1989
全年饲养数		293	279	382	439	497					
年末存栏数	109	223	219	210	265	328	146	200	250	350	200
其中：集体		70	27	38	43	178					
社员自养		153	192	172	222	150					
其他											
年末存栏能繁母猪	2	2	2	3	13	9	8	32	20	10	10
年内出栏肥猪		70	65	172	174	169	172	230	230	400	400
其中：1.集体个人自宰自食数		45	29	29	68	60					
2.国家收购				143	106	109				106	

二、耕牛

域内养牛主要是役牛，用于耕田，不专门饲养菜牛（退役耕牛用作菜牛），也不饲养奶牛。所养耕牛主要是黄牛，少量水牛。耕牛以家庭饲养为主。“大跃进”时期，洛家洞大队在玉真观建有100余头牛的牧牛场，蒋家岭村蒋有远任场长。初级社时期，私有耕牛为初级社所租用，或作价入社、入股分红。进入高级社，私人耕牛作价归社，为合作社集体所有。在集体化时期，许多情况下耕牛由人多劳少的家庭饲养，养一条役牛所给的劳动工分，一般可养活一个人。饲养方法主要是放养。改革开放后，实行家庭联产承包责任制，由于耕地较少，每家每户都饲养耕牛，经济上不合算，于是有的家庭不再养牛，耕田时或借或租耕牛，或请他人代耕。21世纪以来，村民逐步购买小型犁田机械，使用耕牛犁田的情况逐渐减少。

1969—1989年部分年份洛家洞、再上（大队）村耕牛、家禽饲养情况表

表53-1　　　　单位：头、万只

（大队）村	洛家洞									
项目＼年份	1969	1972	1973	1974	1975	1978	1983	1986	1987	1989
年末存栏数						120	120	300	288	278
1、牛	114	114	116	115	125	120				
黄牛		110	105	104	113	102	110	254	250	235
水牛		4	11	11	12	18	10	46	38	43
2、能从事农业劳役的牛	64	51	62	65	69	70	100	228	210	185
3、有繁殖能力的牛		20	20	30	35	27		125	138	102
4、社员自养家禽		0.25	0.17		0.24	0.18		1.35		

表53-2　　　　单位：头、万只

（大队）村	再上									
项目＼年份	1969	1972	1973	1974	1975	1978	1983	1986	1987	1989
年末存栏数						47	60	283	65	283
1、牛	49	39	51	57	52	47				
黄牛		35	43	47	41	38	56	280	56	283
水牛		4	8	10	11	9	4		9	
2、能从事农业劳役的牛	31	23	37	29	40	37	49	245	51	190
3、有繁殖能力的牛		11	7	13	18	17		153	30	160
4、社员自养家禽		0.03	0.08		0.06	0.01		0.05		

三、家禽

家禽饲养主要是饲养鸡、鸭，少量鹅。鸡的品种主要是土鸡，喂粮食，放养。鸭的品种有三种：西鸭，又称洋鸭，体型较大，体重约2.5~5公斤，既可水养，又可旱养，营养价值较高；水鸭，境域内俗称“红毛鸭子”，体型较小，体重约

1~1.5公斤，喜游水，其仔鸭是本地特色菜——血鸭的最好食材；杂交鸭，俗称“靠鸭”，是选择西鸭父本、水鸭母本杂交而成，杂交鸭生长快，体型介乎水鸭与西鸭之间，体重约1.5~2.5公斤，与水鸭、西鸭相比，售价相对较低。所养家禽主要供自家食用外，少部分外售。由于鸡鸭瘟病未得到彻底防治，以及外出打工的人员日增，家禽饲养减少，少部分家庭甚至已不再饲养家禽。

四、其他

除了饲养鸡、鸭、鹅外，许多家庭养有土狗，主要用于看家护院，少数家庭喂养肉狗。江河源有的村民小组尚有打猎的习惯，因此有的狗还用作猎狗。域内饲养宠物狗尚属不多。

少数村民饲养家兔、山羊，但数量较少。

第四节　水产

江河源属丘陵山区，鱼塘少，水产规模小。稻田养鱼则属传统养殖方法。鱼类品种主要是鲤鱼、鲫鱼。一般在插秧时将鱼苗放养在水田里，约2个月左右，禾苗抽穗灌浆之后放水晒田时，将鱼抓出或食用，或烘干，或继续置于水田放养。有的将稻田加以改造，升高田埂以增加水的深度，养殖草鱼等。一段时期，个别生产队曾培育鱼苗出售。有的稻田还有野生泥鳅、鳝鱼、螺、蚌、虾等。2016年，再上村成立淡水养殖专业合作社，主要养殖淡水鱼类。

此外，河流溪水及一些大型水洞中，也常有野生鱼、虾、蟹出没。

水产品产量情况表

表54　　单位：担

年份＼大队	洛家洞	再上	合计
1972	23	10	33
1973	21	18	39
1978	21	12	33

第五节 林业

江河源紧连阳明山，其山脉属海拔在1000米以下的中低山，土壤质地好，土层湿润深厚，矿物质养分含量丰富，宜林木生长，具备发展林业的良好条件。中华人民共和国成立前，绝大部分林木依附于土地为少数私人所占有，少数公山属家（宗）族共有。中华人民共和国成立后，土地改革分山分林到户，依法实行农民土地所有制。之后经过初级社、高级社，直至人民公社，土地山林逐步归于集体所有，山林权属归于人民公社下的生产队。改革开放后，江河源山林有的承包到户，有的承包到小组，有的尚未承包。

中华人民共和国成立以来，江河源林业得到了较大的发展。特别是20世纪70年代大造林运动，在2~3年的时间里，造林近万亩，森林覆盖率创历史新高，部分千年荒山披上森林绿装。林业的发展，增加了农民的收入，据统计，有的年份林业产值占农业总产值的比例达18%。大量植树造林，还改善了生态环境。

一、林木资源

域内主要林木资源种类有：

杉树 江河源最重要的树种。由于当地土壤、气候条件好，加之抚育得当，种后25年左右即可砍伐。2017年年底，成片杉树林主要为人工造林所形成，也有部分为成片杉树砍伐之后的树蔸再生苗之成林，但大都比较稀落。

松树 域内分布最广树种，主要生长在中低山带。松树生长快，少数人工种植，大部分是飞籽自生自长。

坝里山水源林（2016年）

水源槽水源林（2018年）

水源林　为保护水源而禁伐的树林，主要为常绿阔叶和落叶阔叶混交林。

风景林　主要分布在房前屋后的树林，域内各自然村均有分布，尤以蛇头岭、牛栏观等自然村风景林为盛。其中蛇头岭自然村周围的风景林木，许多树龄在百年以上，牛栏观红豆杉群令人瞩目。

尧上风景林（2018年）

蛇头岭风景林（2018年）

何家源风景林（2016年）

经济林　包括银杏、板栗、桃、李、梨、油茶、油桐、山苍子等。果木林主要以房前屋后传统种植、水果以自食为主，商品化程度极低。70年代以前，油茶分布较为广泛，低矮山丘乃至高山均有生长。域内油桐树曾既有人工种植，也有野生油桐树。山苍子具有生长期短、挂果早的特点，一般3年即可挂果，有的甚至2年就挂果。1970年前后几年人工大面积种植，收益高。漆树曾有零星分布。

杉树林（2014年）

竹林 楠竹主要分布在大部分自然村的房前屋后，为风景林的一部分。黄竹集中分布在螺蛳岭、立石山大片花岗岩山坡上，苦竹分布在域内西岭山坡上、山槽中。

其他杂木 分布于域内的各类杂木，主要为薪炭林。

竹林（2017年）

二、人工造林

一般地，当采伐树木（主要是杉树）之后，习惯性地利用该土地种1~3年粮食，同时，种上树苗。中华人民共和国成立前，穷人借别人土地种粮，同时为其种上树苗。20世纪70年代，在县政府的部署下，江河源开展了大规模的造林运动。

江河源人工造林主要方法步骤：

炼山开荒后，种上树苗，行距2米、株距1.7米左右，每亩约200株。树苗有两种：一是用杉树种籽人工培育幼苗，一是采用杉树蔸生、比较健壮的幼株上枝干部分作为幼苗。在开荒造林后的前一二年采取粮林间作，即在造林地里间种红薯、玉米、生姜等农作物，这样既可增加农业收成，还有利于树苗的成长。杉树苗栽种后，连续抚育3年，每年1次，然后让其自然生长成林。

杉树苗圃（2013年）

三、主要林产品

杉木材 杉树是一种重要的建筑材料，也是生长较广的树木。杉木树干纹理顺直，结疤少，不变形，不起虫，硬度适中易加工，村民建造木房、打制家具几乎都用杉树材料。由于造林时间不一，每年的木材砍伐销售量不一。20世纪70年代左右造林、90年代砍伐出售量较大。某些年份，销售木材是部分村民收入来源之一。

松木材 一直以来，松树主要被当作薪炭林使用，即将成材的松树砍伐之后，截段（不超过一米）劈成小块，自然晾干或烘干作燃料，或自用或出售。少数用于建造猪栏、牛栏、土肥厂等简易建筑。中华人民共和国成立前，部分村民依靠卖柴（主要是松树柴）补贴家用。中华人民共和国成立后一段时间（至60年代），松树柴火仍有外售。松树也曾作为基建或工程材料出售。

茶油 70年代前，茶油与菜籽油、猪油同为重要食用油，主要供自食，商品率低。油茶主要分布区域除低矮山丘外，蛇头岭、尧上、牛栏观、何家源等高地也有广泛分布。80年代以后，由于忽视成林的管理，结果量稀少。2010年以后，新的油茶优良品种逐步加以种植和推广，部分已经挂果。

优质油茶（2017年）

银杏（2018年）

楠竹　一般用于编织、制作简单的生产工具和生活用品，如畚箕、篷垫、筲箕、箩筐、簸箕、米筛、筷子、鸡鸭笼舍之类，尚未进行深度开发，其经济价值未得以充分实现。

山苍子　山苍子果实经蒸馏提取山苍子油，蒸油之后的渣滓（核）可榨取核油，油枯可做优等燃料。20世纪60年代末、70年代初，山苍子在江河源曾盛极一时，种植面积达数千亩。加工山苍子油品一度成为部分生产队重要收入来源。如洛家洞大队第14生产队人均收入连续多年处全公社最高水平，其中种植山苍子及其油品经营加工是重要因素之一。此外洛家洞、兰家岭、马山脚等生产队山苍子产量也很可观。后因人工营造杉树林等因素，山苍子树木大量减少，随之山苍子油品加工也逐渐消失。

银杏　又称“白果”，八九十年代兴盛一时，价格一度高涨。随着各地广泛种植，价格骤降。

杂木材　大部分杂木当作薪炭林，部分高大硬质乔木用于制造生产工具，如水青冈木等用于制作油榨、糖榨、家具，樟木制作水车叶片或制作家具，转栗树用作猪、牛圈材料。

山苍子（2016年）

水（坚）果 江河源境内得天独厚的自然环境，为野生水果生长提供了较为优越的条件，诸如杨梅、猕猴桃类、毛栗、转栗、酸枣等。过去特别盛产毛栗。后因人工种植建材林，毛栗树大幅减少。

柑橘、桃、梨、李、橙、枣、石榴、枇杷等水果家庭素有种植。21世纪初退耕还林后以及扶贫开发有一定的水果种植，但规模不大。2016年，再上村成立水果种植专业合作社，种植黄桃。

松脂 江河源松脂采集方法：一般选择比较大的松树，在其主干离地面约1.5米处固定一点，往两边用特有工具围绕松树向上倾斜割破一定表层面积，在固定点装上接油装置（小桶），松脂自然流出，若干天后即可取回。江河源松树资源丰富，20世纪70年代前，曾有松脂采集出售。“大跃进”时期，洛家洞大队建有松毛油厂。

芭芒梗（冬茅杆） 江河源芭茅生长广泛，其生长具高、茂、密特点，株秆高粗。芭茅嫩叶可作牛饲料，茎（芭芒梗）可作为造纸原料，茎叶还可作简易建筑材料，旧时的一些牛栏、猪圈、草肥厂采用芭茅草覆盖。芭茅草晒干后也是村民烧制石灰的燃料，其芒壳还可搓绳，是编织草鞋的材料。

1969—1973年部分年份洛家洞、再上大队林木产品生产情况表

表55　　　　单位：亩、公斤

大队	洛家洞大队			再上大队		
项目＼年份	1969	1972	1973	1969	1972	1973
当年造林面积	512	50	1270	70		92
其中：用材林		21	1000			40
经济林		19	50			27
防护林		6	20			1
其他林		4	200			24
造林面积中飞播造林			600			
育苗面积			4485			
其中：当年育苗			1270			
现有封山育林面积		700	2800			
林木抚育面积	153	80	1270	36	40	62
油茶垦复面积		470	400		700	320
油桐垦复面积		40	15		16	20
林产品						
茶油	215	385	1000	305	2050	650
桐油	275	130	50		250	

四、护林防火

山区素有刀耕火种之俗，有时或人为疏忽，或域外山火蔓延越界进入域内，导致森林火灾发生。由于域内山林植被茂密，且山势较陡，一旦发生森林大火，扑灭难度很大，故护林防火极为重要。其主要措施包括在部分地段开辟防火道，野外谨慎用火，平时加强防火宣传，同时还要保有一批既有勇敢精神、又有灭火经验和技巧的灭火队伍。

第六节　产品、收益分配

随着中华人民共和国成立，新的生产关系建立后，与之相适应的分配制度也随之建立。农村的农产品分配，是在完成国家任务、扣除生产费用和集体提留上交后，再对剩余产品进行分配。在不同时期，国家任务有不同的形式，如粮食征（统）购、“三超”、议购、合同订购等。直至1985年，江河源国家粮食征购任务相对稳定在850担左右，“三超”粮任务则根据收成以及国家需要确定。1985年后，国家不再下达粮食指令性计划，而是采用“合同订购”方式来收购国家需要的粮食，并逐步缩小合同定购、扩大市场议购数量。1992年放开粮食价格，粮食市场形成，统购统销退出历史舞台。

一、中华人民共和国成立后各时期农村分配办法

农产品收益经各项扣除后的分配办法：

初级社以前，农产品全部归个人。

初级社按“地四劳六”地劳比例分配。其具体分配形式是：对稻田确定产量，定产部分的40%按田亩面积分配，60%按劳动工分分配；超产部分按劳动工分分配。

高级社取消土地报酬，粮食分配按人口、工分分配。具体分配形式：以高级社为核算单位，根据不同等级的田亩分别定产、定生产工日，定产部分，分配时全社按人劳各半比例进行分配；超产部分由各组按工分分配。

人民公社成立初期，劳动不记工分，吃饭在公共食堂，不要钱，盈亏由公社统一负责。

1961年6月，撤销公共食堂，以生产队为核算单位，劳动记工分，实行多劳多得。粮食按人劳各半（有的按“人四劳六”）比例分配。1962年部分生产队试行包产到户，1963年即恢复集体经济及其分配办法。

1981年以后，开始实行家庭联产承包责任制。农产品收益全部归于农户。

2005年12月29日，第十届全国人民代表大会常务委员会第十九次会议决定废止《农业税条例》，从2006年1月1日起，取消农业税。

二、部分年份粮食、收益分配情况

中华人民共和国成立以后，随着生产的不断增长，总体上农民口粮水平逐年提高。在统计年份中，其中洛家洞大队1989年人均口粮达348公斤，比1964年的209.5公斤增加138.5公斤，增长66.11%。国家粮食收购任务相对稳定，集体提留总体略有增长（部分年份较上年有所减少）。1988年、1989年没有国家粮食计划任务下达和集体提留。

在粮食增长的同时，农民人均收入亦同步增长。1964年，洛家洞大队人均纯收入38.76元，1992年达376元（未剔除物价上涨因素，下同），增加337.24元；再上大队1964年人均纯收入32.22元，1992年达373元，增加340.78元。洛家洞大队第14生产队在20世纪70年代人均纯收入曾连续多年处公社最高水平。在统计年份中，上交国家税金和集体提留逐年亦有所增加（少部分年份较上年有所减少）。

1964年—1989年部分年份洛家洞（大队）村 粮食分配情况表

表56　　　　　　　　　　　　　　　　　　　　单位：担、公斤

项目＼年份	1964	1969	1971	1972	1973	1974	1975	1976	1978
一、总产量	6631.44	8014.03	8577.85	7989.00	7883.75	7981.7	9631.81	9651.00	10945.25
二、对国家贡献	608.78	674.44	666.10	666.10	836.73	694.94	936.20	866.00	936.78
1．征购	608.78	584.90	666.10	666.10	666.10	666.10	666.10	666.00	666.30
2．三超		89.54			170.63	28.84	270.10	200.00	270.48
占总产量%	9.18	8.42	7.77	8.34	10.61	8.81	9.72	8.97	8.56
三、集体提留	910.25	1099.44	1437.90	1104.00	969.95	939.17	1791.25	1480.00	1395.92
1．种子	287.13	319.99	495.57	460.00	432.97	489.66	599.39	662.00	639.03
2．饲料	318.15	446.05	479.83	371.00	317.63	286.09	383.60	482.00	413.34
3．生产用粮	83.37	87.22	110.07	161.00	134.24	114.94		271.00	157.97
4．储备粮	103.32	215.60	30.00	23.00	25.87	13.00	615.93		108.00
5. 其他	118.28	30.58	322.43	89.00	59.24	35.48	192.33	65.00	77.58
占总产量%	13.73	13.72	16.76	13.82	12.30	11.90	18.60	15.34	12.75
四、待分配	5112.41	6240.15	6473.85	6218.90	6077.07	6347.59	6904.36	7305.00	8612.55
占总产量%	77.09	77.87	75.47	77.84	77.08	79.29	71.68	75.69	78.69
人均（公斤）	209.50	228.00	224.00	208.00	203.50	206.00	219.50	232.50	270.50

续表56 单位：担、公斤

项目 \ 年份	1964	1969	1971	1972	1973	1974	1975	1976	1978
公社人均（公斤）	202.50	215.00	212.00	195.00	186.00	184.00	192.50	203.00	253.50
五、国家统销（奖）粮				40.00					
六、供分配总数	5112.41	6240.15	6473.85	6259.00	6077.07	6347.59	6904.36	7305.00	8612.51
人均（公斤）	209.50	228.00	224.00	210.50	203.50	206.00	219.50	232.50	270.50
公社人均（公斤）	202.50	215.00	212.00	195.00	186.00	184.00	192.50	203.00	253.50

1964年—1989年部分年份洛家洞（大队）村 粮食分配情况表（续）

续表56 单位：担、公斤

项目 \ 年份	1980	1981	1982	1983	1984	1985	1987	1988	1989
一、总产量	11522.76	13552.00	13699.00	15320.00	13086.00	13827.00	12819.00	13528.00	12295.00
二、对国家贡献	535.10	1257.90	508.20	928.20	508.00	407.00	817.00	0.00	0.00
1．征购	508.10	507.90	508.20	508.20	508.00	407.00	817.00①		
2．三超	27.00	750.00		420.00					
占总产量%	4.64	9.28	3.71	6.06	3.88	2.94	6.37	0.00	0.00
三、集体提留	1236.74	1320.30	1167.47	1265.30	2632.00	2379.00	1953.00	0.00	0.00
1．种子	601.74	596.00	546.00		488.00	357.00	390.00		
2．饲料	299.00	303.30	544.00		1815.00	1588.00	1389.00		
3．生产用粮									
4．储备粮									
5.其他	336.00	421.00	77.47	1265.30	329.00	434.00	174.00		
占总产量%	10.73	9.74	8.52	8.26	20.11	17.21	15.24	0.00	0.00
四、待分配	9750.92	10973.80	12023.33	13126.50	9946.00	11041.00	10049.00	13528.00	12295.00
占总产量%	84.62	80.98	87.77	85.68	76.00	79.85	78.39	100.00	100.00
人均（公斤）	301.00	337.50	361.50	391.13	290.00	327.00	321.00	382.00	348.00

①817担：其中定购617担，议购200担。

续表56　　单位：担、公斤

项目＼年份	1980	1981	1982	1983	1984	1985	1987	1988	1989
公社人均（公斤）									
五、国家统销粮			365.50	327.00					
六、供分配总数	9750.92	10973.80	12388.83	13453.50	9946.00	11041.00	10049.00	13528.00	12295.00
人均（公斤）	301.00	337.50	372.50	400.50	290.00	327.00	321.00	382.00	348.00
公社人均（公斤）	296.00	314.00	328.50	342.50	286.50	306.00	316.50	389.00	318.00

1964—1989年部分年份 再上（大队）村粮食分配情况表

表57　　单位：担、公斤

项目＼年份	1964	1969	1971	1972	1973	1974	1975	1976	1978
一、总产量	2112.31	2978.38	3278.47	2210.00	2992.81	3180.10	3533.90	3416.00	3548.32
二、对国家贡献	47.1	170.65	188.40	188.40	222.80	208.40	288.48	249.00	218.39
1. 征购	47.1	163.55	188.40	188.40	188.40	188.40	188.40	188.00	188.39
2. 三超		7.10			34.40	20.00	100.08	61.00	30.00
占总产量%		5.73	5.75	8.52	7.44	6.55	8.16	7.29	6.15
三、集体提留	328.41	480.33	625.00	634.00	397.38	436.60	650.49	589.00	505.10
1. 种子	175.22	126.53	220.40	246.00	179.82	230.59	216.16	247.00	220.20
2. 饲料	109.33	174.25	234.90	219.00	118.80	120.00	137.00	279.00	167.00
3. 生产用粮	32.87	84.51	123.10	56.00	41.86	48.00		23.00	104.00
4. 储备粮	2.02	71.20	37.50		37.80	14.50	210.53		
5. 其他	8.97	23.84	9.10	113.00	19.10	23.51	86.80	40.00	13.90
占总产量%	15.55	16.13	19.06	28.69	13.28	13.73	18.41	17.24	14.23
四、待分配	1736.8	2327.40	2465.07	1387.60	2372.63	2535.10	2594.93	2578.00	2824.83
占总产量%	84.45	78.14	75.19	62.79	79.28	79.72	73.43	75.47	79.61
人均（公斤）	185.50	211.50	218.00	136.00	202.00	211.00	212.50	209.50	225.50
公社人均（公斤）	202.50	215.00	212.00	195.00	186.00	184.00	192.50	203.00	253.50

续表57 单位：担、斤

项目 \ 年份	1964	1969	1971	1972	1973	1974	1975	1976	1978
五、国家统销（奖）粮									
六、供分配总数	1736.8	2327.40	2465.07	1387.60	2372.63	2535.10	2594.93	2578.00	2824.83
人均（公斤）	185.50	211.50	218.00	136.00	202.00	211.00	212.5.00	209.5	225.50
公社人均（公斤）	202.50	215.00	212.00	195.00	186.00	184.00	192.50	203.00	253.50

1964—1989年部分年份再上（大队）村粮食分配情况表（续）

续表57 单位：担、公斤

项目 \ 年份	1980	1981	1982	1983	1984	1985	1987	1988	1989
一、总产量	2269.11	3651.00	2993.60	2516.00	1670.00	2361.00	3172.00	2862.00	2476.80
二、对国家贡献	39.93	39.98	39.97	4.00		0.00	0.00	0.00	0.00
1. 征购	39.93	39.98	39.97	4.00					
2. 三超									
占总产量%	1.76	1.10	1.34	0.16	2.40	0.00	0.00	0.00	0.00
三、集体提留	422.62	602.00	342.00	101.00	336.00	452.00	396.00	0.00	0.00
1. 种子	265.03	291.00	179.00		174.00	174.00	12.00		
2. 饲料	118.09	122.00	163.00		107.00	228.00	298.00		
3. 生产用粮									
4. 储备粮									
5. 其他	39.50	189.00		101.00	55.00	50.00	86.00		
占总产量%	18.62	16.49	11.42	4.01	20.12	19.14	12.48	0.00	0.00
四、待分配	1806.56	3009.02	2611.63	2411.00	1334.00	1909.00	2776.00	2862.00	2476.80
占总产量%	79.62	82.42	87.24	95.83	77.49	80.86	87.52	100.00	100.00
人均（公斤）	159.50	224.00	204.35	187.00	101.50	138.50	234.00	215.00	184.00
公社人均（公斤）	296.00	314.00							
五、国家统销（奖）粮			109.65	145.00					
六、供分配总数	1806.56	3009.02	2721.28	2556.00	1334.00	1909.00	2776.00	2862.00	2476.80
人均（公斤）	159.50	224.00	213.27	195.50	101.50	138.50	234.00	215.00	184.00
公社人均（公斤）	296.00	314.00	328.50	342.50	286.50	306.00	316.50	389.00	318.00

洛家洞（大队）村1964—1992年部分年份农业产值收入情况表

表58　　　　单位：元

年份＼项目	农业	林业	牧业	副业	渔业	其他	合计	人均	乡平均
1964	52128	290	8857	3450	933	3481	69139	56.7	59.8
1969	82518	10464	18887	16084	3256		131209	96	83
1971	85900	16025	18540	10438	2040	1684	134627	93	85
1972	78431	17142	12514	9937	2023	3475	123522	82	82
1973	79756	18334	8488	11454	2560	1087	121679	82	78
1974	82052	23239	9571	11008	3918		129788	84	75
1975	96077	24958	8833	8063	1872		139803	89	75
1978	110500.08	26147.84	5278.23	8777.42	1719.31	3194.94	155617.82	97.8	86.6
1980	121069.22	19057.1	3461.8	17062	1741	4599	166990.12	103.2	86.3
1981	128835					30342	159177	98	99
1982	198623	550	48480	13300	4490	1249	266692	159.41	99
1983	203446	400	47220	16750	4765	1439	274020	163	160
1986	283000	3000	245000		35000	130000	696000	396	315
1987	301000	12000	294000		40000	151000	798000	455	364
1988	337493	15000	404000		50000	163000	969493	548	435
1989	373200	21800	470000		20000	161000	1046000	591	435
1992	330800		389400		20000	208600	948800	533	

1964—1992年部分年份洛家洞（大队）村产值（收入）分配情况表

表59　　　　单位：元

项目＼年份	1964	1969	1971	1972	1973	1974	1975	1978
一、总收入	69141.08	131209	134627	123522	121679	129788	139803	155617.82
减：二、国家税金	4701.19	4385	5270	4599	4882	4737	4765	4605.13
三、集体费用、提留	17195.03	35409	38062	31036	32512	32882	41616	41498.25
其中：1. 生产费	8816.61	17429	18655	18991	18132	20615	23282	21584.75
2. 管理费	496.51	537	350	303	312	294	516	418.69

续表59　　　　　　　　　　　　　　　　　　　　　　　　　　单位：元

项目＼年份		1964	1969	1971	1972	1973	1974	1975	1978
3．公积金		2093.60	3687	4097	3103	3480	3998	3325	2927.23
4．生产基金		3385.10	8557	10227	5199	6958	6028	7914	12207.45
5．储备基金		952.53	2048	285	217	246	123	2957	1020.00
6．公益金		1052.16	2336	2429	1819	1888	1824	2177	1785.00
7．其他		398.52	815	2019	1404	1496		1445	1555.40
四、社员分配		47244.86	91415	91295	87886	84285	92169	93428	109514.17
五、人　平		38.76	65	63	59	56.5	60	60	68.83
六、全公社人平		45.60	54	59	50	52	50.5	48	57.40
公社人平纯收入的大队	最高			69	61	57	60②	60②	70.34
	最低			43	27	38	38	36	42.50
公社人平纯收入的小队	最高			118	108①	106①	87①	80②	106.00①
	最低			34	12	23	23	36	

说明：①属洛家洞14队；②属洛家洞大队

1964—1992年部分年份洛家洞（大队）村产值（收入）分配情况表（续）

续表59　　　　　　　　　　　　　　　　　　　　　　　　　　单位：元

项目＼年份	1980	1981	1982	1983	1986	1987	1988	1989	1992
一、总收入	166990.12	159177	266692	274020	696000	798000	969493	1046000	948800
减：二、国家税金	4636.18	2858	6776	5358	11000	12000	15000	27400	18900
三、集体费用、提留	53680.40	52673	60630	64180	136000	161700	203360	273100	260800
其中： 1．生产费	31441.00	40770	58928	61400	132000	160000	150000	261500	246600
2．管理费	375.90						45000		
3．公积金	4968						8360		
4．生产基金	12235								
5．储备基金									
6．公益金	3309				4000				

续表69

项目＼年份	1980	1981	1982	1983	1986	1987	1988	1989	1992
7. 其他	1351.50	11903	1702	2780		1700		11600	14200
四、社员分配	108673.54	103646	199286	204482	549000	624300	751133	745500	669100
五、人平	67.20	64	120	123	313	355	425	423	376
六、全公社人平	60.70	69	106	118	256	291	337	309	339

1964年甘竹园、洛家洞、马山脚大队收入及其分配情况表

表60　　单位：元

大　　队	甘竹园	洛家洞	马山脚	合计
项目＼人口	427	425	367	1219
农业收入	17860.56	18012.50	16255	52128.06
牧业收入	3752.28	1909.54	3195	8856.82
副业收入	721.70	1130.27	1598	3449.97
渔业收入	510.46	334.38	89	933.84
林业收入	72.75		218	290.75
其他收入	840.59	1014.05	1627	3481.64
总收入	23758.34	22400.74	22982	69141.08
人平	55.64	52.71	62.62	56.72
减：税金	1268.85	1673.34	1759	4701.19
生产费用	2852.24	2302.37	3662	8816.61
管理费	162.19	123.32	211	496.51
上交大队	117.68	132.84	148	398.52
生产基金	672.03	1343.07	1370	3385.10
公积金	1007.42	532.18	554	2093.60
公益金	367.18	353.98	331	1052.16
储备基金	406.56	436.97	109	952.53
社员分配	16904.19	15502.67	14838	47244.86
人平	39.50	36.50	40.40	38.76

1964—1992年部分年份 再上（大队）村农业产值收入情况表

表61 单位：元

项目 年份	农业	林业	牧业	副业	渔业	其他	合计	人均	乡平均
1964	15803	18	3098	2372	229	316	21836	46.76	59.80
1969	28262	3244	5926	2366	889		40687	74	83
1971	32867	3995	6520	5462	1091	702	50637	89	85
1972	22173	4073	7533	2019	153	308	36259	63	82
1973	29542	4049	3613	2865	839	1251	42159	71	78
1974	30297	3579	1746	1968	575	1639	39804	66	75
1975	34502	7624	1176	2132	797	611	46842	72	75
1978	36129.30	8896.19	1535.47	2079.07	326.47	819.45	49785.95	79	86.60
1980	25655.92	5389.97	381.08	6608.12	380.81	1784.83	40200.73	64	86.30
1981	36531					15620	52151	83	99
1982	42132	1470	14500	4300	4070		66472	104	99
1983	35659	3200	15000	2100	3000		58959	91	160
1986	59000		43000		3000	36500	141500	208	315
1987	69300	2000	48900		6000	29100	155300	241	364
1988	101711	2000	114200		6000	9100	233011	350	435
1989	78700	200	145600		6000	9100	239600	355	435
1992	111500	500	170000		8000	67000	357000	529	

1964—1992年部分年份再上（大队）村产值（收入）分配情况表

表62 单位：元

年份 项目	1964	1969	1971	1972	1973	1974	1975	1978
一、总收入	21836	40687	50637	36259	42159	39804	46842	49785.95
减：二、国家税金	1558	1128	1305	197	1939	1752	1873	1871.30
三、集体费用、提留	5233.40	13708	17452	10526	10057	10764	12380	14119.2
其中： 1. 生产费	3321	3881	6416	5243	3656	3805	5057	6664.91
2. 管理费	140	295	322	388	158	200	275	181.37

续表62

项目＼年份	1964	1969	1971	1972	1973	1974	1975	1978
3. 公积金	875	1221	2359	1249	1266	2237	1677	953.69
4. 生产基金	229	6262	6474	2562	2226	3604	1463	5498.55
5. 储备基金	15.35	676	356		506	128	1160	
6. 公益金	524	810	921	709	830	790	1068	556.66
7. 其他	129	563	604	375	1415		1680	263.97
四、社员分配	15045.40	25851	31880	25535	30163	27288	32571	33795.50
五、人　平	32.22	47	56	44	47	45	53	54
六、全公社人平	45.60	54	59	50	52	50.50	48	57

1964—1992年部分年份再上（大队）村产值（收入）分配情况表（续）

续表62　　单位：元

项目＼年份	1980	1981	1982	1983	1986	1987	1988	1989	1992
一、总 收 入	40200.73	52151	66472	58959	141500	155300	233011	239600	357000
减：二、国家税金	601.12	400	1290	2125	4000	3200	3500	5800	6300
三、集体费用、提留	10991.52	17346	24617	22410	26000	35200	60430	65100	98807
其中：1. 生产费	6400.35	17346	23680		23000	34900	39610	54000	92800
2. 管理费	223.19						6990	6000	
3. 公积金	2437.09								
4. 生产基金									
5. 储备基金							13830	5100	6007
6. 公益金	1252.51				3000	300			
7. 其他	678.38		937	4340					
四、社员分配	28608.09	34405	40565	34424	111500	116900	169081	170500	251893
五、人　平	46	55	64	53	168	182	254	253	373
六、全公社人平	60.70	69	106	118	256	291	337	309	339

1964—1980年部分年份洛家洞、再上大队劳动工分值情况表

表63　单位：元

年份	洛家洞大队	再上大队	公社平均	公社最高、最低工分值（大队）
1964	0.45	0.31	0.44	最高0.53、最低0.31
1969	0.48	0.34	0.45	最高0.48（洛家洞大队）、最低0.34
1972	0.38	0.21	0.30	最高0.38（洛家洞大队）、最低0.17
1973	0.38	0.30	0.27	最高0.39、最低0.19
1974	0.40	0.25	0.28	最高0.40（洛家洞大队）、最低0.21
1975	0.33	0.28	0.28	最高0.33（洛家洞大队，之一）、最低0.18
1978	0.34	0.23	0.26	最高0.36、最低0.18
1980	0.57	0.27	0.46	最高0.57（洛家洞大队）、最低0.27

说明：1、1971年人均最高纯收入（91～100元）的生产队全公社2个（洛家洞、再上大队各1个）；人均最高总收入（101～120元）的生产队全公社12个（洛家洞3个，再上1个）

2、1972年人平总收入洛家洞大队第14生产队在141～160元区间，第9生产队在121～140元区间，属公社最高水平

第七节　水利

一、引水、蓄水设施

（一）水坝

江河源地势北高南低，先民于域内相应高度的河流上梯次兴建水坝，遏河水以沃良田。

狮子岭坝　位于狮子岭脚下，坝高约2米，宽5米，均以1米见方硅石垒就，筑坝时间不详。引洛江水出江右，灌溉狮子岭下稻田。

马脊坳坝　位于马脊坳桥下，坝高约为5米，宽约15米，巨石砌成。引水渠环绕马脊坳山垴出港里湾，长约500米，其中于马脊坳山垴南端架枧越过洛江，引水至马山脚村对面。该坝引水灌溉良田数十亩。坝下有瀑布两叠。

蒋家岭坝　位于蒋家岭门前，坝体为花岗岩条石砌成。2015年年底、2016年年初重修此坝。此坝水灌溉下游稻田。

马脊坳坝（2016年）

蒋家岭坝（2016年）

高枧坝 位于马脊坳坝下游300米处，巨石砌成。高约10米，宽约20米，引水出螺蛳岭下，与马脊坳坝引水共灌溉数十亩稻田。

港里湾坝（袁家坝） 位于马山脚村上游400米洛江上。此坝引水分左右二渠，左渠水灌溉马山脚对面稻田，右渠水灌溉马山脚村口稻田。

高枧坝（2017年）

袁家坝（2017年）

红马古坝 位于晒禾岭东侧洛江上，坝宽30米，引水灌溉洛家洞学校门前一带稻田。

红马古坝（2016年）

洛家洞坝（2014年）

洛家洞坝 位于洛家洞自然村西北端，坝宽约40米，高约2米。2012年大修一次。此坝水灌溉田间垌稻田。

灵岩坝 位于灵岩大桥上端，灌溉满竹坝何家、王家一带稻田。

满竹坝 位于灵岩坝下游约200米处。该坝水提供满竹坝罗家门前稻田用水。此坝于2012年大修一次。

灵岩坝（2016年）

满竹坝（2016年）

陈家坝 位于满竹坝下游约300米处，此坝水灌溉甘竹园陈家门前稻田。此坝于2012年大修一次。

头坝（兰家岭） 位于兰家岭自然村西，头坝里瀑布的底端。兰家岭门前稻田由此坝水灌溉。

陈家坝（2014年）

头坝（2016年）

二坝 位于头坝下游，于2016年被洪水冲毁。

三坝 位于下兰家岭门前，与此相邻之稻田由此坝水灌溉。

二坝（水毁）（2016年）

兰家岭三坝（2014年）

圆株槽上坝　位于圆珠槽，引洛江水灌溉上兰家五门口稻田。

圆株槽下坝　位于圆珠槽上坝下游50米处，引水灌溉上兰家五门口稻田。

苦竹脚坝（2017年）

高枧远眺（建于2006年）

檀槽漯坝　位于何家园檀槽漯，距庙门口上面300米处。主要引正槽漯溪水灌溉何家源庙后稻田。1980年，洛家洞大队修建水电站，整修此坝并开挖沟渠，引水发电。该坝灌溉利用潜力较大。

苦竹脚坝　位于江河源牌楼下方洛江上。

（二）枧

域内对于水渠不能跨越的河流、溪谷，均采用木（竹）枧连接河流、溪谷两岸，引流到达彼岸。引马脊坳坝水越洛江至马山脚对门稻田的木枧被称之为高枧，2006年，用混凝土渡槽枧取代木枧，其状高岸。

（三）沟渠

域内沟渠遍布。连接稻田和水井、河（溪）水水源。

（四）抽水机

江河源内，一般农田均有相应的水源自流灌溉。对于少部分分离水源较远、地势较高的稻田在特大干旱的情况下，则采用抽水机抽水灌溉。如洛家洞大队满竹坝（第三生产队）曾在大桥岩外200米处建有固定抽水设施。偶遇大旱较多的是使用临时、活动抽水机械。

对于旱土，传统上不引流灌溉，因此较易遭受旱灾。

（五）山塘

域内由于地理环境因素，山塘较少。

再上山塘（2018年）

二、水利设施基本治理

由于江河源所有主要溪水、河流均在该境域内发源，除特大暴雨山洪外，河坡、水坝、水渠等设施不易遭受毁损。一般发生的毁损在日常的维护中得以修复。实行家庭联产承包责任制后，在一段时间内，部分水利设施失修。2000年以来，随着国家对农业的投入加大，一些水渠、河坡、水坝等水利设施得以恢复、整治。其中，国家部分扶贫资金和农业开发资金用于河道疏浚治理。2017年，投入资金15万元对再上山塘进行维修。

河道治理（2017年）

三、水电

域内水利资源较为丰富，洛江之水四季长流。部分水源发源于高山之上，水源最高相对落差约400米，具一定水能蕴藏量。

1980年洛家洞大队兴建的水电机房

20世纪80年代以前，江河源既无自建电站，也无外来电源。1980年，该村在省里工作的蒋显礼争取国家资金，洛家洞大队利用域内水利资源，在兰家岭兴建55千瓦小型电站一座，解决8个村民小组照明用电，从此结束了江河源无电的历史。1986年，上兰家开渠引枇杷岩泉水建微型电站（5千瓦）一处，解决本村民小组生活照明用电问题。之后还有多个村民小组也建有不同功率的微型水电站。1987年，有微小水电站3个，发电能力60.5千瓦，用电量24200度。到1988年，江河源微小电站达6处。至90年代，国家大电网进入江河源，输电线路逐步到达江河源各村组，微小水电站被淘汰。

第八节　工商业

一、加工业

受自然和社会条件限制，江河源自古为农耕山区村落，属于典型的自给自足小农经济，工商业不发达。但个体手工业门类则较为齐全，得以满足人们日常生产、生活基本需要。

（一）个体手工业

因为生产、生活所需，以及谋生，催生了人们日常生活所必需的行当，如木工制作、打铁、制桶、竹篾加工、纺纱织布、缝纫、砌筑、砖瓦烧制等，并出现一大批能工巧匠。师傅收徒授艺，单家独个分散作业而活跃于乡村。随着工业的发展和技术的进步，传统个体手工业者逐渐减少。

（二）集体加工业

1958年成立人民公社以后，洛家洞大队成立了综合工厂，下设木工厂、织布厂、土药厂、炼铁厂、铁矿厂、煤矿厂、竹篾编织厂、松叶油加工厂等，主要生产一些生产、生活常用品，以及部分工业初级产品，如松叶油等。其中炼铁厂、铁矿厂、煤矿厂开工不久即关闭。1961年“整风整社”后，综合工厂撤销，但一些传统加工仍然保留，如蔗糖加工、菜籽油、茶油加工等。20世纪70年代的山苍子油蒸馏加工，比较兴盛。

附：部分已故能工巧匠名单

木匠：刘昌硅、刘满林、邓元生、邓土生、刘具金、王石生、陈明阳、陈文

柱、陈火青

砌匠：罗贤龙、何金元 、罗贤凤

缝纫：刘水秀

铁匠：陈金元

石匠：陈起备、陈起仕、陈开海、罗重阳

理发师：陈起班、陈文汉、李木林、蒋汉文

纺织：陈起翠、陈起之、蒋素英、唐火荣

篾匠：刘东生、唐长生、唐廷光、唐廷恩、唐定中

弹花：陈荣德

二、 商业

（一）个体商店

中华人民共和国成立前，江河源仅有几家个体经营家酒和生猪屠宰生意门店以及个别行商。实行人民公社化后，个体经营取消。20世纪80年代后，个体商店得到恢复。洛家洞、马山脚、甘竹园、再上都曾有个体商店经营。2017年年底，洛家洞尚存2家个体商店。

（二）供销社代销点

1950年10月，中华人民共和国颁布《中华人民共和国合作社法（草案）》，在城市和农村大办各类合作社，其中在农村组织供销合作社和农业生产信用合作社。洛家洞、再上分别于50年代、60年代末设立供销社代销店，供应日杂百货。80年代中期撤销。

（三）集市

80年代末、90年代初，木材旺销。江河源一度成为本地木材和邻近他县林区部分木材的集散地，并自发形成了持续数年的以木材销售为主的集贸市场。后因木材管理及木材市场疲软，集贸市场消失。

三、劳务输出及异地创业

自20世纪80年代起实行家庭联产承包责任制后，剩余农业劳动力大量转移，一批批江河源人陆续外出务工和创业，其中大部分在广东境内，以从事建筑施工装

饰、商贸、生产加工、运输诸业为多。通过努力，部分人开创自己的事业，兴办了各类企业，有的经商，有的开厂，有的从事项目承包，有的从事中介服务等。通过外出务工村民收入水平有了较大幅度的提高，众多务工经商者在外购建住房、成家立业。

第九节　劈山造田　治山造林

一、再上生产队劈山造田

1968年冬，再上大队党支部召开专题会议，研究部署农业学大寨。其后，再上生产队开展了一场轰轰烈烈的农业学大寨运动。

田土是农业学大寨的基础，也是农民赖以生存的根本。再上生产队根据本身田土较少、易于干旱的实际情况，因地制宜学大寨，在乱石坡上开荒造田、兴修水利。

在乱石坡上开垦梯田要经过炸石头、挑石头、砌田埂、平地基、填土等五道基本工序，其中填土厚度为一尺左右，每亩需从别处挑来七八百担优质泥土。为了开出“大寨田”，全村男女老少齐上阵，早出晚归，奋战在山坡上。姑娘们还成立了“铁姑娘队”，与男劳力一样，不怕苦，不怕累，冲在第一线，发挥了“娘子军”半边天的作用。就这样，全队从1969年起，历经两年时间，发扬老愚公精神，艰苦奋斗，投工45000个，一肩肩、一锤锤，凿石5000方，挑土25800方，修复水库1座，新建山塘数口，在石山窝里开垦出梯田70多丘、30余亩。由于耕种条件的改善，粮食产量由6.5万公斤增加到9.5万公斤，不但第一次粮食跨“纲要”，摘掉了年年靠统销的帽子，而且还对国家有所贡献，生产队的面貌焕然一新。1971年5月底至6月初，湖南省委、省革委召开全省农业学大寨经验交流会期间，省委副书记带领与会人员到再上大队参观，再上大队一跃成为全省农业学大寨的先进典型。

二、洛家洞大队治山造林

20世纪70年代，县政府统一部署，在县林业局和晓睦塘公社的直接指挥下，洛家洞大队经历了史上最大规模的治山造林运动，其时间前后达数年，其中大规模造林在1974—1976年。其时描绘的造林目标是：高山峻岭种松杉，矮岭平地油果茶；源槽两岸渠成网，水利灌溉自流化；马路两旁树成荫，屋前屋后全绿化。江河源人民积极响应县政府号召，开展了这场改造自然、治山造林的群众运动。

2016年12月，原晓睦塘公社党委书记李显福（左二）重返江河源（从左至右：唐柏操　李显福　陈开柳　陈开忠）

摄影　陈苏文

大规模治山造林从1974年10月开始。造林范围主要包括从奔陡坡到何家源的江河源西部所有荒山，面积近万亩，其中洛家洞大队约7000亩。为了打好治山造林歼灭战，按时保质保量完成造林任务，从上到下齐努力，精心组织，积极行动。首先，为加强组织领导，县林业主管部门、晓睦塘公社下派干部和技术员如黄家静、陈桐才、陈桂祥、胡树华等组成工作小组进驻大队，与社员同吃同住同劳动。县林业局副局长陈文干、晓睦塘公社党委书记李显福不定期到江河源督促指导造林工作。其次，大队党支部发挥战斗堡垒作用，领导带头，放手发动群众，全民上山造林。第三，坚持科学造林。为了掌握造林技术，大队党支部举办科学造林培训班，培训了30多名技术骨干。通过培训和实践，掌握了科学造林的主要技术，并取得了好的成效，所种幼苗成活率均在98%以上，且普遍生长良好。第四，借山造林。荒山较少的生产队向荒山较多的生产队借入荒山造林，成材后借山造林者按收入90%、荒山借出者按收入10%比例分成。这不仅加快了全大队的造林进度，而且减轻了荒山较多的生产队的造林压力。第五，成立大队林场，场部驻何家源瑶人槽，安排员工12名，大队党支部委员、民兵营长带队，行动军事化，租借何家源生产队荒山造林近千亩。

陈文干
（再上人，20世纪70年代时任宁远县林业局局长）
陈汉清提供

当时科学造林的主要做法是抓“三早”：一是“早整地”。即每年10月开始整地，年底前完成。整地时做到：全垦深挖要细，整带成型要平，倒土粗渣垒埂，保土保水保肥。二是“早栽树”。改变过去春节后种树为春节前种树，节后补火扫尾。栽种标准一般是株距 1.7米、行距2米左右，每亩约200～230株左右。树苗栽种的早，发根早，抗旱力强，成活率高。三是“早抚育”。所造幼苗次年进行两次抚育，第一次是在早稻田间管理之后，第二次是在“双抢”后。及时的抚育，为幼苗生长创造了有利条件。另外，还根据传统做法，大搞林、粮间种，有的还搞林、林、粮间种（即杉树、山苍子、小米或红薯、生姜等），这是促进林木速生丰产最有效的措施，它不仅可以增加土壤肥力，减少抚育用工，同时还可以充分利用土地，增加粮食和经济收入。1975年，全大队就从林地收回粮食15万公斤，林粮间种功不可没。至1977年，全大队宜林荒山全部完成造林任务，共造林面积近7000亩。

由于洛家洞大队造林面积较宽，质量好，成为宁远县所确定的晓睦塘公社杉木基地重要部分，因而被称之为大南山百里林带之龙头。1975年2月6日，《湖南日报》为此专题报道洛家洞大队开荒造林情况。1975年年底，零陵地区林业工作会议期间，大会代表到洛家洞大队现场参观，洛家洞大队则作为主要先进典型在大会上被推介、表彰。

大造林运动结束后，从古至今的部分千年荒山得以绿化，生态环境进一步优化改善，成片的森林成了群众的绿色银行，给群众带来了较大的经济效益。

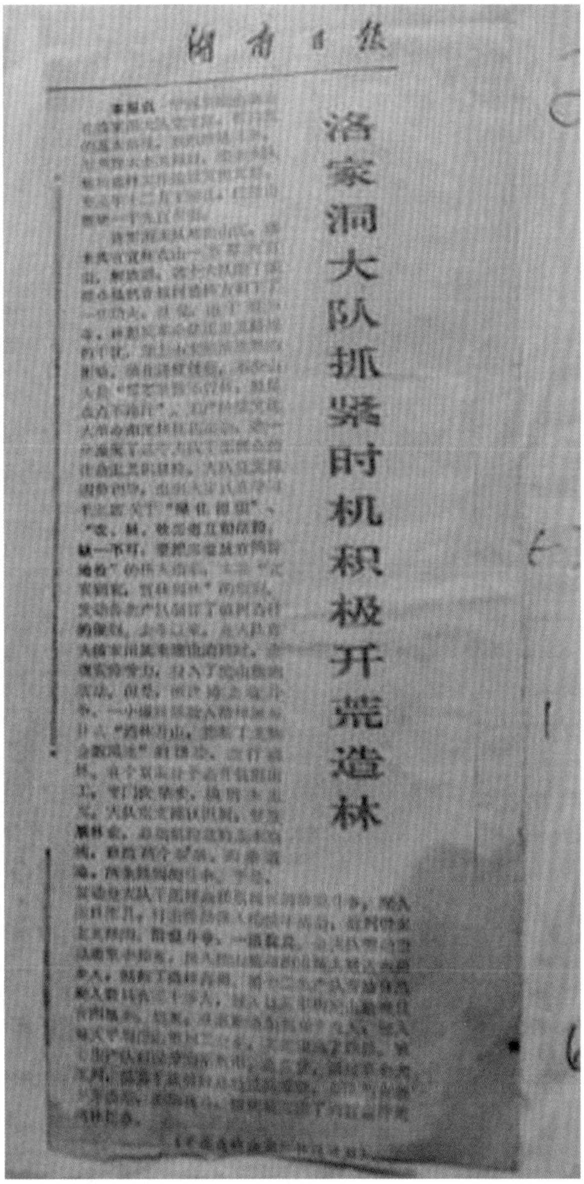
湖南日报

洛家洞大队抓紧时机积极开荒造林

1975年2月6日《湖南日报》刊登《洛家洞大队抓紧时机积极开荒造林》

附：零陵地区革委会农村办公室《农村工作简报》（1975年12月9日第33期）《真心实意学大寨 自力更生造大林——晓睦塘公社大搞治山造林的调查》：“……该公社的洛家洞大队过去是个‘山光田瘦产量低’的地方。去年十月开始，大队党支部以党的基本路线为纲，引导群众批判怕苦怕累的懦夫懒汉思想，冲破了小农经济思想的束缚，奋战一冬春，投工五万四千个，全垦连片造杉木林二千三百一十三亩，平均每人造林一亩五。今年粮食增产三十一万斤，平均亩产由原来的五百三十一斤猛增到八百一十八斤。”

“……洛家洞大队支部书记坚持带头学、带头干，雨天一身泥，晴天一身汗，起早贪黑，吃苦在前，干部的行动是无声的命令，他所在的十四生产队在他的带领下，去冬今春每人造林七点五亩。”

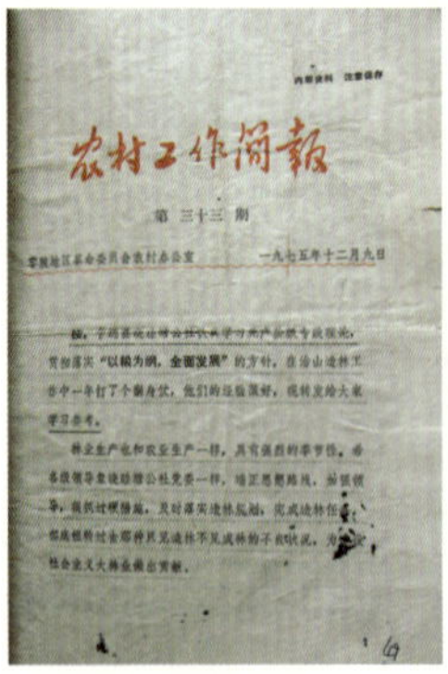

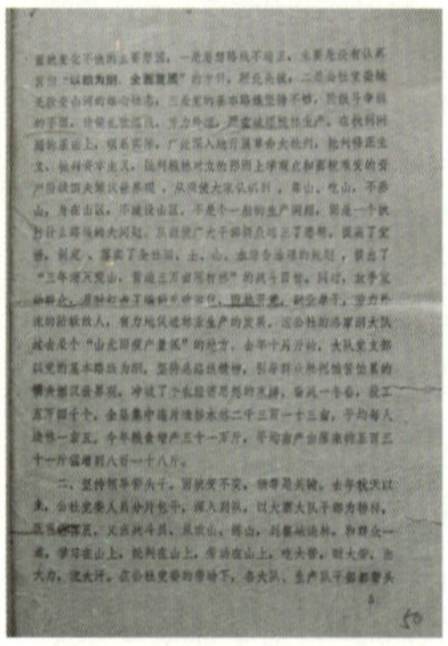
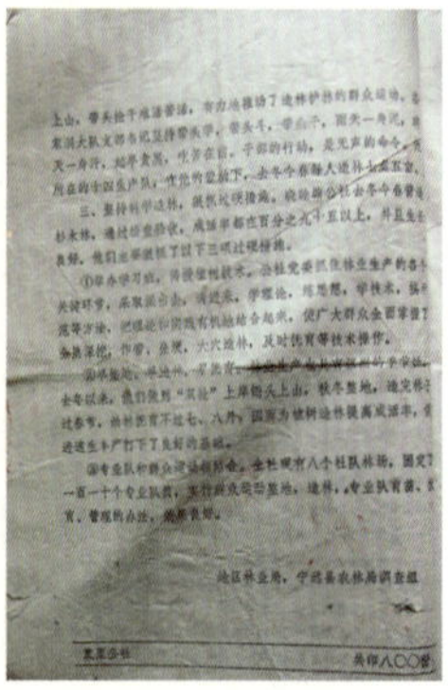

农村工作简报

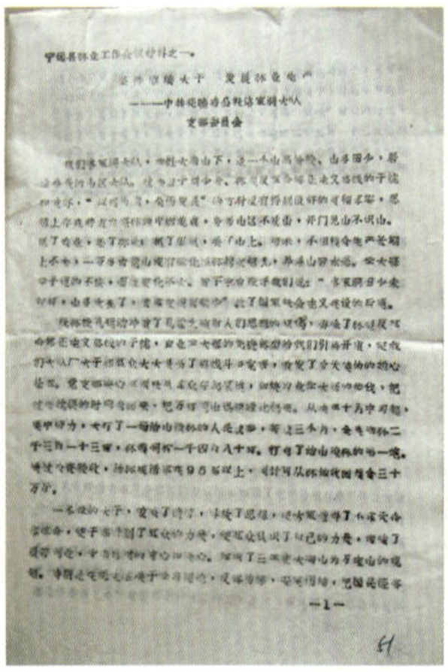
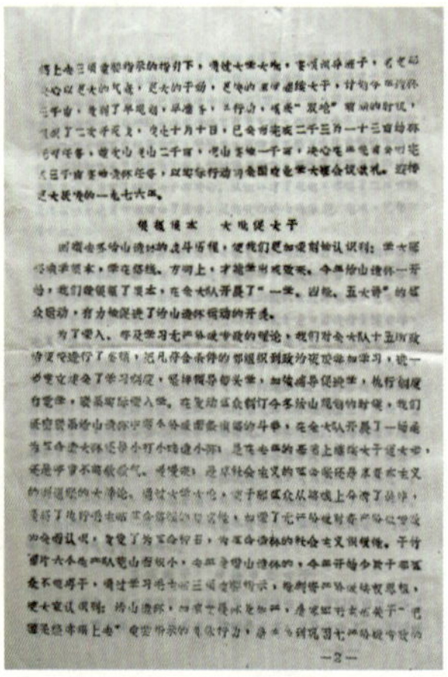
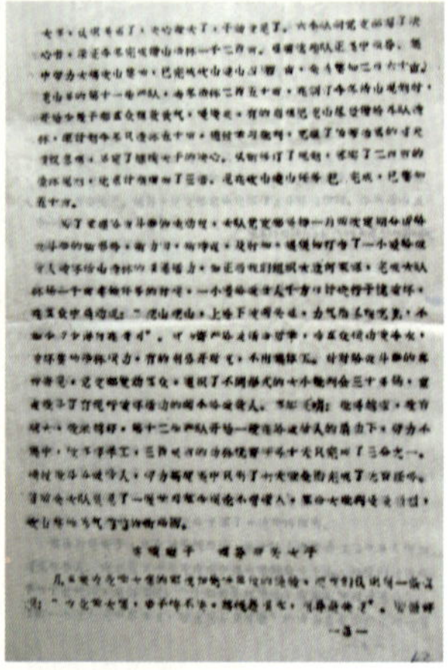
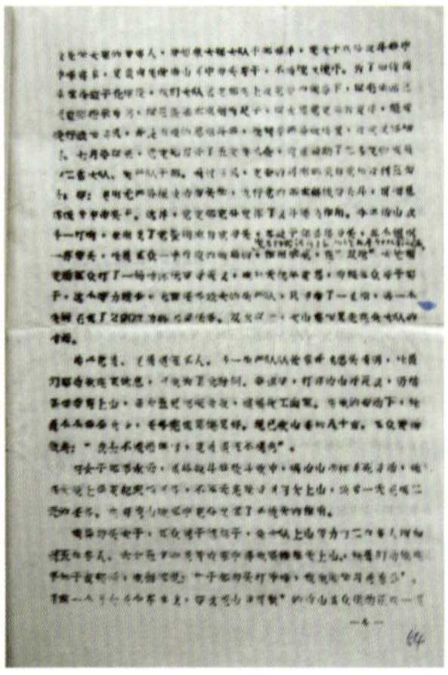
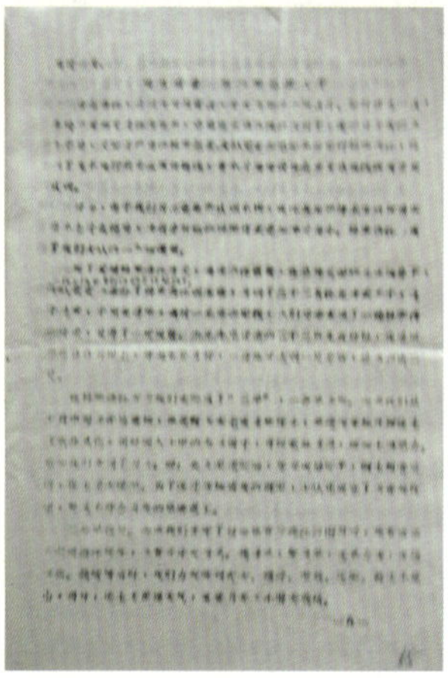
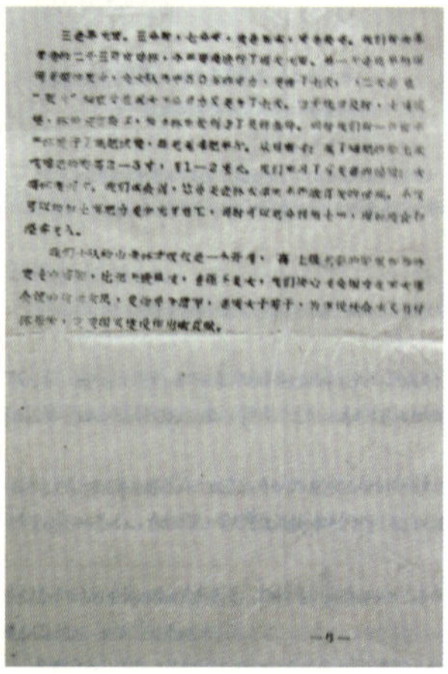

1975年宁远县林业工作会议材料之一：《坚持继续大干，促进林业生产——中共晓睦塘公社洛家洞大队支部委员会》

第六章 文化 教育 卫生 体育

第一节 文化

一、群众文娱活动

（一）戏剧

1950年，甘竹园自发成立了民间戏班子，主要排练一些祁剧传统剧目，在农闲季节或春节期间演出。演出剧目有《天官四福》《孔明点将》《泗水拿刚》《李旦登基》《刘金定杀四门》《英雄会》《钓金龟》《刘备招亲》《双女争夫》《龙宫嫁女》《双抢球》《雪里追踪》等 。戏班子于20世纪60年代解散，道具服装亦随之被销毁。

甘竹园满竹坝何世贵的木偶戏演出，曾活跃于乡间。此外，也曾有外地民间戏团春节期间到村演出，包括传统剧和现代戏。

附：戏班子主要成员及其他民间艺人

陈起炫　陈文利　何世贵　何泽玉　何泽世　罗怀干　罗怀礼　唐德远　唐德荣

陈开宝　陈开兵　陈起柏　陈起瑜　陈开勇　陈火妹　刘能祥　刘汉青　蒋显成

70年代初，再上大队排练演出革命现代京剧《智取威虎山》。

附：主要演员

陈春旺　陈起礼　陈开汉　陈起国　欧阳维钊　谢秀英　陈桂良　陈冬銮　郑紫英

陈起延　陈开红　陈起保　陈起茂　陈起根　陈顺荣　陈起松　陈开顺　陈开辉

陈开远　陈露青　陈起禄　陈铁青

（二）广播、电影、电视、网络

60至80年代，县文化部门的电影放映部门不定期的在各村夜间巡回放映，即露天电影，是当时最受群众欢迎和喜爱的文娱活动。80年代，洛家洞村办有个体放映室。60年代末，公社广播站的广播喇叭到户，成为宣传娱乐工具。

随着经济的发展和科学的进步，卫星天线被广泛使用，电视得到普及。群众通过观看电视节目了解天下事，同时，观看电视节目也成为群众重要的文化娱乐活动。

2016年，中国电信宽带网入村。

（三）农家书屋

2007年，在县有关部门的帮助下，洛家洞村在甘竹园建立农家书屋，有图书1000余册。

农家书屋名牌（2013年）

二、书画艺术

江河源书画艺术有着较好的群众基础。其中部分书画爱好者具有一定的书画造诣，并在当地有一定的名气，为村民书写对联，题写牌匾，如已故人士唐自翘、陈令汉、蒋显道等。中国书画家协会理事、再上籍人士、黑龙江友谊农场中学退休高级教师陈起后之书画作品获全国性大赛金、银奖百余次，作品入选《中国书法全集》。此外，年轻一代书画爱好者不断涌现，有的渐露头角，有的已成为专业书画家。

2015年12月，书法家陈起后（飞云）重回故里于江河源牌楼前现场书写“江河源头，锦绣山川”书法作品

江河源籍人士部分参展获奖书法、摄影作品一览表

表64

作　者	作品名称	参赛时间	参赛活动名称	获奖等级
陈起后	书法	1990年10月	黑龙江全省老年书画展	优秀奖
陈起后	书法	1992年10月	庆祝中华人民共和国建国43周年书画展	一等奖
陈起后	书法	1993年2月	“正则杯”全国书画大展	佳作奖
陈起后	书法	1993年10月	“清风杯”海内外书画大展	荣誉金奖
陈起后	书法	1993年12月	纪念毛泽东100周年诞辰全国书画大展	优秀奖
陈起后	书法	1995年5月	纪念中华全国总工会成立70周年全国书画展	金奖
陈起后	书法	1996年12月	中日书画精英邀请展	铜奖
陈起后	书法	1997年10月	第三届中国书画篆刻大展	金奖
陈起后	书法	2000年12月	迈向新世纪中华老年书画展	金奖
陈起后	书法	2001年4月	第五回21世纪国际书画审美大展	金奖
陈起后	书法	2002年4月	第六回国际书画审美大展	金奖
陈起后	书法	2002年12月	“世纪精英”第二届全国书画展	金奖
陈起后	书法	2003年5月	中国当代文人书画艺术大展	金奖
陈起后	书法	2003年6月	“世纪龙”国际华人书画大展	金奖
陈起后	书法	2003年8月	祖国颂当代书画大展	优秀奖
陈起后	书法	2003年9月	献给祖国、献给母亲全国书画大展	金奖
陈起后	书法	2004年3月	国际现代书画艺术全国大展	金奖
陈起后	书法	2004年7月	庆祝中华人民共和国建国55周年全国书画展	金奖
陈起后	书法	2004年7月	第三届华表奖全国书画大展	精品奖
陈起后	书法	2004年8月	中国书画大家传世作品展	金奖
陈起后	书法	2005年8月	第三届当代中国文人书画艺术北京邀请展	金奖
陈起后	书法	2005年11月	第四届“华表奖”全国书画大展	金奖
陈起后	书法	2006年11月	第四届桂林·圣保罗中巴国际书画展	金奖
陈起后	书法	2007年5月	纪念《讲话》发表65周年全国书画大展	金奖
陈起后	书法	2007年7月	伟人颂全国书画大展	金奖

续表64

作　者	作品名称	参赛时间	参赛活动名称	获奖等级
陈起后	书法	2007年8月	军魂颂·纪念中国人民解放军建军80周年全国书画大展	金奖
陈起后	书法	2007年8月	庆祝香港回归10周年全国书画大展	金奖
陈起后	书法	2007年10月	纪念草圣怀素诞辰1270周年全国书画展	金奖
陈　刚	硬笔书法	2011年8月	第二届全国硬笔书法家“十杰百强”作品展览	百强提名奖
陈　刚	硬笔书法	2011年10月	首届中钢书法艺术节——第十一届中国钢笔书法大赛	优秀奖
陈　刚	书法	2012年2月	广西首届书法大展赛	特等奖
陈　刚	硬笔书法	2013年	广西首届硬笔书法大赛	一等奖
陈　刚	硬笔书法	2014年2月	2013年度中国硬笔书法册页手卷艺术大展	创作奖
陈　刚	书法	2014年1月	广西第三届“中国梦·美丽广西”书法大展赛	一等奖
陈　刚	书法	2014年6月	2014瑾润杯全国榜书书法大赛	优秀奖
陈　刚	硬笔书法	2014年11月	第三届全国硬笔书法家书法创作“十杰百强”评审	优秀奖
陈　刚	硬笔书法	2017年7月	全国第三届硬笔书法家作品展览评审	入选
何世干	书法	2016年9月	纪念长征80周年大型艺术题贺活动	金奖
何世干	书法	2017年9月	第十届中国重阳书画展	银奖
陈开祥	《虎虎生威——中华虎凤蝶》摄影作品	2015年	广东省首届昆虫摄影大赛	一等奖
陈开祥	《攀登——紫茎甲》摄影作品	2015年	广东省首届昆虫摄影大赛	二等奖
陈开祥	《晒翎裳中华虎凤蝶》摄影作品	2015年	广东省首届昆虫摄影大赛	二等奖
陈开祥	《回眸——美目蛱蝶》摄影作品	2015年	广东省首届昆虫摄影大赛	三等奖
陈开祥	《林荫小憩——燕凤蝶》摄影作品	2015年	广东省首届昆虫摄影大赛	三等奖
陈开祥	《带翅的山羊——蚜灰蝶》摄影作品	2015年	广东省首届昆虫摄影大赛	优秀奖
陈开祥	《偷窥——大斑外斑腿蝗》摄影作品	2015年	广东省首届昆虫摄影大赛	优秀奖
陈开祥	《就在眼前——瞿眼蝶》摄影作品	2015年	广东省首届昆虫摄影大赛	优秀奖

三、胜景

江河源地处阳明山南麓，域内植被茂盛，群山众壑，溪流纵横，溶洞广布，地貌独特，宜为秀气所沉凝，故风景翘然，殊异于四邻。

二龙戏珠 江河源八景之一。江河源九曲水第一道水口处，东为象形山，西名蜈蚣山，在水口上方的田垌中有一小山丘，青松葱茏，翠若绿珠。象形、蜈蚣二山山脉犹如苍龙蜿蜒而下，会于青丘，形成环抱之势。故称二龙戏珠。此地建有气宇不凡的仿古牌楼，山河因之增色。

灵岩送子 江河源八景之一。灵岩又称大桥岩，位于满竹坝西北面。岩口西向，岩内幽暗深邃，乳石嶙峋，岩前洛江四季澄清如碧。史志[①]称此岩往东可通上马石朝阳岩。中华人民共和国建立前，岩洞门口庙宇中有观音神像莲台，供善男信女膜拜，且有专人管理香火事务。民间相传菩萨灵验，求子多能得子。

金台远眺 江河源八景之一。在洛家洞、兰家岭与马山脚村之间，横亘着一座圆润古朴的山冈，连山临江，山顶平坦宽阔，远而望之，如台矗之，故名金台岭，又称晒禾岭。登临山顶，可夏观群峰挺秀，冬观银装素裹；东看晨曦朝霞，西睹斜阳芳草。江河源之四周田园山色尽收眼底。

金台远眺（2017年）

古井流香（2017年）

①《宁远县志》（1942年版）。

古井流香　江河源八景之一。地胜出佳泉。江河源内遍布大小泉井，尤以马山脚村古井为盛。该井整体呈长方形，有上、中、下三井池，井壁均以青石砌成。泉水从上井底部石缝中迸出，水色明净，冬温夏冽，醇润可口。其淫雨不溢不浑，纵遇连年大旱，水量亦所差无几。周围有井亭、九龙壁等景观增色古井。

玉观岚烟　江河源八景之一。上兰家村西南五岔路下，原有古寺庙一座，当地人叫玉观庵，又叫玉真观，左右两溪夹拥。其地林密谷幽，清泉甘洌，风景殊佳。每当雨过初晴，岚气浓结，云雾缭绕于古庵丛林，故而得名。

玉观岚烟（2017年）

白崖飞瀑　江河源八景之一。白石山东、再上村北，有一座白壁翠岭，人称“白石坡”。其岩石西面光洁璀璨，色白如玉，峰顶则青树葱茏。在其西面如斩如削的百丈白崖之上，一巨大穿岩与后山相通。春夏之际，山水从穿岩倾泻而下，形成飞瀑，其声若钟若雷，其状如雾如烟，捣珠崩玉，景象甚为壮观。

白崖飞瀑（2012年）

摩岭翠微　江河源八景之一。摩天岭位于江河源主峰——奔陡坡之东南向，海拔约700米，近峰巅处居住着李姓山寨几十户人家，村庄四周古木森蔚，春夏拱秀拥翠，隆冬银装素裹。其不时流烟半垂，萦带山峦。民间传说：汉皇斩白蛇起义，一剑斩其断成三截，蛇头飞上摩天岭，蛇身落到新罗洞，蛇尾插在尾雉坪。故摩天岭又叫“蛇头岭”。

青龙吐气　江河源八景之一。蛇头岭西侧下、青山堖子半山腰际苍翠处有一岩洞，寒冬时节时有白色气雾冒出，天气愈是寒冷，气雾愈浓愈大，人称“青龙吐气”。

摩岭翠微（2017年）

青龙吐气（2016年）

雄鸡赶母 位于江河源南端，与马栏背相邻。此处一山陵状如展翅欲飞之雄鸡，前有一山冈宛似母鸡，二者之间有一低凹处形似鸡窝。远而望之，犹似一雄鸡追赶母鸡出窝，故称“雄鸡赶母”。

雄鸡赶母（2018年）

摄影 唐照中

坝里山　位于再上村北、蛇头岭南。林木茂盛，溪水潺湲，空气清香掩鼻，更有穿岩输水成瀑，风景集秀增奇，适宜登游休闲。

坝里山（2017年）

其他景点：夜牛归栏、鲤鱼靠坡、夜螺游食、仙人座椅、明月落壁、官帽玉带等。

天坑奇观（2017年）

摄影　唐照中

附：毗邻地区胜景

天坑奇观 该天坑俗名为天井岩，位于牛栏观村西侧、江河源头，其地处江河源与双牌交界地段之双牌一侧的天井头自然村，是昔日零陵、宁远间来往的古驿路经由之地，为湖南罕见的地质奇观。天坑坑口直径大约200米，坑深约100米，东南面为悬崖绝壁，在西面沿洞壁攀附藤萝可下至坑底。底部有一小片森林，林木尽处是溶洞，洞体曲折幽长。洞内一阴河流向东南。根据前人传说及自然现象推断，其与江河源枇杷岩相通，同为一体，即天井岩为水流入口，枇杷岩为出水口。天井岩及蛇头岭、牛栏观一带地下阴河水流在枇杷岩附近形成多处岩泉，其中尤以枇杷岩为最，此即宁远西春水源头之一。

阳明山 位于江河源北、双牌县境内。由江河源北去数千米即可登山入境。阳明山“荒蟠百里，秀齐九嶷”。这里泉清水秀，山高林密。举目远眺，大峰小峰连中锋，林海花海并雾海。风光旖旎，景色诱人。主要景观有阳明观日、杜鹃花海、竹林绿波、黄溪览胜等。建于宋代的阳明山寺（即今万寿寺），殿宇轩昂，规制宏整。善男信女甚众，袅袅香烟，延绵不绝，佛教文化氛围浓厚。为国家AAAA级旅游景区。

阳明山万寿寺（2013年）

四、古迹　遗址

（一）古湘粤官道

自清水桥沿洛江北上于苦竹脚进入江河源，经甘竹园、洛家洞、马山脚、越天井坳的青石古道，为古湘粤官道之一部分，贯穿于江河源南北。昔官府、民间经贸人士主要经此北上永州，南下宁远，直至广东。永州以南挑盐于广东，亦经此道，因而也有“盐道”之称。该道在清水桥一分为二：其一过江河源，其二过侯坪，二道于双牌县麻江又会而合一。过江河源者，蜿蜒起伏，依山傍水，路面由青石厚板铺就，时而平坦，时而阶级，宽则2米，窄则1米。此官道自20世纪90年代修筑公路后除与新筑公路重叠部分外，其余部分有的仍为通行道路，有的或荒或废，但路径仍清晰可辨。

青石古道（马山脚）（2017年）

古传经江河源走向之官道（包括双牌县麻江段部分）有三险，即“龙舌”“虎口”“石门坎”：“龙舌”是指荷叶塘青草坪至麻江道路左侧一处既高且陡的瀑布，人称“牛婆拉尿”。“虎口”是指位于宁远与双牌交界之双牌一侧的天井岩，该天井深、广、险、奇合一，古湘粤官道沿天井最险处井沿而过，备极险峻。“石门坎”是传指苦竹脚外的“喝落岩”，位于苦竹脚外300米古湘粤官道洛江峡谷拐弯处，该处为悬崖高边陡坡，过去传说坡下江流中有暗流通往他方，人不小心掉入其中会被暗流吸走。传称旧时有绿林、盗匪在此三处据险为患。

（二）灵岩殿

位于灵岩洞口，殿内塑有佛像，供人祭拜，且有专人负责管理香火事务。中华人民共和国成立后，殿宇被损毁。

（三）玉真观

位于上兰家西南、五岔路下，建成于清光绪元年（1875）前，当地人又称“庵子”。有庙田十多亩，曾有蒋斋公（双牌南溪人）、陈斋公（马山脚人）等住观。为观、庵合一庙宇。其坐西朝东，主建筑一座，两侧配有厢房。观门有联：“面对白石千年秀，头顶青山万代春”。其背靠五岔路山峰，左为陈家脊谷，右为四岔路。观庙于中华人民共和国成立初拆毁，其时驻观的陈斋公还俗回家。遗址尚存“施田碑”两方。

玉真观遗址（2009年）

（三）白帝庙

位于甘竹源杨家坪，庙宇无存。

（四）赤帝庙

位于甘竹源龚家对面田畴中，庙宇无存。

（五）洛家洞庙

一说为较车庙，位于牛形岭下、清江公路旁，庙宇无存。

（六）何家源庙

一说又称较清庙，位于何家源山脊谷底。正槽水经庙前而过，庙前曾有一大古树，人称“猴灵树”。庙宇颓败于20世纪60年代，遗址尚存。

（七）大枫庙

位于奔陡坡东侧，庙宇无存。

（八）昙花庵

位于水源山与唐家山之间，建成于清光绪元年（1875）前。曾有罗斋公（水源山人）住庵。庵舍无存，其遗址被山塘淹没。

何家源庙遗址（2012年）

昙花庵舍之石柱基礅（2013年）

（九）土地坛

土地坛有两处：一处位于洛家洞学校大门前、往马山脚与兰家岭道路分岔处，坛舍无存；另一处在马脊坳，坛舍已毁，遗迹尚存 。

（十）枧木冲宝塔

位于枧木冲村口，由枧木冲唐氏先人于清咸丰三年（1853）捐资兴建。塔体呈圆形，直径约3米，仅存塔座，塔高无考。

（十一）求雨亭

位于何家源当风坳下、安堂坪田头上，为求雨而建。亭内陈列菩萨坐像，人称“冠老爷”，相传祷雨有应。有谚语云：“安堂坪戴帽，下雨有靠”，是说安堂坪上有集雨云层，一般会下雨。该亭已不复存在。

（十二）何家源凉亭

位于何家源后山天鹅抱蛋处、宁远通往双牌的道路上。在清水桥未通达公路之前，清水桥一带去双牌县上梧江从事商务活动即路过此亭，并在此歇息。该亭已不复存在。

建于1853年的枧木冲宝塔（塔座）

五、古民居　祠堂

古民居　甘竹园、洛家洞、蒋家岭、马山脚、再上等村有着数百年之古民居，大部分因年久失修或坍塌，或撤旧建新，少数存留。马山脚部分古民居1945年被日军放火烧毁。

洛家洞古民居大门（2018年）

蛇头岭古民居（2013年）

枧木冲古民居（2016年）

雕花木窗（2018年）

青石门槛、门框（2018年）

再上陈氏祠堂 位于再上自然村，初建于清道光十三年（1833），光绪二十八年（1902）斥资修缮，2014年再次修缮改造。祠堂规制精巧，拾级而上，前后进深三座，前座为门楼戏台，后座为正厅，建筑面积约800平方米。

再上陈氏宗祠（2017年）

马头墙（2018年）

槅扇门（2018年）

甘竹园陈氏祠堂 位于甘竹园陈家，建于清道光二十二年（1842）春。祠堂前后两座，坐北朝南，中间留有天井。

甘竹园陈氏祠堂（2013年）

六、碑刻　文物

（一）玉真观施田碑

字迹模糊难辨，或为记载信众捐田事项。

（二）枧木冲宝塔碑刻

清咸丰三年（1853）冬立，碑记唐氏先人来自零陵旺福田及捐资建塔情况。碑文部分依稀可辨。

玉真观施田碑（残碑，2013年）

枧木冲宝塔碑刻（1853年立）

（三）甘竹园修建陈氏祠堂序文碑刻

清道光二十二年（1842）陈氏修建祠堂序文，碑记先祖迁徙繁衍之历程，以及捐资修建祠堂情况。

清道光二十二年（1842）甘竹园修建陈氏祠堂碑刻

（四）马山脚修葺水井碑刻

碑记马山脚村民修建水井捐款义举及《重修古井公约》。下图左碑为清光绪二十一年（1895）立，右碑为2006年5月立。

马山脚修葺水井碑刻（2012年）

（五）江河源修建公路纪念碑

2007年12月立。碑记江河源人士团结一致、同心协力捐资建设江河源至清水桥公路情况。

（六）江河源修建牌楼纪念碑

2009年1月立。碑记江河源人士捐资建设江河源牌楼情况。

江河源修建公路纪念碑（2007年立）

江河源修建牌楼纪念碑（2009年立）

（七）江河源牌楼及文化墙碑刻

2007年，江河源抢抓新农村建设机遇，封山育林，固堤护坡，扩改村道，并修建仿古牌楼一座，积极推进生态文明村建设。该牌楼为四柱三楼，高8.83米，宽11.26米。旁有歇息候车亭一处——“清江亭”。牌楼附属工程如护坡、文化墙、清江亭等于2010年秋完工。牌楼主体工程建设资金为江河源人士捐赠。牌楼碑刻内容包括江河源八景简介、江河源山川形势图、耕读歌、江河源赋等。

江河源牌楼文化墙（2010年）

“恩赐翰林”匾额（2013年）

（八）“恩赐翰林”匾额

清代诗人、书法家、清道光十六年（1836）进士何绍基所书，为洛家洞何氏后人所收存。

（九）江河源建校兴学碑记

2014年冬立。碑记江河源建校兴学及捐资建设合格学校盛举。

江河源建校兴学碑记（2014年）

（十）再上村重修祠堂碑记

2014年，再上村重修陈氏宗祠，特立碑志之。

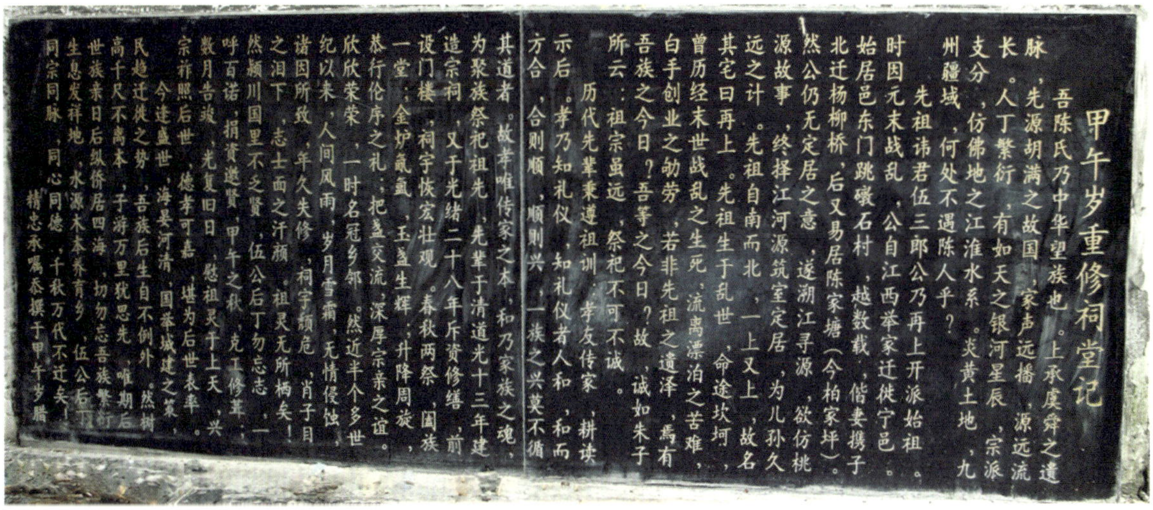

2014年再上村重修陈氏祠堂碑记

第二节　教育

一、中华人民共和国成立前教育

中华人民共和国成立前，尽管本地有重视教育的传统，但由于贫穷，大部分农家子弟仍读不上书或读书较少，教育普及率低。

清末，再上陈明璞（人称“陈胡子”）在上兰家开设私塾授徒讲课。民国成立初期，时属宁远北屏镇的江河源，于1913年2月分别于洛家洞、再上设立成俊、得英国民学校，在校学生分别为21人、17人；1915年8月，甘竹园设立正修国民学校，在校学生21人。

1941年5月，洛家洞成俊、甘竹园正修、再上得英学校分别改为桐梓乡16保国民学校、15保国民学校、15保再上分校，校址不变。

旧时老师报酬主要来自学租。洛家洞学校学租由洛家洞自然村以上按田亩面积分摊。

二、中华人民共和国成立后教育

中华人民共和国成立后，江河源教育事业得到了极大发展。一方面是学校数量增加，鼎盛时期小学最多达8所。另一方面是穷人翻了身，适龄儿童都有条件进入学校读书，因而生源大幅增加。1986年开始，设立3~6岁的学前混合班，亦称“娃娃班”。洛家洞小学生源最多时达300余人，并曾二度设立晓睦塘公社中学附中。进入21世纪以来，随着农村社会经济的不断发展变化，大量村民外出务工，并在外结婚生子，以及学校教学条件因素，大量适龄入学儿童在外就读，以致农村学校生源大幅减少；加之体制变化，域内学校先后撤并，到2017年年末，只剩洛家洞1所小学。

由于重视教育，据不完全统计，自中华人民共和国成立以来至2017年，江河源籍考入全日制大中专院校的学生约300人。

学校教师来源于国家公派和民办教师。集体化时期，社队开办小学的各项开支由社队负担，政府适当补助，除公办教师外，民办教师报酬采取记工分办法，年终分配；个别教师因情况特殊，发放工资。农村实行家庭联产承包责任制后，民办教师除承包一份土地外，由村组提留予以补助（稻谷），此外政府还给予适当补助。1997年开始，逐步改民办为公办，村民不再承担办学费用。

三、学校简介

洛家洞小学 位于江河源中心、晒禾岭南面半坡上，校址爽垲，踞山川之胜。其前身为1913年2月成立的成俊国民学校，1941年5月改为桐梓乡16保国民学校，中华人民共和国成立后转为新型学校，生源范围主要是洛家洞（大队）村第7~17（生产队）组村民子弟。在马山脚、白石山设立小学期间，生源范围有所缩小。2017年年底，生源除江河源村民子弟外，还有邻村子弟在此就读。1969年、1972年二度设立晓睦塘公社中学附中，生源最多时曾达300人。本校校舍历经三次重建和改扩建：1975年，从原校址洛家洞自然村原大队部旁迁至晒禾岭今校址异地重建；2003年，校舍、礼堂因年久失修以致破旧和倾圮，投入20多万元再次重建；2013年，为申报合格学校，投入100多万元在原校舍基础上进一步拓宽改造，新建了教室宿舍、食堂、读书亭，修筑前后护坡、扩大运动场地、改建围墙、校门、前门石阶，改造学生澡堂，打井一口解决用水问题等，学校面貌焕然一新。

洛家洞学校（2015年）

甘竹园小学　其前身为1915年建立的正修学校，1941年改为桐梓乡15保国民学校，中华人民共和国成立后继续招生办学，主要招收洛家洞大队1~6生产队（组）适龄儿童入学。1987年，撤并至洛家洞学校。

马山脚小学　成立于1964年秋，先期以民房作校舍，后期马山脚生产队办公室兼作教室。学生来源为蒋家岭（学校成立初期）、马山脚、白石山、上兰家生产队适龄儿童。1976年秋，撤并至洛家洞学校。

白石山小学　1962年2月，马山脚大队成立后设立，至1966年撤销，1971年9月复设，至1981年7月撤并至洛家洞学校。招收该自然村儿童入学。

枧木冲小学　1972年设立，1976年撤销，生源主要为该自然村儿童。

再上小学　其前身为1913年成立的得英学校，1941年改为桐梓乡15保国民学校再上分校，中华人民共和国成立后转为新型学校。该校于2004年撤并至洛家洞学校。

蛇头岭小学 设立时间俟详[①]。1993年撤销。主要招收蛇头岭、牛栏观、水源山、尧上自然村儿童入学。

尧上小学 1972年设立，1981年撤销，主要招收该自然村及水源山、牛栏观自然村适龄儿童入学。

原蛇头岭小学校舍（2013年）

尧上小学遗址（2017年）

附：历年就教于江河源部分教师名单（包括1949年以前）

陈明璞	欧阳文堂	袁培知	陈文藻	郑吉甫	郑玉芝	吕楚杰	何绍裘
蒋显清	刘柏民	蒋元琢	朱化文	邓富民	郑逢良	陈令汉	唐德远
蒋显道	邓首州	郑梧任	王尚云	郑逢钿	蒋水文	郑石秀	李邦树
欧学良	李四久	郑逢职	郑元迟	邓艳峰	蒋香树	欧阳维干	郑荣鼎
陈国宝	陈令旺	唐良才	陈起保	陈起旺	陈起钧	陈开兰	陈开发
蒋满荣	唐光荣	陈国旺	何泽美	蒋小岗	蒋天湘	李荣阶	邓佑清
李群英	陈开学	郑明成	郑逢钦	蒋运光	周根顺	蒋运勋	陈国清
郑明荣	李邦珉	郑荣华	管才忠	陈　静	陈国梁	欧阳维钊	邓富增
邓富良	郑金莲	郑晓芳	伍永国	蒋咏梅	陈德明	欧阳承耀	陈小艳
唐小琴	郑英成	蒋运年	尹　光	徐小明	吴小平	王小妹	郑小亮
郑小明	郑柏志	唐用瑛	龚石亮	郑佳安	郑维成	李桐义	蒋星珉
李贵珠	郑国勇	郑石清	郑逢育	郑明辉	郑海梅	陈德才	王国元

①据该村老人回忆，1937年，蛇头岭聘请侯坪一名叫“喜古”的先生在此收徒授课，从此该校延续至中华人民共和国成立后继续招生开课。

郑兴宣　尹振华　蒋石生　谢廷嵴　罗明显　郑际安　郑会福　郑际跃
郑际敏　郑际兴　郑文敏　李生明　邓上亮　龚扬远　欧阳生斌　陈兴旺
陈君艳　尹小松　李群志　欧阳军　李莉华　蒋　洁　欧阳颖群　陈秀丽
陈土华　欧阳佳　周　珍　李美伍　李拾平

第三节　医药卫生

一、概况

中华人民共和国成立前，江河源域内没有专门的医疗机构，村民看病主要依靠当地中草药医生。江河源域内有多名在当地较为有名的中草药医生，诊治范围包括儿科、蛇科、妇科、外科、内科等，个别医生的医疗技术具有一定的水平和影响。但由于当时社会整体医疗水平不高，加之医疗条件限制，因而难免有病人得不到有效救治现象发生。

中华人民共和国成立后，国家派遣专职医生驻村，如再上陈文传，之后陆续有吴树梅、郑会斌、尹万兆、李兰英、郑小军等医生先后驻村为群众行医看病，农村医疗条件和医疗水平得到了提高。1958年“大跃进”时期，洛家洞大队成立综合工厂，下设土药厂，配有江河源籍医生陈文传、朱石丰、罗春林、何世富，陈、朱主要负责看病，罗、何主要负责采药。该土药厂于1961年2月撤销。

1968年年底，洛家洞大队、再上大队分别成立了以中草药为主的合作医疗室，“赤脚医生”诞生。成立初期，洛家洞大队主要医生有朱石丰、何世富，他们是有着比较丰富经验的中草药医生。其中朱石丰主要负责看病，何世富主要负责采药；再上大队有陈石英医生为群众看病。赤脚医生不定期地下到各生产队巡诊。社员生病，请赤脚医生上门看病，或病人自己到诊疗室或赤脚医生家看病，病人只承担药费。此外，赤脚医生还从公社卫生院免费领回预防药品，发放给社员，为社员打预防针。担任赤脚医生的人员，一般是大队有一定医术和经验的中草药医生，或者挑选有一定文化素质的青年社员，到医疗单位经过短期培训后担任。大队按最高劳力给予赤脚医生工分补贴。“赤脚医生”诞生之后，在较长一段时期内，与民间中草药医生、国家公派医生并存；而民间医生在治疗蛇毒、无名肿毒等方面，医疗效果往往有其独到之处。

改革开放后，原合作医疗制度解体，“赤脚医生”体制不复存在。但公派医生继续保留，与其他个体医务者共存。21世纪初，成立村卫生室，由具有医疗执业资格的医生执业，而民间医生仍继续发挥其拾遗补阙的作用。

江河源域内中草药资源较为丰富。该地中草药医生行医治病所需中草药大部分采之于江河源境域内山上，有的村民还不时上山采药出售作为一种生财之道。

二、已故主要医药人士简介

陈明训（1877年5月—？），男，洛家洞人，中草药医生。

陈文传（1904年8月—1965年1月），男，再上人，中、西药医生。

朱石丰（1906年8月—1988年3月），男，上兰家人，中草药医生，擅长儿科、妇科。

李道定，男，蛇头岭人，中草药医生，擅长毒蛇咬伤、跌打损伤等症之治疗。

朱石玉，男，马山脚人，中草药医生，擅长治疗蛇伤。

何老木，男，洛家洞人，中草药医生，擅长治疗蛇伤。

蒋运宝　男，何家源人，中草药医生，擅长治疗蛇伤。

何延泗，男，洛家洞人，中草药医生，尤以诊治乳腺炎闻名。

罗春林（1909年4月—1965年12月），又名克梁，男，水源山人，中草药医生。

何世富，男，满竹坝人，中草药医生，擅长治疗无名肿毒。

何世桂，男，满竹坝人，中草药医生，擅长儿科。

陈秋林（1907年10月—1996年9月），男，洛家洞人，中草药医生，擅长治疗无名肿毒。

蒋运海，男，蒋家岭人，中草药医生，擅长治疗跌打损伤。

邓火云（1950年—1990年），女，甘竹园人，赤脚医生。

附：中华人民共和国成立后在江河源行医人员（包括民间医生、赤脚医生、国家公派医生）

陈文传　吴树梅　朱石丰　朱石玉　蒋运宝　李道定　陈秋林　罗春林

郑际玉　李　森　郑会斌　何延泗　尹万兆　郑际荣　郑小军　李兰英

何世桂　何世富　陈石英　蒋运海　邓火云　罗水佑　何泽美　陈起钧

唐林茂　陈运均

第四节 体育

一、文体设施

二十世纪六七十年代，大部分生产队建有篮球场，购置乒乓球桌等。之后逐渐消失。2000年以来，部分球场得到恢复。洛家洞学校建有一定规模的操场，并设有篮球场、乒乓球桌、田径运动沙坑等。

二、文体项目

民间的业余文体活动项目有球类、扑克、棋类、麻将、跑胡子等。此外，还有一些地方特色的青少年传统游戏活动项目，如踢毽子、抛子、打德螺、跳飞机、滚铁环等。

（一）球类

球类活动项目主要是篮球、乒乓球。六七十年代，大部分生产队都建有篮球场，置有乒乓球桌，篮球、乒乓球运动比较普及，生产队内、生产队之间时有篮球比赛。经过一段时间后，球架、球桌破损，未再更新，民间球类活动基本停止，仅学校还有部分体育场地和器材。2000年之后，除学校外，有的村民小组亦逐步添置了篮球架，篮球活动得以恢复。

（二）扑克

扑克是最为普及的文体娱乐项目。扑克的玩法甚多，如“打对门”“三带俩”“找朋友”“争上游”“三百分”“干瞪眼”“三打哈”“升级”“五十K”，等等。

（三）棋类

棋类活动项目主要是象棋、军棋。象棋活动比较普遍，有的棋手还具有一定的棋艺水平。军棋曾流行一时。此外，具地方特色的三三棋亦曾较为普及。

三三棋之棋盘为三个同心、大小不等的正方形平行嵌套在一起，先用直线连接三个正方形的四个角，再在正方形每边长的中点处用直线连接，形成具有20条直线、每条直线上有三个交叉点的棋盘。双方对弈时，自己既要生成三子成一线吃掉对方的棋子，又要阻挠、破坏对方生成三子成一线。以吃掉对方的棋子为赢。该项活动多以男子娱乐为主。

与此相似的还有“转转棋”。其棋盘是三个直径不等的同心圆，用多条线条连接三个圆。行棋规则与“三三棋”类似。

（四）麻将　字牌

麻将、字牌在中华人民共和国成立以后一段时间内绝迹，重新兴起于二十世纪八九十年代。其娱乐规则与外地大同小异。该两项活动较为普及。

（五）踢毽子

取一枚铜钱，将漂亮的公鸡羽毛扎在铜钱孔眼里并固定好，制成毽子。活动开始，将毽子抛向空中，然后用脚接住又踢向空中，毽子落下时，又用脚踢向空中，如此反复，不使毽子着地，并踢出花样，持续时间长、花样多者胜。年轻女性较为喜欢该项活动。

（六）抛子

抛子主要是年轻女性活动项目，两人或多人比赛项目。所抛之子为青石或石英石加工成直径约为1.5厘米左右圆珠。全过程有诸如抛、收、吐、抓等全套规定动作，先完成全套规定动作者胜。

（七）打德螺

德螺又称陀螺。它用比重较大的硬木制成，上段为圆柱形，下段为圆锥形，上端平，下端尖，高约10厘米、直径5~10厘米左右。为避免下尖端被磨平和增加美观，有时还在尖端钉入铁钉和在德螺上描上花纹。用棕树叶整齐捆扎在长约40厘米的木棍一端制成鞭绳。该活动是在较硬的地表上用鞭子不断抽打德螺使其旋转不倒（尖端着地）。该项目可一人玩或二人比赛。比赛时，双方抽打自己的德螺与对方的德螺碰撞，谁的德螺被撞倒停止旋转的则为输家。比赛时若德螺质量较大、抽打有力（速度快）则更为有利，因其具备更大的动能，不易被撞倒。

（八）跳飞机

在地上画一个类似飞机一样的图形，并画上格子（约9格），取一小片石块或瓦块放在第一格，然后单脚独立将石块或瓦块一格一格地逐一踢至第九格。踢的过程中，不能踢出格子外，也不能跃过下一格。

（九）滚铁环

取一个箍桶的铁箍，再用一截铁丝折成凹形槽固定在长约60厘米的木棍上做成木把。玩时将铁环立着，先用手推行，再接着用木把上的铁丝凹形槽对准铁环并用力向前不断推行。

（十）刁索子

又称“裤裆棋”。它是用一根圆环细绳来回穿插在两手手指上（手掌相对），先形成一种图形，另外一人也用两手手指从他人手指上接过绳索，并变成另一图形。二人依次反复，每次通过不同的动作变成不同图形。因每次变化时用手指去“刁”对方手指上的绳索，故名“刁索子”；又因刁出的图形类似裤裆，故又称“裤裆棋”。

第七章　交通　通信　乡村建设

第一节　交通

一、乡村古道

江河源各相邻自然村之间的相互沟通道路是青石路和砂泥小道，其中青石路面的古湘粤官道纵贯南北。自20世纪70年代公路通达后，连接各自然村间的古道衢路，其中有的继续发挥交通作用，有的被公路取代，有的荒废或行将荒废。

二、公路

1977年，开始修建第一条公路，即晓睦塘公社至江河源幅宽5米的江晓公路。经过一年努力，1978年，通达洛家洞。有的路段延伸至部分自然村，结束了江河源无公路的历史。1990年以后，为出行方便，洛家洞、再上两村组织村民投工投劳，筹措资金，并从省县有关部门争取支持，沿湘粤古道传统路线修建江河源至清水桥公路。并逐步延伸及路面硬化至各自然村，从此基本结束了步行肩挑的历史。

江晓公路　1977年，在晓睦塘公社组织下，晓睦塘公社所在地泉井眼至江河源林区公路开始建设，幅宽5米。其中向阳水库至江河源境内路段由洛家洞大队、再上大队施工。工程从1977年下半年开始，于1978年修通至洛家洞，洛家洞至大桥岩、马脊坳部分路基已经修好，且大岩桥、马脊坳公路桥已基本架好。实行农村家庭联产承包责任制后，原林区道路修建计划未竟而终，公路未能通达再上大队。

清江公路　为彻底解决江河源的出路问题，江河源两村自筹资金、投入劳动力，并争取政府有关部门支持，1990年年底动工、1991年修通清水桥经田伟至江河源洛家洞、再上公路，并延长至白石山、上兰家、兰家岭、蒋家岭。路宽4~5米。2008年冬，兰家岭至何家源简易公路修通。

2006年，清水桥至马山脚路面硬化工程完工，路宽3.5米。2007年，苦竹脚至再上、马山脚至上兰家路面硬化工程完工。2010年5月，洛家洞至村小学、兰家岭、蒋家岭道路路面硬化。2013年，马脊坳至白石山部分路面硬化。

2012—2015年，对清江公路主道进行改造，路基拓宽至5.5米，并对路面进行硬化。

蛇头岭公路　1999年冬，天井坳上至蛇头岭的沙石公路动工兴建，2000年修通。

扶贫公路　2015年，修建再上至水源山、蛇头岭、尧上公路。2017年底基本完成砂石路面，全长3.9公里。2016年冬，自天井坳至牛栏观公路路基工程基本完工。

2017年，开工建设交通项目3个："天（井坳）—马（脊坳）"公路、洛家洞自然村进村道路、苦竹脚至再上公路扩宽改造。其中再上公路扩改项目完工，洛家洞进村道路基本完工、天马公路在建中。

岭源头简易公路　2016年2月开工，配合农业开发、村民集资共同建设。全长600米。基础工程已于2016年完工。

江河源公路修筑情况统计表

表65　　单位：米

路线	筑路时间	总长	宽	路面现状	线路区间
洛江线	1990	8000	5	水泥	清水桥—大桥岩
	1977			水泥	大桥岩—马脊坳
	1990		3.5	砂石	马脊坳—白石山（部分水泥）
				水泥	马脊坳—上兰家
泉井眼线	1977	6000	4	砂石	洛家洞—泉井眼（部分沙石）
再上线	1990	3500	5	水泥	苦竹脚—枧木冲、再上
蒋家岭线	1990	1000	3.5	水泥	洛家洞—兰家岭、蒋家岭
何家源线	2008	2000	3.5	砂石	兰家岭—何家源
蛇头岭线	1999	1500	3.5	砂石	天井坳—蛇头岭
岭源头线	2016	600	5	砂石	杨家坪—岭源头
水源山线	2015	3900	4.5	砂石	再上—水源山—蛇头岭、尧上
牛栏观线	2016	1000	4.5	砂石	天井坳—牛栏观
天马线	2017	2500	5	在建	天井坳—马脊坳（部分水泥）

三、桥梁

（一）公路桥梁

苦竹脚洛江桥 清江公路主要桥梁。因公路改道（清江公路未完全依原古湘粤官道走向，此处即是）所新建之桥梁。该桥位于江河源村口洛江上，为进入江河源第一桥，南北走向，单孔，混凝土石拱桥，1991年冬建成。

苦竹脚桥（2016年）

陈家桥（2016年）

甘竹园陈家洛江桥 清江公路支桥。通往甘竹园陈家。在原石板桥处重建为混凝土石拱桥，东西走向。2000年建成。

满竹坝洛江桥 清江公路支桥。通往满竹坝罗家。2013年初，在原基础上增宽加固建成。

灵岩（凉亭）洛江桥 位于灵岩口前，南北走向。原为石质基座、桥亭合一的木质风雨凉亭，首建于清乾隆九年（1744）5月，1941年9月倒塌，1947年重建为砖木结构风雨凉亭。桥面铺有石板，桥两边建有护栏式的长条座板，供行人停歇。凉亭上有唐自翘所书“大岩亭”三字。1977年冬，拆除木桥，新修混凝土石拱桥。

满竹坝桥（2016年）

灵岩桥（2016年）

洛家洞洛江桥　1991年修建。位于洛家洞自然村通往马山脚、兰家岭、晓睦塘路口处，南北走向。原为两跨五树木桥，江中石质桥墩支撑。

马山脚洛江桥　又名清溪桥，位于螺蛳岭下，原为两跨五树木桥，江中木墩支撑，东西走向。2009年，建成混凝土拱桥，名为清溪桥。由此徒步可往再上村。

洛家洞桥（2017年）

清溪桥（2010年）

八门口桥　位于晒禾岭北山脚蒋家岭支流上。1977年建成，南北走向。因此处建房拓宽地基场地，桥体与犀场连为一体。

马脊坳洛江桥　位于马脊坳洛江之上，为连接白石山、蛇头岭、双牌麻江、塘底等地的重要桥梁。原为单孔石拱桥，东西走向，相传为原零陵县大河江邓姓人士所建，初建于何时无考。桥身皆用青石砌成。桥拱成半圆形，建造工艺精致。桥面南北两侧有条石作护栏，亦可供行人歇坐。1968年7月8日山洪暴发，桥拱东头三分之二被冲毁，桥拱变形下塌。1978年改建为混凝土拱桥。

马脊坳桥（2016年）

豪子口桥（2013年）

豪子口桥　位于洛家洞去往晓睦塘方向，距离洛家洞约400米，横跨何家源支流，于1977年建成。

（二）木（石）、水泥桥：

二龙戏珠洛江桥 位于江河源牌楼处，通往岭源头、万家岭、廖家岭。为东西向木桥，因另有公路修通，此桥通行功能弱化。

田间垌鸡笼山洛江桥 位于洛家洞田间垌，该桥通往鸡笼山石山脚，2004年建成。

洛家洞庙洛江桥 位于灵岩上游400米处、洛家洞田间垌东端、通往鸡笼山的小型混凝土桥。

洛家洞庙洛江桥（2016年）

田间垌鸡笼山洛江桥（2016年）

白石坡桥 位于白石山东侧，白石坡下。为单孔石拱桥，始建何时无考。其上穿岩激流飞泻而下的叠叠瀑布，通过石拱桥后旋又瀑布叠连飞流直下，注入洛江。连接白石山与再上。

白石坡桥（2017年）

上兰家洛江桥（2015年）

上兰家洛江桥 位于上兰家洛江与江家冲支流汇合处，原为五树木桥，1986年，改建为混凝土平板桥。连接上兰家与白石山、蛇头岭。

兰家岭桥 位于何家源支流上，通往兰冲槽。因曾在此筑坝引水驱动水轮机，坝上建有小型水泥平板桥。

兰家岭桥（2016年）

庙门口桥原址（2012年）

兰家岭二桥　位于何家源支流之上，水泥平板桥，连接兰家岭陈家与冷水脚。

兰家岭二桥（2014年）

庙门口桥　位于何家源庙东侧，木桥，因修建公路，已为土石方垫土代替。

庙门口二桥　位于何家源庙内侧，木桥，修建公路之后，仅为耕作之道。

观门口桥　位于玉真观下端，原为上兰家村民出行所经过之五树木桥，后因修建公路改道，此桥已不复存在。

八门口木桥 位于八门口往蒋家岭方向约200米处。

第二节 通信

1958年“大跃进”期间，乡政府开通至洛家洞有线电话。1976年，有关部门再次架设固定电话，1980年撤除。2000年，开通程控电话。

2006年，中国移动通信公司在螺蛳岭建立基站，此后中国联通公司相继亦在螺蛳岭建立基站，开通移动通信电话。

2016年2月，中国电信互联网进入社区。

第三节 生活服务设施建设

一、旧民居

（一）规制

江河源旧式传统房屋主要分为木柱房和砖房，大多为三开间（俗称“三间堂”），少量五开间（“五间堂”），前有归楼、照壁，高度一般在5~7米，开间3~3.5米，进深6~7米，前后一般在一至三进。木房又分为五柱房、三柱房，五柱房较高、较宽。木房一般均为悬山顶。砖房一般为砖木结构，即内山墙为木质墙，外山墙为砖墙，硬山顶；水砖（未经烧制的泥砖）质的山墙大部分采用悬山顶。正房两侧或后面有的附搭杂屋。部分老宅还有雕刻装饰。

悬山顶木房（2018年）

硬山顶山墙（2018年）

（二）材料

旧式房屋之柱、梁、门、窗、桁、内墙间壁等大都采用木材，主要是杉木材，少数门槛采用较硬的杂木。砖房山墙一般为青砖，用石灰砂浆砌筑。青砖墙面上的门框、门槛有的为木质，有的为青石。旧式还有一种房屋为土墙结构，即将黏土拌和部分石灰、纤维材料，在砌墙的位置装上模具，将拌好的墙体材料倒入模具内夯实成墙，俗称“冲土墙”。硬山顶屋面盖瓦，悬山顶屋面有的盖瓦，有的盖杉树皮。

旧式民居（2018年）

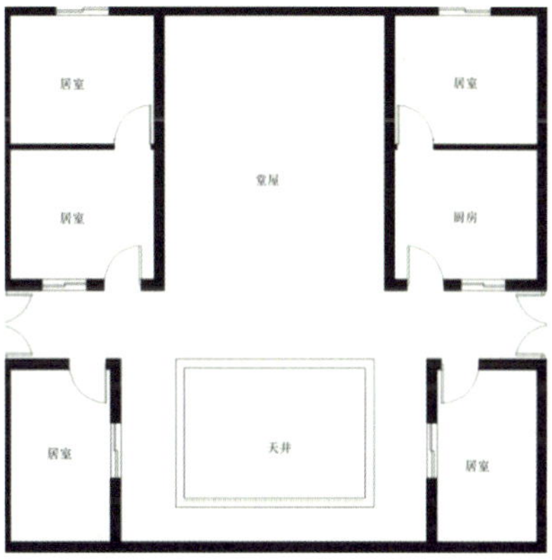

旧式房屋平面图

二、现代民居

改革开放以来，随着人们生活水平的提高，村民逐步盖上了砖混结构的新楼房，特别是进入21世纪以来，村民所新建的住房，质量和档次都有大幅提高。新建房屋尽管户型不同，但大都避免了旧式房屋的弊端，通风、采光性更好，各功能区布局都有了很大改进，结构更具科学性、合理性。同时，在建筑材料方面，均由红砖、钢筋混凝土取代了过去的木质、土砖（水砖）材料，屋顶则由现浇混凝土取代青瓦，楼板也由混凝土取代木质楼板，窗户加装玻璃，均有水电管线敷设，功能较为齐全。地面铺地砖或木地板，内墙粉刷墙漆或粘贴瓷砖，外墙贴瓷片或瓷砖。新式房屋更具舒适性、安全性，使用期限大大延长。

现代新居（2018年）

摄影　唐柏建

现代新居（2018年）

摄影　唐柏建

三、生活引水工程（自来水）

江河源水源丰富。遍布各地的水井、条条山溪泉水为村民生活用水提供了方便。20世纪90年代，村民充分利用自然资源建设饮水工程，逐步将山溪水或井水直接引进入户，乃属天然“自来之水”，且水质清纯优异。2011年和2017年，前后两次投入扶贫资金对部分原有自来水设施进行改造，并加强了对饮用水资源的保护，江河源绝大部分村组家庭都用上了更为干净卫生的自来水。

"自来水"水池（2017年）

四、环保工程

节煤灶　江河源素以大小树木（枝）作为燃料，在厨房火塘埋设三脚撑架，村民在撑架上烹煮食物。另搭设大锅炉灶，用以烧水，或煮、蒸大份食品以及煮猪饲料。传统厨房烧火烹调所产生的烟尘在房间中弥漫，极不干净卫生。自二十世纪末以来，村民陆续使用煤炭并改用节煤灶，既节约了能源，又美化了环境。随着生活水平的提高，许多村民进而改用清洁能源石油液化气替代煤炭、柴火，而火塘、节煤灶只是在特定的时候或制作特色食品时使用。

环卫清洁工程　2006年，洛家洞村部分村组列为农村清洁工程试点村组。试点户逐步将传统茅厕改造为水冲式卫生厕所，同时建立垃圾收集池，集中收集垃圾，从而提升了人们的卫生观念，极大地改善了农村卫生条件和环境。

马山脚水井维修工程　该水井自清光绪二十一年（1895）村民捐资维修后，一直未有大修，风化侵蚀、崩塌破损，以致难堪使用。2006年，争取资金，村民投工投资，设计施工历月余而完工，并增加若干景观工程。

上兰家水井改造工程　该井长期以来井沿用石头简易砌筑，安全稳定性差，加之排水措施简易，山洪不时冲入井内，影响饮用。2010年，在有关部门争取部分资金，村民投工，兴建排水沟，按饮用、洗涤等用途分级砌筑井池，地面铺砌瓷砖，面貌改观。

五、其他

公交招呼站 2017年，政府投入资金15万元，修建苦竹脚、甘竹园、洛家洞、马脊坳、上唐家5个公交招呼站。

村（社区）服务楼 2017年年底，村（社区）综合服务平台——综合服务楼开工，政府预算投资79万元。

第八章　民政　扶贫

第一节　民政

一、优抚

（一）对烈、军属的优待

中华人民共和国成立初期，江河源成立代耕队（队长李道发），为无劳动力烈、军属代耕。实行农业集体化后，对于生活水平不高的烈、军属，给予“真工分”补贴（所补贴工分按照一般工分参与分配），使其生活达到略高于本（生产队）组平均水平的标准。除此之外，对于烈属，政府还发放抚恤金。春节期间，（大队）村干部慰问军人家属，悬挂军、烈属光荣匾额。

（二）对复退军人优待

2017年年底，江河源村有19人年满60周岁的复退军人享受政府生活补助。补助金额因其服役时间、年限的不同而不同。

（三）对残疾军人的抚恤

政府根据残疾军人的伤残等级定期定额进行抚恤。

二、社会福利

（一）五保户供养

中华人民共和国成立初期，无儿无女的鳏寡孤独者和无劳动力的孤儿在土地改革中所分到的土地，自找他人代耕。农业集体化后，实行“五保”（保吃、保住、保穿、保医、保葬），由生产队负责，其生活水平达到本生产队平均水平。2005年以后由政府负责供养。2008年，开始实行集体供养与分散供养相结合。集中供养者，包吃包住包医，发给每人每月零用钱；分散供养者，每月给予定额生活补助，医药费由政府承担。

（二）对“半边户”的补助

集体化时期，对除烈、军属之外的“半边户”（指夫妻双方一方为国家工作人员，一方在农村务农）困难家庭，补助“假工分”（所补贴工分只分粮食，所分粮食需另行掏钱购买），使其生活达到本生产队的平均水平标准。对于其他困难户家庭，则按照略低于该生产队的平均生活水平的标准，相应给予“假工分”补助。

（二）“低保户”补助

从2007年开始，重病户、困难户、重度残疾家庭可以享受政府最低生活保障补助，以保障其家庭基本生活。2017年年底，江河源村有低保户39户。

（三）农村危房改造补助

2010年开始，对“四类人员”（五保户、低保户、重度残疾和贫困建档人员）家庭纳入农村危房改造范围。2017年年底，江河源村共有12户进行了危房改造，改造面积420平方米，政府补助资金30万元。

（四）社会救济

中华人民共和国成立前，民国政府在洛家洞借用唐敬志仓库，设乡仓积谷储藏粮食，以备救荒。

中华人民共和国成立后，社会保障制度逐步建立。如果粮食歉收，政府适时下拨统销粮、返销粮以及动用生产队储备粮以度荒。当村民遭遇自然灾害和贫困时，政府给予一定的救济，包括下拨救济物资、现金等。实施的救济项目包括困难救济、疾病救济、残疾救济、灾害救济、孤老孤幼救济等，救济物资包括衣物、棉被、食用油、大米等。

三、社会保障

（一）农村社会养老保险

2012年，实行农村社会养老保险制度。按照十四个缴费档次，按年缴费。村民自愿选择其中某一档次缴费。村民年满60周岁后，根据本人缴费的多少，领取相应数额的养老金。

（二）农村合作医疗

2007年实行农村合作医疗保险制度。实施农村合作医疗保险制度，村民大病、重病的治疗和基本卫生服务有了基本保障，它在基本避免或缓解农民因病致贫和因病返贫方面发挥了重要作用。

第二节　扶贫

20世纪50年代中期以后农业集体化时期，对贫困户给予生产和生活照顾，如给予工分补贴，安排一些非正常工日的生产工作，如饲养耕牛，交售生猪完成派购任务等。进入21世纪特别是中共十八大以后，政府全力推进脱贫攻坚工作，派出扶贫工作队（组）驻村扶贫，加大精准扶贫力度，村（社区）干部群众积极努力工作，扶贫工作取得积极成果。

一、省政府扶贫

2011年4月，由湖南省工商行政管理局和人民银行长沙中心支行派员组成的省政府扶贫工作组进驻洛家洞村，开展扶贫工作。为期两年的建整扶贫，共投入资金140万元，包括修建洛家洞小学综合楼，完成部分道路硬化、饮水设施改造、学校护坡工程等项目，以及扶助发展生产，如对烤烟种植大户予以每亩200元补助，鼓励种植生姜，每亩补助100元，造林每亩补助100元，给予水果种植户一次性补助2000元。通过扶贫，村民增加了收入，公益设施得到完善。

二、县政府扶贫

2015年4月，由县农机局、电信局组成的县扶贫工作队进驻再上村，开展为期三年的精准扶贫工作。三年扶贫累计预算投入资金500.85万元，至2017年年底，实际完成414.35万元。扶贫项目实施情况见《2015—2017年县政府扶贫项目完成情况表》。

扶贫工作除争取投入资金，改造和完善基础设施外，还因地制宜，引导村民种植黄桃，发展水果生产。鼓励种植特色农产品，如生姜。通过扶贫，基础设施更加完善，村容村貌、生态环境得到改善，村民收入增加，农民生活水平得到提高。

2015—2017年县政府扶贫项目完成情况表

表66 单位：万元

序号	项目	开工日期	预算安排资金	至2017年年底实际完成	尚未完成
1	再上—水源山—蛇头岭—尧上公路	2015年10月	60	38	22
	天井坳—牛栏观公路	2016年4月			
2	天井坳—马脊坳公路	2017年8月	90	52	38
3	苦竹脚—再上道路拓宽	2017年8月	85	85	
4	洛家洞进村公路	2017年8月	52.5	26	26.5
5	河道治理和疏浚	2017年10月	80	80	
6	再上人工湖建设	2015年12月	15	15	
7	再上山塘维修	2017年6月	15	15	
8	再上污水处理	2017年11月	30	30	
9	再上公厕项目	2017年3月	5	5	
10	路灯安装	2017年4月	22	22	
11	自来水改造	2017年7月	23.35	23.35	
12	宽带进村	2015年12月	约23	23	
	合　计		500.85	414.35	86.5

第九章 艺 文

第一节 诗文选录

家乡那条小路

蒋显礼

每当我外出乘车行驶在宽阔笔直的高速公路上，抑或晚饭后漫步在灯火通明、绿荫掩映的街头，我的思绪常常被牵回老家，牵回屋门前那条我儿时走惯了的崎岖、泥泞的小路。

我的老家在宁远北端的清水桥镇洛家洞，离县城三四十公里的一个山沟里，是个名不见经传的地方。不过，老家山水的秀色和情韵，还是够人欣赏的：山谷两边，有峰峦叠翠的五岔路群山和形象逼真的螺蛳岭，有常年淙淙作响的白石山瀑布，有千奇百怪的大桥岩洞；山谷中间，一条清澈碧透的溪河——江河源，神奇般地从山谷尽头的岩洞里涌出，顺流而下，同沿途十余条大小支流汇合，形成一江清波，终年川流不息。惟不足之处，是先辈们没能留下一条好路。这也怨不得他们，那年代谁能想得那么远哩！正因为如此，多少年代以来，生活在这里的人们最盼望、也是最辛苦的一件事，莫过于出山“赶圩”了。他们每逢这个日子，或挑着柴菜，或赶着猪羊，或提篮鸡蛋，到十里路外的清水桥镇去卖，再换回些油盐酱醋或食品、布料之类。大人们外出买卖难，孩子们上学也难，要读高小、初中就得去清水桥和县城，这免不了要大人陪送，三两个孩子是不放心出山的。就这样，他们祖祖辈辈沿着那条溪河，在这条羊肠小道上来来去去，年复一年，付出了多少艰辛和汗水啊！

修一条好路，修一条为子孙后代造福的平坦大道，是边远山区人民群众梦寐以求的大事。

党中央关于加快社会主义新农村建设的英明决策，像和煦的阳光温暖着山乡农民的心田，村民们纷纷向村、镇提出拓宽和硬化从清水桥到洛家洞的简易公路。

2006年开春后，村党支部和村委会召开村民代表会进行讨论，乡亲们热烈响应，并本着“有力出力，有钱出钱”的原则，有劳动力的户积极主动出工，在外面工作和打工的人主动捐款。群众的积极性感动了县领导，他们将这个村的公路建设列为重点，并派县交通局负责人现场规划指导，从插完早稻后开工到“十一”前竣工，短短5个月时间，一条长7.6公里、宽3.5米的水泥路就铺到了村头。

前不久，我回到宁远。第二天一早从县城出发，短短50分钟，汽车就进入洛家洞村。同行的一位同志问我：“你上世纪50年代到县城读书，一天能走到吗？”我说：“要赶早贪黑才能一天到，走迟了就要在半路住一宿。”一下车，我的目光便情不自禁地投向溪河两边的村落，投向青山陡岭，慢慢地搜寻着、张望着，仿佛有一种东西神奇般攫住了我的目光。夏日的烈焰，把脚下这条伸向山谷尽头的水泥路照得洁白泛亮。此时此刻，几十年前侵华日军火烧马山脚村、枪杀当地无辜百姓于这条泥泞小路上的悲惨情景，倏地出现在我的眼前……

那是1945年初夏的一天，驻扎在离我们村十里以外大山上一个名叫荷叶塘村（属双牌县）的日军，突然分几路下山，到马山脚、洛家洞村烧杀抢掠。当时老百姓紧急疏散，本来狭窄的山路人挤人、人推人，小孩吓得哇哇叫，一些老年人哪能跑得动？就在这时，居高临下的日本鬼子一阵机枪扫射，致使十几位村民受伤，其中洛家洞和马山脚有两位老奶奶当场倒地身亡。在死者中有一位就是洛家洞村唐姓老奶奶，她是我的外婆。这些鬼子还不罢休，他们冲进马山脚村后，先是挨家挨户搜刮粮食、捉拿牲畜，之后便放火烧掉了这个有几十户人家的村庄，使一两百老少无家可归。当时的我虽然还只几岁，但时至今日我都未能忘却当年日本鬼子欠下江河源人民的这笔血债！

汽车缓缓前进，过了马山脚不远便是一个叫马脊坳的地方。当年从荷叶塘直接下山的那股日军，抢占了这处高地，并不时向马山脚村在田间劳动的百姓射击。透过车窗，我仿佛看见了在村子垱头的墙脚下和后山丛林中几处陡坡旁，我们的几位年轻力壮的长辈在向鬼子扣动着枪机。他们都是当地抗日自卫队队员，其中有蒋有文、蒋有远、蒋知元和蒋汉杰。蒋知元的狙击位置距离日军下山的路很近，当他打中了两三个鬼子后正要向另一个鬼子扣动扳机的瞬间，一串罪恶的子弹从对方打了过来，夺去了这位年轻汉子的生命。其他几位也有的中弹受伤。让我们铭记这些英雄好汉的名字吧，是他们为保卫家园而不惜自己的生命和鲜血！

匆匆而归，又匆匆离去。行前，村里的长辈和同辈兄弟（其中有几位是村干部）紧紧握着我的手说，你出去工作几十年了，现在退了下来就多回屋里来看看，也给我们讲讲外头一些好经验。他们还说，现在村里已初步实现“三通”（通水、通电、通路），今后除了搞好劳务输出，还打算利用坡地多种些药材、大豆、玉米，把山货卖到外面去……望着他们亲切而真挚的面孔，我默默地点头，我相信他们是能够做到的。同行的一位县领导告诉大家，规划中的“二广”（二连浩特至广州）高速将通过清水桥，那时村里人的生产生活和出行就更便捷了。

家乡的路啊，真是越走越宽广！

（本文原载2007年7月27日《湖南日报》，此次转载时作者略有修改）

故乡

何世军

“人是故乡亲，月是故乡明”。因生长在故乡，故乡的山水人情至今仍历历在目，尤其是儿时的记忆难以磨去。

我的家乡在宁远北部的清水桥镇洛家洞村，一个边远的山区，是大山边居住着100多户人家共400多人的一个不大不小的村庄。周围山坡上和山坳里，还有十来户、二三十户不等的十多个自然村落，全行政村人口不足2000人，新中国成立初期，曾在此单独设立过乡政府（含邻近的再上村），因自然区划太小，初级社时合并到上龙盘乡，但因路途远，开会办事往来不便，后来就近划入晓睦塘乡，几年前撤区并乡建镇，划为清水桥镇管辖。

村子西北面与双牌县只隔一座大山，东面出清水桥圩镇10华里，到柏家坪圩镇（原区公所所在地）18华里。过去老百姓赶集，主要来往于这两个圩镇。故乡的四周都是山，出门就见山，出清水桥、柏家坪赶集（圩）都是弯曲小路，爬山越岭，一般来回要两个多小时，因此，集镇上的人都叫我们为“山里人”。

村子后边就是后龙山，过去古树很多，主要是樟木树和苦株树，苦株子和板栗差不多（长圆形），捡回家加工磨成粉，既可做豆腐，当菜吃或当饭吃（有点苦味），也可做糍糊粘鞋垫（底）。后龙山的上面是螺蛳岭，山上是成片的小黄竹林，因山势陡峭，平常很少有人上去，到了春天扯竹笋的时候，山上的人就多了。

有的扯一两把，三五把，有的可以扯满一篓，一篮子，个头虽只手指大小，但长长的，嫩嫩的，味道香甜脆。村子上及外村的人都喜欢到山上扯笋子，除了自己吃，还将多余的拿到集镇上去卖。螺蛳岭的顶上是一块长方形青白相间的石壁，它像一条巨龙横卧其上，护卫着故乡人民的安宁。从外面进来的人很远就看到了这块大石壁，特有一种神奇的感觉。村子的对面是鸡笼山（形状像鸡笼），村民们过去种红薯杂粮主要在这片山上。西北面是何家源和五岔岭。五岔岭上的茅栗很多，秋天正是茅栗成熟开口的季节，虽离村子较远，但很多人到这里剥茅栗，连绵群山，百几十人在山上一天都碰不着面，每人背一个麻箩，一个袋子，剥一天可以装满一袋子，还能卖出个好价钱。从甘竹园进入庙门口（过去有一座古庙，新中国成立前夕倒了未再修复），是一洞百多亩很好的良田，田垌平整。水田、群山、蓝天、山水相映，气象开阔，也可算是福地洞天吧。这或许就是故乡“洛家洞”村名字的来历。一条小溪沿村子旁再经田垌的山脚边流过，加上新建的几座简易拱桥，更增添了小桥流水、鸡犬相闻的迷人景色。

“一方山水养一方人”。这里可谓人才辈出，仅二十世纪五六十年代以来参军提干、考大学参加工作在外的就有200多人，其中厅、处级干部达20来人。

故乡过去是个穷山村。先前山岭上到处是古树，林木茂密，1958年大炼钢铁基本砍光了。现在只在各自然村的后龙山保存有几片树林，早些年虽然搞了些植树造林，但大面积的还未长成林。新中国成立前，村子上虽有几户富裕人家，垌中间有些好田基本都是他们的，但实际资产并不大，绝大多数是苦农民。一般老百姓的生活来源主要是山上林木。由于所有权不是穷人的，平时只能偷偷到大山上砍点松树和杂木柴，挑到圩上卖了换点油盐钱。有的则靠帮别人做长工，打零工，来维持一家老少的基本生活。村民吃的多是杂粮，除了很少的稻谷外，主要是红薯、玉米，其中红薯为半年粮。人民因吃红薯太多消化不良，曾流传这样的民谣：“洛家洞、洛家洞，吃了红薯肚子痛”。

新中国成立后，农民彻底翻了身，分了田地，有了自己的山林。改革开放以来，粮食增产增收，吃穿不愁，年轻力壮的除少数在家耕种土地外，大部分走出山门，到沿海大城市打工赚钱，经济条件有了很大改善。好多人都添置了家具，建起了新房，房子从山后建到了村门口及公路边。近些年党和政府关心山区人民，加大了对基础设施的投入，山塘、河坝、沟渠进行了整修。“要想富，先修路”。通过村民的努力和上级的支持，早期修通了到晓睦塘的简易公路，近年又新修了到清水桥镇的水泥路，与永连公路相接，货车、客车从清水桥圩镇直接开到了村门口，解决了行路难和运输难的问题。为了解决村民照明和机械打米等用电，国家支持30多万元，接通了双龙水库水电站到村子里的电源，结束了千百年来煤油灯、桐油灯、松树粘的历史，告别了碾压磨米的时代。由于有了电，不少家庭用上了彩色电视机和其他电器，文化娱乐生活比过去丰富多了。路通了，电有了，经济活跃了，文化教育也有了很大的改善。村小投资20多万元建起了三层楼的教学楼，计算机和北京景山校区联网，信息互通。投资兴教蔚然成风，在外工作人士和打工能人慷慨解囊，贫困学子圆了求学梦。2007年，我自己就将全家多年省吃俭用积攒下来的20万元钱，全部捐给了我小时候就读的清水桥完小建综合楼，并为之取名为“求知楼”。过去村民吃水用水就近从河里挑，天旱要从几里路远的社塘边挑水吃，上岭下坡非常吃力。为了解决人畜饮水问题，早几年省水利厅及县水电局拨出专款，安装了从何家园到村子上的引水管，在晒王岭上修建了蓄水池，使家家户户都用上了干净、清洁的自来水。

这一切的一切，都体现了故乡面貌的改变。感于此，本人有拙诗一首：

青山绿水风光美，地灵人杰故乡亲；
党的领导指航向，改革开放政策好。
村变人变面貌变，人民生活大提高；
饮水思源不忘本，感谢党的好领导。

（本文作者系江河源洛家洞人，曾任湖南省水利厅纪检组长、党组成员。原文载《永州印象》）

清江公路扩建竣工铭文

蒋政平

清江简易公路建成于1991年底。2006年，按村道3.5米标准实施硬化，“通而不畅”的问题凸显。是路扩建，全赖旅外贤能运筹。工程启动于2012年夏，毕事于2015年秋。主干道北起马脊坳土地坛，南抵清水桥永连公路入口，凡7.6公里，路幅5米至5.5米之间。项目共筹资400余万元（扶贫资金100万元、烟基项目100万元、桥梁资金50万元、市县政府特批150万元），全线计动土石方3.6万方，块石混凝土护砌5000余方，修筑防护墩总长1160米，重建清水桥桥梁一座。为彰上级政府造福民众的德政，颂旅外游子报效桑梓之懿行，特撰此文，以励后昆。铭曰：

莽莽厚土，江河古源。人勤物阜，文明久远。唯路崎岖，交通不便。

民受斯累，路梦难圆。九零年代，修路维艰。公路草创，坎坷蜿蜒。

砼路初铺，乙酉之年。通而不畅，“标准”所限。畅路兴业，众所期盼。

旅外贤达，决计扩建。筹资效力，赐惠故园。盛赞政府，倾力玉全。

工程艰巨，历时四年。凿石劈岭，拓宽路面。高筑护坡，整修桥涵。

通衢十里，对接永连。坦途既成，车畅人欢。锦绣前程，恩泽绵绵。

（本文作者系江河源马山脚人，曾任永州市政协常务副主席、永州市政府正厅级干部）

西江月

陈起后

（一）参军

四九参军十月，
母亲姐姐送别，
风萧萧兮秋水寒，
泪眼蒙眬相望。

遗腹丧失严父，
孤儿寡母相依，
含辛茹苦养育我，
长大送入革命。

（二）行军

五〇除夕暗渡，
鸭绿江冻冰寒。

夜行道路看不清，
连滚带爬前进。

千里行军月半，
穿越炮火硝烟，
敌放镁弹昼如光，
部队偃伏不管。

（本文作者系江河源再上人，黑龙江省友谊农场中学退休高级教师，书法家）

临江仙

忆开学老师

唐柏操

开学老师，自幼聪慧，素有大志。戊戌及第，考入湖大。后因病休学返家，时耕时教，饱经艰辛。时值戊午仲夏，复登台施教。甲子二月，职掌县立一中。乙丑冬后，历任县委、政府领导，先后主管工交、文教卫、农林水、政法等工作。历职十数载，一展平生之志。其从教、从政业绩斐然，人皆称之。其禀性果敢耿直明敏，富胆识与智慧。辛巳暮春，因积劳成疾不治而逝。众皆莫不叹惜之！兹逢江河源陈氏家谱再修付梓之际，开忠、开柳先生嘱予作文，以记开学老师之德业。今填词一首，为之纪念。词曰：

负帙十年凝浩气，
壮怀势与云平。
才惊四座众人倾。
春风吹绛帐，
桃李满盈庭。

系意舆情尤自奋，
安危冷暖关情。
苍生为重泰山轻。

甘棠春色在，
历历染丹青。

江河源赋

唐柏操

悠悠哉洛江水，莽莽乎江河源。枕阳明而衔潇水，抚九嶷而仰长天。邻双新而望祁道，拥春陵而近永连。山雄西北，水注东南。郁郁乎林野芳甸，盈盈兮江河古源。

美哉江河源。飞瀑激峡，耳得之而作雅乐；群山环野，目遇之则为琅环。青嶂八重，锁天地之灵气；碧流九派，助大江之狂澜！逦迤磅唐，鸡笼山聚财迎福；嶒崒峭陁，奔陡坡发脉生源。岭嶝千仞兮，诧高山之天井；巉岩百寻兮，嗟断崖之飞泉。潏涌流急，岩泉澎湃；山高水远，潫洞深玄。暮鼓晨钟，庵庐不存而余音似在；龙涎凤液，古井犹盛且流韵依然。驻八门口兮，咏怀菽稻；登五岔路兮，极目楚天。更有长脊深谷，摩天碧簪；灵岩高旷，螺岭盘旋。双龙戏珠，珠镇江口而风光不逸；九派合流，流归沧海而涓浍成澜。探游鳞于泓坳，听鸣凤于林间。聆瀑声之飞枕，舒岚气之绕轩。泛洛江兮碧水幽幽，垂柳两岸；览村野兮青山隐隐，修竹千竿。萋萋芳草，挺挺翠杉。四时有春，乃花、乃霞、乃锦；六月无夏，维木、维石、维泉。睹春光之可揽，羡朝霞之可餐。烟云渺渺，仿佛紫阙仙境；院落重重，依稀汉瓦秦砖。风光旖旎兮，不诗而诗；青冥仟眠兮，曰仙而仙。

壮哉江河源。通湘粤之故道，厚人文之山川。重情义又达情理，民风淳厚；有傲骨而无傲气，禀性贞坚。纷纷兮人文掌故，芸芸兮后生前贤。抗倭驱寇，拼杀湘赣；保家卫国，血战东山。治病救人，分效孙李；临池挥毫，各锺柳颜。重耕重读，立德立言。耕耘于机关企业，闯荡乎海北天南。处江湖之仗义兮，负雅志于云天。岸七尺以奉公兮，纷万马而争先。

乐哉江河源。和谐社会，锦绣田园。蜿蜒兮康庄大道，甜润兮自来山泉。璀璨兮万家灯火，迅捷兮千里电传。驾轻骑以信步，何荷负而换肩？沐雨栉风，奋务工而流寓；躬稼秉耒，乐桑麻于家园。执经挟册，听书声之朗彻；击壤鼓腹，闻牧笛之悠闲。越峻岭以逐猎兮，临清溪而赋篇。倾农家之芳醇兮，盈樽浮月；品乡村之佳肴兮，知味垂涎。引壶觞以畅饮兮，悦苍生之怡然。乐金山复银地兮，享舜日更尧天！

嗟乎，江河源！秉中原之厚重，具江南之斑斓。绚丽兮乡村景象，蔚然兮玉树芝兰。近一步山拥水抱，远十里梦绕魂牵。歌曰：共长夜而设欢宴兮，醉染一川锦绣；登高台以颂桑梓兮，胸涌万顷文澜！

乐教

——为江河源洛家洞学校暨读书亭落成而作

宁远一中 郑 迁

江河源水自然清，林茂山幽景色明。
万顷烟霞传笛韵，一亭竹影伴书声。
潇湘邹鲁培新秀，道德文章出俊英。
逐梦前行须砥砺，初心未改奋蹄耕。

（2014年孟冬月，江河源洛家洞学校改造完工暨读书亭落成，因而作之，并以其颔联为读书亭联。2018年8月号《中华诗词》全诗发表）

江河源好（节选）

水低东南流潇湘，清凉习习，不知人间有盛夏；山屏西北御天寒，犹如怀抱，仿佛时令无严冬。江河之源，四季宜人。山青水净，空气新鲜；形胜地灵，人文炳蔚。时适盛世奢华，然不失雅素之美；近倚繁华贸市，而不受喧嚣之烦。酷比陶令梦乡，但闻天下大小事；宛如缥缈仙苑，却不少人间烟火情。修性养生妙处，度假休闲佳村。

忆往昔风景更胜：寺院钟声，神庙香火，古树参天森森。农舍炊烟直上，路边酒旗斜插。小桥流水，鱼鳖可亲；柳岸河滩，玩儿嬉戏。绿水白鹅曲颈，牛背牧童横笛。青畴绿野美似画，燕语莺啼歌如诗。还有那古道石径一线，把永州连州相接。南下轿马，北上掮客，一行结伴，笑语盈天，长亭短亭歇。天上人间何处觅，这好家园？

再上甲午岁重修祠堂记

吾陈氏乃中华望族也。上承虞舜之遗脉，先源胡满之故国，家声远播，源远流长。人丁繁衍，有如天之银河星辰；宗派分支，仿佛地之江淮水系。炎黄土地，九州疆域，何处不遇陈人乎？

先祖讳君伍三郎公乃再上开派始祖，时因元末战乱，公自江西举家迁徙宁邑，始居邑东跳礅石村，后又易居陈家塘（今柏家坪）。然公仍无定居之意，遂溯江寻源欲访桃源故事，终择江河源筑室定居。为儿孙久远之计，先祖自南而北，一上又上，故名其宅曰再上。先祖生于乱世，命途坎坷，曾历经末世战乱生死，流离漂泊之苦难，白手创业之劬劳，若非先祖之遗泽，焉有吾族之今日？吾等之今日？故，诚如朱子所云，祖宗虽远，祭祀不可不诚。

历代先辈秉承祖训，孝友传家，耕读示后。孝乃知礼仪，知礼仪者人和，和而方合，合则顺，顺则兴。一族之兴，莫不循其道者。故孝唯传家之本，和乃家族之魂。为聚族祭祀祖先，先辈于清道光十三年建造宗祠，又于光绪二十八年斥资修缮，前设门楼，祠宇恢宏壮观。春秋两祭，阖族一堂，金炉氤氲，玉盏生辉，升降周旋，恭行伦序之礼，把盏交流，深厚宗亲之谊。欣欣荣荣，一时名冠乡邻。然近半个世纪以来，人间风雨，岁月雪霜，无情侵蚀，诸因所致，年久失修，祠宇颓危，肖子目之泪下，志士面之汗颜。祖灵无所栖矣。然颍川国里不乏贤，伍公后丁勿忘志，一呼百诺，捐资邀贤，甲午之秋，克工修葺，数月告竣，光复旧日，慰祖灵于上天，兴宗祚照后世，德孝可嘉，堪为后世表率。

今逢盛世，海晏河清。国举城建之策，民趋迁徙之势，吾族后生自不例外。然树高千尺不离本，子游万里犹思先，唯期后世族亲日后纵侨居四海，切勿忘吾族繁衍生息发祥地，水源木本养育乡。伍公后丁，同宗同脉，同心同德，千秋万代不迁矣。

精忠承嘱忝撰于甲午岁腊

江河源八景诗[1]

古井春晖惠我曹，龙珠戏会起狂涛。
灵岩送子恩辉远，白壁飞泉态势高。
玉观寒烟菩济度，摩天翠岭雾萦缭。
金台在望风光里，坐看苍虬气自豪。

古代耕读歌[2]

力田好，力田好，膏腴之田真是宝。
栉风沐雨莫辞劳，春种夏耘须及早。
一闻布谷声，便是催耕鸟。
五更起来山月高，一犁耕破陇头晓。
谷苗生东阡，水漾金针小。
禾稼秀南亩，风吹绿云绕。
修场甫及收成时，呼童先把官租了。

读书好，读书好，读的书多无价宝。
迢遥之夜莫贪眠，唔咿之声直到晓。
书传熟寻思，经旨细论讨。
莫厌书义繁，只恐功夫少。
一理心间融，万卷腹中饱。
信口吐珠玑，词源三峡倒。
满纸生云烟，笔阵千军扫。

①、②摘自江河源牌楼文化墙。

附表： **江河源籍人士出版、发表部分作品目录**

作　者	著作、论文或作品名称	发表、出版 时间	刊物名称	备 注
蒋显礼	《湖南媒体大观》	2003年1月	湖南大学出版社出版	
蒋显礼	《锦绣潇湘——走近永州》	2005年11月	广东人民出版社出版	作者之一
蒋显礼	《论修养》	1994年第3期	《中国记者》	作者之一
蒋显礼	《构筑县域经济的新格局——评析“临澧现象”》	1993年6月18日	《湖南日报》（《经济参考报》转载）	
蒋显礼	《坚持用正确的舆论引导人》	1994年9月	《求是》	
蒋显礼	《改进会议报道 增强党报权威性》	1995年第4期	《中国记者》	
蒋显礼	《搞好党报精神文明宣传》	1995年第6期	《新闻战线》	
蒋显礼	《湖南集中精力抓农业 战胜灾害粮棉丰收 农民人均增收二百五十多元》	1995年12月31日	《人民日报》	作者之一
蒋显礼	《壮哉，沙漠公路》	2000年10月27日	《湖南日报》	
蒋显礼	《两岸情 新闻缘》	2001年第10期	《新闻天地》	作者之一
蒋显礼	《班子强 机制活 人气旺——再学“政治家办报”的粗浅体会》	2002年第4期	《新闻天地》	
蒋显礼	《加强新闻舆论监督是我党的一贯主张》	2002年第10期	《新闻天地》	
蒋显礼	《审计风暴席卷中国》	2004年第8期	《新闻天地》	
蒋显礼	《〈九嶷山下春潮涌〉——宁远农村学习贯彻十七大精神掠影》	2007年12月6日	《湖南日报》新闻摄影专版	撰文
蒋显礼	《总是难忘》	2009年 第9期	《新闻天地》	
蒋显礼	《世纪之交绘蓝图》	2011年6月28日	《湖南日报》	
蒋政平	《印象永州》	2011年1月	湖南人民出版社出版	主编
蒋政平	《抗日烽火燃永州》	2015年12月	永州市中共党史联络组、永州市史志办组织编纂	主编
蒋政平	《建言永州》	2011年	湖南人民出版社出版	主编
蒋政平	《永州楹联集锦》	2010年	中国社会出版社出版	第一主编
蒋政平	《试探中古时期零陵人才辈出的社会因素》	1992年7月	国防科技大学出版社：《湘天楚地论人才》	
蒋政平	《县委书记要增强驾驭全局的能力》	2000年	中共中央党校出版社：《怎样当好县委书记》	
蒋政平	《潇湘胜地 山水永州——对永州旅游形象定位的探析》	2004年8月	《中国旅游报》	

续表

作　者	著作、论文或作品名称	发表、出版时间	刊物名称	备注
陈开祥	《金土地》期刊	2017年	经纬出版社出版	主编
陈开祥	《横琴春哥》散文	1986年8月22日	《珠海特区报》	
陈开祥	《雪恋》散文	1993年	《广东侨报》	
陈开祥	《平沙散记》散文	1994年5月	《作品》第五期	
陈开祥	《平沙的诱惑》散文	1995年5月	《广州文艺》第五期	
陈开祥	《平沙落雁曲》散文	1993年6月	《亚太经济时报》文艺副刊版	
陈开祥	《初识青岛》散文	2001年12月8日	《珠海特区报》文艺副刊版	
陈开祥	《感受金湾》散文	2004年	《珠海特区报》文艺副刊版	
陈开祥	《小袁》散文	2008年	《珠海特区报》文艺副刊版	
陈开祥	《快乐骑行》散文	2014年11月30日	《珠海特区报》文艺副刊版	
陈　刚	《一个林业大县的困惑与思考》	2002年第12期	《中国财政》	
陈　刚	《退耕还林要确保农民增收》	2002年第8期	《中国财政》	
陈　刚	《让云雾山绿茶走出大山》	2002年第1期	《乡镇财政》	
陈　刚	《提高广西农产品竞争力的思考》	2001年第12期	《县乡财政》	
陈　刚	《我国“菜篮子”质量卫生安全亟待加强》	2002年第3期	《农村财政与财务》	
陈　刚	《依靠“绿箱”实施对我国农业支持和保护》	2002年第14期	《中国财经信息资料》	
陈　刚	《缓解贺州市地方财政配套资金的对策研究》	（17T—3）2011年第17期	《经济研究参考》	
陈　刚	《建立失地农民社会保障体系的思考》	（17T—3）2011年第17期	《经济研究参考》	
陈　刚	《破解贺州市城区征地拆迁难的思考》	（17T—2）2011年第11期	《经济研究参考》	
陈　刚	《加快贺州市重点镇发展的财政调研报告》	（5T—1）2016年第5期	《经济研究参考》	
陈　刚	《打造“桂湘粤”区域性物流中心的政策思考》	（41T—7）2010年第11期	《经济研究参考》	
陈　刚	《让人民群众共享改革开放成果》	（论文2008年）	中国财政与改革开放30年征文优秀奖	

续表

作　者	著作、论文或作品名称	发表、出版时间	刊物名称	备注
陈　刚	《建立县级公共财政框架的思考》	2001年第8期	《广西财政》	
陈　刚	《贺州市中小企业融资问题及财政对策》	2007第12期	《广西经济》	
陈　刚	《减免农业税：县乡财政的困难与出路》	2004第12期	《广西经济》	
陈　刚	《昭平县优化软硬环境启动民间投资》	2002年第11期	《广西财政》	
陈　刚	《农村基础教育投入面临的困难与对策》	2002年第10期	《广西财政》	
陈　刚	实施粮食“直补”全力推进农村税费改革	2003年第10期	《广西财政》	
陈　刚	《做大做强贺州烤烟支柱产业的几点思考》	2005年第2期	《广西财经》	
罗海峰	《市场经济条件下中学德育工作》	1997年5月	《德育报》	
罗海峰	《贴近学校实际，拓宽德育新路》	1998年10月	《德育报》	
罗海峰	《正确对待优中差生是素质教育的有效策略》	2000年12月	《班主任》	
罗海峰	《初中数学教学分层处理的尝试》	2009年12月	《数学通讯》	
罗海峰	《数形结合思想在高考中的有效应用》	2007年5月	《数学通讯》	
罗国良	关系性思维视角下的战略实践研究：包含社会空间的场域 Planting Relational Mode of Thinking in Strategy as Practice: Carry with Context into Field as Social Space	2016年2月17日	Journal of Service Science and Management 刊号：1940-9893	第2作者兼通讯作者
罗国良	超越社会物质性和意义建构：融合符号权力和批判实在论的战略实践逻辑研究 Beyond socio-materiality and sense-making: planting symbolic power and critical realism into Strategy-As-Practice logic	2016年4月1日	Carpathian Journal of Food Science and Technology 刊号：2329-3284	第1作者兼通讯作者

续表

作 者	著作、论文或作品名称	发表、出版时间	刊物名称	备注
罗国良	基于科学发展观对制造者的食品保障意识的研究Study on Food Security Guarantee from Food Manufacturers Based on Scientific Outlook on Development（EI）	2015年7月1日	Carpathian Journal of Food Science and Technology 刊号：2066-6845	第3作者

第二节 专题报道

工作队来了村变样

张新国 欧阳友忠

群山绵延起伏，新修的道路蜿蜒延伸。道路两旁，是挺拔的白杨，广袤的田野，游弋的鸭群。菜地里，农民正在采收冬季蔬菜。在这里，我们丝毫见不到冬日的萧条。

12月6日，记者随同省、市委基层办领导来到宁远县清水桥镇洛家洞村，进行建整扶贫考核和基层组织建设调研，见到洛家洞村喜人的景象。

省委基层办主任江波径直来到村活动中心，握着驻村工作组组长寻时雨的手说："我半年没来，自来水设施改造好了，果园办起来了，洛家洞真是又变样了。"

在村里的生姜基地，种姜"老把式"陈开芝趁着天晴早早下田劳作。他扎了扎裤腿说："洛家洞村土质和气候都适合种生姜，每亩有5000元的收入，我今年种了4亩多生姜，收入近两万元，工作队还每亩补贴200多元，种姜划得来啊。"

在水果基地，水果种植大户何土生正在挖坑、下肥，准备春节后种枇杷树。他高兴地说："今年收入不错，工作队帮我搞了20多亩水果，种柑橘、香梨、板栗、枇杷等，有3万多元收入。"

村党支部书记唐柏建介绍说，洛家洞村共有16个自然村，17个村民小组，1892人，有相当一部分自然村分布在山上，过去由于地理位置偏僻，基础设施薄弱，产业发展落后，村民比较贫穷。

今年4月，省工商局、人民银行长沙中心支行把洛家洞作为建整扶贫点，组成联合工作组进村扶贫，计划用两年的时间改变村里的落后面貌。被选派的两名干部与村支两委干部、党员群众一道分析村里的具体情况，探索致富路子，制订了建整扶贫的两年计划和长远规划，争取各项资金。目前，已投入资金75万元，改造了村活动中心，维修了村小学校，改建和新修水池11座，铺设水管2.8万米，让村民喝上了更为洁净的自来水。村里还兴建7个垃圾池，给每家每户发放了垃圾桶，村容村貌更为整洁了。

在此基础上，工作队引导村民发展产业致富增收。全村今年种植生姜150亩，发放生姜种植补贴1.9万元，建成生态果园100亩，种植经济林400亩。如今，洛家洞发生了喜人的变化，村民人均年收入将近3000元。

（转载自2011年12月14日《湖南日报》）

省督查组来宁远督查

何丛芳

22日，省委督办专员刘国湘率督查组在省工商局党组副书记、副局长寇勇陪同下来我县督查作风建设和建设扶贫工作。市委组织部副厅级干部、部务委员刘恒魁，县委书记严兴德，县委常委、组织部部长刘军君，县委常委寻时雨，县委常委、县委办主任何德波等陪同督查。

清水桥镇洛家洞村是省工商局、人民银行长沙中心支行的建设扶贫点，扶贫工作组进村后，工作组组长寻时雨与党支部书记唐柏建结成对子，指导帮助村里建班子，找发展路子，培育主导产业，解决突出问题，村容村貌得到明显改善。今年，工作队又计划协助村里兴建教师宿舍、拓宽公路、兴修水利、办好基地。目前，公路拓宽工程正紧锣密鼓地施工建设；村小学教师宿舍楼正在动土兴建；“烟水烟路”项目正在施工。

雨后的乡村道路上弥漫着泥土的清香，严兴德、寻时雨与刘国湘、寇勇并肩而行，逐一介绍宁远开展作风建设主题活动及建设扶贫工作的措施和效果，督查组一行一边听取情况，一边向洛家洞村150亩生姜种植基地走去。看到村里的绿色产业蓬勃发展，督查组一行对工作组为民办实事的扎实的工作作风、工作成效表示赞赏。随后，督查组一行还实地察看了正在建设中的教师宿舍楼，并深入洛家洞村困难户陈国斌和老党员何世武家慰问，亲切地与他们促膝谈心，叮嘱他们保重身体，祝福他们日子越过越舒心。

在随后召开的“走访群众听民声，深入基层解难题”作风建设主题活动汇报会上，严兴德汇报了我县开展“四深入两结对一测评”活动，加强干部作风建设的情况。他说，我县一是思想认识突出高，动员部署高规格，宣传发动全方位，领导办点多层面；二是在活动上突出特，开展了一月一主题活动，开展了深化领导干部“三联”活动，完善群众满意度测评活动；三是在活动内容上突出实，扎实做好民情调研、服务基层、联系项目、结对帮困等活动；四是在活动效果上突出好，促进了组织建设、中心工作、创先争优等活动。通过开展“两开两整”等活动，领导干部把根扎到了群众当中，真心实意地帮助群众办了实事，办了好事，得到了群众的广泛认可和好评。

刘国湘、寇勇、刘恒魁代表督查组对我县的作风建设主题活动及建设扶贫工作给予了高度评价。督查组指出，宁远积极开展作风建设活动和建设扶贫工作，取得了较好成效，是县委认真落实省委、市委决策部署的体现，也是对人民群众高度负责的体现。宁远将活动与建设扶贫工作相结合，扎实努力开展工作，干部把自己植根于群众，与群众同吃住，打成一片，把惠民富民当作工作第一要务，把群众困难记在心里，切实解决了群众的困难，作风建设工作思维清晰路子对；为民、惠民服务标准明；活动扎实效果好；群众满意称赞多。督查组希望我县继续努力推动“四深入”活动上水平、出特色，以优良的作风全面推进各项工作。

（转自2012年3月22日宁远红网）

省市委基层办领导来我县检查指导工作

欧阳友忠

2011年12月6日，省委基层办主任江波一行到清水桥镇洛家洞村进行建设扶贫考核和基层组织建设调研，县委副书记、县长刘卫华，县委常委、副县长、统战部部长刘庚旺，县委常委、组织部部长刘军君，县委常委寻时雨，县财政局、工商局、扶贫移民局负责人陪同调研。

江波一行实地察看了洛家洞村小学、村道建设、村活动中心、生姜基地、水果基地，对省工商局、中国人民银行长沙中心支行建设扶贫组近一年来的工作给予充分肯定。

省工商局、中国人民银行长沙中心支行建设扶贫组今年4月进驻洛家洞村开展扶贫工作，他们进村后，与村两委干部、党员群众一道分析村里的实际情况，探索致富路子，制定了建设扶贫的两年计划和长远规划。县乡两级党委政府积极配合，大力支持，他们以村两委换届为契机，选准配强班子，加强基层组织建设，调动村民的积极性，从改善村里的基础设施入手，目前，已投入资金75万元，改造了村活动中心，装缮了村小学校，硬化活动场所的空坪及道路面积近千平方米，护坡20方，改建原有水池6座，新修水池5座，铺设水管2.8万米，让村民喝上了更为洁净的自来水。还兴建7个垃圾池，给每家每户发放了垃圾桶，村容村貌更为整洁了。村支部建章立制，规范村民自治和民主管理，培养5名入党对象。在此基础上，引导村民发展产业致富增收，种植生姜150亩，发放生姜种植补贴1.9万元，建成生态果园100亩，种植经济林400亩。

省委基层办主任江波、省工商局人教处副处长周朗然、市委组织部副部长李钢、省委基层办主任科员刘立光等先后在会上发言。江波充分肯定了扶贫组和我县基层组织建设工作，他强调，宁远县要以建整扶贫为契机，加强基层组织建设，改进干部作风，开展城乡结对子活动，实行城乡互动，以城带乡，互帮互助，推进农村经济社会又好又快发展。

（转自2011年12月7日宁远红网）

蒋政平在清水桥镇视察工作

杨成山　邓少辉　邓凤英

2月22日，永州市政协原副主席蒋政平来到清水桥镇洛家洞村、田伟村，实地勘察清江公路改造工程。他强调，“修路是关系村民出行安全，关系子孙后代万古千秋的大事，要确保工程质量，确保路面宽度，确保施工安全不出任何事故”。

清江公路拓宽工程项目于2012年1月正式启动。据悉，清江公路最窄处仅3.5米，整个路段平均宽度处于3.5米至4米之间，作为承载洛家洞村、再上村、田伟村日常出行、运输的主干道显得相当狭窄，村民为之担心，道路拓宽已成为村民强烈要求及亟待解决的问题。但拓宽工程中的田伟村路段情况十分特殊，其关系到村民日常生活便利和安全等问题。对该路段的施工方案，村民们意见不一，该镇、村干部一时难以拿出一个周全的方案。

为了赶在雨水到来前完成全线的路基施工，蒋政平亲临宁远县清水桥镇田伟村实地勘察、测量及制定清江公路改造工程方案，蒋政平召集召开座谈会，广泛听取群众意见，要求县、镇相关负责人，洛家洞村、田伟村两委干部务必加强施工监督，把好施工源头关，对所有村民的生命安全负责，对村民的信任负责，对子孙后代负责，把路修成群众满意工程。（转自2012年2月25日宁远红网）

桂砺锋在洛家洞村指导救灾工作

廖迪茂　李严军

6月4日深夜，清水桥镇普降大雨，降雨急、雨量大，引发山洪冲毁河堤，给洛家洞村沿河烤烟、水稻等农作物造成较大损失。灾情发生后，县委、县政府高度重视，立即组织县民政、烟草、农业、水利等部门下到村组帮助群众生产自救，开展核灾救灾工作。

灾区老百姓生产生活恢复没有？情绪是否稳定？6月6日上午，县委副书记、县长桂砺锋和县委常委、副县长、统战部部长刘庚旺带着对老百姓的牵挂来到清水桥镇洛家洞村指导救灾补损工作。

几处河堤被洪水冲垮，河水改道，稻田变河滩。桂砺锋仔细察看了基础设施和农作物受损情况，向镇村干部详细了解受灾情况，并鼓励他们恢复生产，树立信心。他要求，乡镇要组织干部发动村民开展生产自救，鼓励群众树立信心，指导和帮助群众搞好灾后重建，争取把洪灾造成的损失降到最低。山洪过后，要密切注意天气情况，加强重点部位的汛期巡视，加大地质灾害隐患排查力度，提高群众安全预防意识，居住危险地带的群众要采取必要的应急避险措施，择地就近安置。

随后，桂砺锋一行来到双龙水库大坝，了解防汛调度运行情况。要求值班人员严密监测汛情，严格落实责任，科学调度，切实做好防汛准备工作。

（转自2014年6月18日宁远红网）

刘庚旺深入扶贫点调研精准扶贫工作

蒋崇新

10月22日上午，县委常委、宣传部部长、副县长刘庚旺率领县卫计委、水利局、电力局等相关部门负责人深入清水桥镇再上村、大竹源村调研指导精准扶贫工作。

调研中，刘庚旺先后查看了再上村、大竹源村的通村公路建设情况以及两村工程项目建设情况。当看到再上村通村公路建设进度较慢时，刘庚旺要求，扶贫队要各司其职，争取在过年之前把公路基础工程完成，同时抓落实、抓力度、抓时间，保护好生态，要让在外支持村里发展的能人看到村里的变化，让他们感到自豪，村两委要把村里的环境卫生和基础设施做好，要把破旧、没有保护价值的空心房拆去。

在座谈会上，扶贫工作队详细介绍了两村精准扶贫工作开展情况及下一步扶贫打算。刘庚旺对当前各项工作给予了充分肯定。要求扶贫队要把握时间节点，精准实施项目，加快推进项目建设，积极争取项目资金；要做好帮扶对象脱贫巩固工作，完成贫困户信贷授信，加强技术培训；要夯实基层建设凝聚攻坚合力，切实增强自主脱贫能力；要强化工作举措，落实责任，加强领导，及时研究工作过程中遇到的困难和问题，确保顺利完成今年各项工作。

（转自2016年10月22日宁远红网）

宁远县：扶贫攻坚“精而准”

黄钰涵

为确保精准扶贫的准确性、真实性和有效性，全面落实帮扶措施，切实做到“真扶贫”“扶真贫”，4月14日，宁远县农机局全体干部在正处级干部何德仁的带领下，深入清水桥镇江河源村（社区）迅速开展精准扶贫工作“精而准、好而优”。

何德仁此行还特地带来了环保电商及香猪养殖商，公安局副处级干部陈慧带大家参观了其家乡再上村的原始生态林，大家都纷纷竖起了大拇指，表示是个投资的好地方。

此后，全体干部职工在农机局局长熊波的牵头下，进村入户面对面的了解贫困户的基本情况及致贫原因，熊波强调，大家一定要以自家亲人的态度对待帮扶对象，详细的了解情况，根据实际情况对产业项目申报工作做好引导，落实好“4321”结对帮扶措施，并填好帮扶手册，让贫困户真正体会到党和国家的关怀，体会到我们同志们的真情实意。确保扶贫工作“精而又精、准而又准、优而又优”。

（转自2017年4月19日中国农业机械化信息网）

第三节　楹联集萃

江河源牌楼联

气象非凡，四面青山连五岭；

田畴如画，一江秀水贯湖湘（蒋政平撰，李菊春书）

耕读厚家国，春光满眼青云志；

成就思故里，往事萦怀赤子心（唐柏操撰，周明森书）

玉真观联

面对白石千年秀，

头顶青山万代春（佚名）

洛家洞学校联

居高俯清流，水涵山染芝兰地；

把卷生晓韵，春诵夏弦雅颂声（唐柏操撰，李菊春书）

读书亭联

万顷烟霞传笛韵，

一亭竹影伴书声（郑迁撰，陈海龙书）

四围岭坳丽村原，衡嶷秀色；
十里弦歌佳气象，邹鲁遗风（唐柏操撰，陈起后书）

马山脚井亭联

亭外山光千古碧，
田间佳气四时青（蒋政平撰，黄福先书）
修古井贻一方百姓，
汲甘泉育万代子孙（蒋政平撰，黄福先书）

再上陈氏宗祠联

大门联：
君伍开基，裔遍寰宇；
群贤继业，嗣满中华（陈起后撰并书）
积德堂联：
再上村龙盘虎踞山河美；
江河源人杰地灵友情浓（陈起后撰并书）
思贤堂联：
琴韵书声春花秋月；
家和业盛景泰时绥（陈刚撰并书）

甘竹园陈氏宗祠联

颍川启派，源远流长绵世泽；
蒲坂繁衍，人文蔚起振家声（陈起钧书）

宅第门楼联

马山脚陶然居联：
撷来五岭景，
拼作田园春（蒋政平撰，刘明泰书）
蒋家岭门楼联：

密荫千章，荟萃高枝涵柱栋；

祥雯五色，萦纡瑞彩照山川

横额：茂衍今古

（唐柏操撰，郑颖书）

第四节　家乘摘录

一、谱序

再上　陈氏续修家谱序

陈氏宗族人口之众、分布之广，位列华夏各姓宗族之前茅，并且历史悠久，源远流长，历经世事沧桑数变迁徙，散居中华各地，实感吾祖创业之艰。由于历史之变故，自鼻祖胡公满递及君伍三郎公已有八十二世。三郎公为江河源再上之开基始祖。尊公元延佑五年戊午生。迄至正元年，由江西迁春陵城卜居东门跳墩石。迨至正六年，遂置第于跳墩石，偕妻携子乃迁居于宁北杨柳桥陈家塘（即今柏家坪）。于是已上复上，转徙无常，遂由江河源而定宅再上，安居乐业，裔丁繁衍。房别支分外省外县的有四川省，广西灌阳县，双牌县左支岭，本县有西洞、西山，本地分为甘竹园、马山脚、洛家洞、上兰家、白石山、枧木冲等地。特别是中华人民共和国成立后，移居外省、市、县的更多。1938年在上龙盘12户合修谱牒已73年之久。并且其谱牒资料遗失毁坏甚多，如不再续修家谱，将会出现忘祖弃宗，无不遗憾。此种情况下各村多数族员相互联络讨论、研究必要续修家谱。为此组建了纂修筹备小组。其各个成员立即行动，遍及各地，搜集整理残缺不齐的资料，并走访老一辈的长者，现已基本完整（除外省无据查找的四川、广西灌阳、本县西洞）。家乘能承上启下并能找寻每个族员的血缘关系。族之历史渊源，重温族人亲情，协调人际关系等，并对现代文明建设也有着极为重要的意义。本次续谱建牒，我们将和叔侄弟兄们共同努力，把旧牒与新碟加以整合形成一个较为完善的整体，它将会启迪后裔并答先祖之灵。因文拙笨舌，水平受限，错漏之处在所难免。敬望族人多加赐正。

君伍公派下第二十三世后裔孙　起保谨识

2011年12月

兰家岭　陈氏续修家谱序

国家修史，修其奸贤；宗族修谱，修其本源。倘年湮代远而无继起者，以似续之不几令人欢述者之无人乎？我陈氏本源系出虞氏，先宗前辈位元、辑五二公续修族谱辄以胡公满始。我甲一郎系始祖满九十一世孙也。嗣后生齿日盛，迁徙不一。至九十四世生福公迁居零陵之楠木源，生寿公移往宁远之马栏背，生禄公徙居永明八都之大梨源，传九十五世。犹有变迁者，宗明公返零陵之楠木源，宗致公新择住宅宁远之荷叶塘，宗宣公原处永明八都之大梨源。后兹或迁未徙[涉]及卒葬日月仿龙门史法编繁[纂]以示来兹，俾后之述者一目了然，无挂一漏万之虞，亦无桃僵李化[代]之患。非敢自诩有功也，差可告无幸焉。斯亦幸甚事矣。后起之秀踵其迹而为斯役者，尊祖而敬宗，敬宗而睦族，读明科上治下治旁治之义，知我罪我无几于斯谱见之云耳。兹合宗谱告葳，敬勒数语以表区区之心，凡我同宗尚其谅此。

第一百零三世孙先义先榜先茂先序谨撰

何家源、洛家洞　陈氏合修宗谱序

尝读总理民族主义其第五讲有云：大家如果知道自己受压迫的国民已经到了不得了的时候，把各姓的宗族团体先联合起来，更由宗族团体结合成一个民族的大团体，要抵抗外国人积极上自然有办法。值此国难严重之秋，欲救亡图存，宗族团体实有联合必要。窃我陈氏自始祖胡公满递衍至今，盖已有百余世，氏族之繁几遍寰区，即族居宁邑者亦不下数十百户，但枝分派别各自为宗，彼此相处无不秦越视之。如此而求团结，未有先于合谱者。是合修宗谱，实为联合宗族以达于结成民族大团体之津梁也。忆我族宗谱新修时仅我上龙盘一户，及癸卯续修时与洋塘、山田、夏庄、瓜畲、墟头各脉联合，而附近再上、江竹园、枫木山一带同宗各族户不与焉，诚为可惜。去岁丁丑，族人以旧谱经过浩劫之后，多已散佚无存，兼自癸卯以还，阅时已久。为生殁计，均有意于重修。善欲联合宗族团体以实现总理民族主义之初步，更为合修倡迨商之各户长老询谋佥通，适绍陶夫子由桂旋里，乃邀集各户贤能从事筹备。新联合者有再上、江竹园、乐佳洞、马山脚、枫木山、西茅坪、滨江源、兰江岭、荷叶塘及永明大柟湾、零陵陈家湾、南江累、道县暖水源、左支岭等十四村，综计一十八户，两易寒暑始底于成，善公务羁身未能尽量协助，良用疢然，惟冀从此秉承总理遗训，由家族而为宗族，由宗族而合成民族，精诚团结，共赴国难，以复兴中华而协和万邦。斯则兹居宗谱之合修，岂仅铭祖德、记宗功、明世系、详生殁而已哉？

第一百零世三孙楚善沐手谨识　中华民国二十七年　穀旦

马山脚　陈氏续修宗谱序

宗谱，俗名家谱，也叫族谱，又叫家乘，其内容已载一个家族的由来发展、演变，宗谱实质上就是一个宗族的家史。

我族谱自民国27年续修以后迄今74个春秋未修族谱。70余午来，由于家族观念逐渐淡薄，加上“文化大革命”的十年浩劫，上次续修的宗谱已散失殆尽。现仅根据上龙盘十二户合修宗谱所保留一点资料，从九十一世嘉绵公开派马山脚，全靠德新宗亲的记忆，一代一代整理好，记录下来的。这次修谱由上龙盘宗亲冠伯倡导民国27年12户，共同响应重修宗谱，有幸的是我马山脚宗亲有德新、苏文、德洋同心同德，不计名利，为振兴宗族，一心把族谱修好。吾祖自江西鹅颈塘迁东安，明朝正德年间嘉绵公卜居择里，开派马山脚，得此风水宝地，筑室于斯，创其立业，繁衍生息，开三户之人文，锺山川之秀丽，簪缨继起，人才辈出，祖功宗德实无量尔。

时移俗易，子孙繁衍，德吉公分居南江漯各宗亲，现居宁远县城、双牌县城，这次都做了记载。续修族谱，明辨世系，德承文明，昭示后代，激励子孙，凝聚族人，弘扬祖德，恪守祖训，不忘祖根，英才辈出，同心同德，共建和谐社会，构筑美满家园，以此为祝，乐序之。

冠伯敬撰

2012年3月

洛家洞、满竹坝　何氏宗谱叙

家之有谱，犹国之有史也。史以纪一朝之治乱圣狂，俾继世而知所儆；谱以一族之生殁行讳，俾后裔而知所宗。前以述祖宗以往之勤劳，后以启子孙之统绪。宗派定于斯，族类合于斯，生娶卒葬亦注于斯，谱之不可不修也。且我何氏之谱，甚急于修者有三焉：自始祖才富公派衍西江，基开南楚，移居者几地分徙者，凡乡人丁之椒衍叠出者，列代孙曾居址之星罗，散见于一州乡县，此而不修辑之，其奚以缵戎祖考、垂裕后昆乎？其所以急于修者一也。抑谱牒之修，原以辨亲疏，别长幼，序尊卑，岂可草草乎哉。我何氏谱历来未修，所存旧稿草录成篇，不过寥寥数摺，无论远而异县，即近而一乡，其间亲疏异次，长幼殊伦，尊卑别序，倘不搜罗而统宗之将分门别户，视一本于途人，累月积年等亲脉如秦越，于此而不修，后世更无有胜其任者，其所以急于修者二也。且自元迄明以至于今六百有余岁，其年不可为不久，一百有余家，其人不可为不众，生没者、迁徙者凡几，或承祧而续房，或夭殇而无后，或鳏寡而乏嗣，年月历久而失详，坟茔逾代而难考。苟不值时确查，广为采访，将遗忘者无以补之，舛讹者无以正之，失据者无以核之，生者不知所宗，死者不得其祀，是失尊祖敬宗之典，何以昭示于来兹乎？其所以急于修者三也。今春族人聚首一堂，倡修斯谱，第虑年湮代远，世系难以稽查，派别支分齿录难以纂辑，是未可朝夕奏绩耳，今幸稽查矣，纂辑矣。然缮写无其人，空叹篇残而简断；校对无其人，终恐风别而雨淮。欲成大厦，一木难支；欲破群疑，三人为众。我等承伯叔命，体父兄志，念祖宗德，概然以身任其事，努力同心，毖前惩后，仿苏谱以录其齿，师欧谱以垂为系。倡首者既乐观其成，分任者皆赞襄其事。举吾族数百年欲修而未即修者，得于今日而畅然满志矣。兹当梓工告竣，我辈不期有功，先期有过，而过究不敢言无，而功究不敢言有，归诸父老，父老不任，归之昆季，昆季不居，是殆祖宗在天之灵佑启我后人也。是为序。

民国二十一年壬申岁仲春月中浣谷旦　十九世嗣孙续

蒋家岭、马山脚　敕修蒋氏宗谱序

周室初兴，同姓封国，五十有三，而文武周分祚，居三十有二。左传载：曾、凡、蒋、邢、茅、胙、祭皆周公之胤，为蒋氏始，封祖余，余阅蒋氏宗史，肇封汉水之东，迁封弋阳之郡，采邑如漆水辽城，大族如乐安郡。汉中叶则有兖州粮二千石，诩公世四孙大将军九江逡遒侯，九子皆封，散籍江左，云阳侯默，卜居阳羡鬲湖之东；函亭侯澄，卜居阳羡鬲湖之西。期间最号盛者，无如函亭侯支焉，如孟、通、休、政、玄五龙鸣于汉，系、伸、偕、仙、佶五贤鸣于唐。诏旌忠节者，义兴县子俨也；史标文学者，义兴县公义也。陈唐建金陵曰蒋州，盖以江南蒋氏之盛，始盛于汉，继盛于唐，有尤盛于宋。我宋祥符希鲁公讳堂，以六经第徐榜进士，占本邑之开科，擅儒林之硕望，修宗祠四十九间，辑宗史二十二卷。递颖叔先生益修祖业，再聚家章，更设义学若干楹，义田若干亩，重树大宗碑于祠之东庑，函亭碑于祠之西庑。持其已谱未竟者，属成于予，新例井然，余何容赘一词哉。欧阳少师云：义兴邑乘，半为颖叔家乘可也。其言岂虚誉哉？颖叔讳之奇，号函南，伯龄七十九世孙，嘉祐丁酉，与予同第黉榜进士，追祖姬岐之盛德，而蒋氏之方兴未艾也。

宋崇宁二年癸未春三月甲子

赐进士第礼部尚书兼端明殿翰林侍读学士苏轼

奉旨为同年进士蒋之奇纂修宗史序

上兰家　唐氏初修族谱序

家之有谱，犹国之有史也。国无史，则孰知兴衰理乱之由；家无谱，则孰知世系源流之辨。二者大小有殊，其为不可无一也。尝见今之为谱者，曰吾祖即某卿之分派、某相之箕裘也，是欲引为家乘光矣。夫崇韬拜令公之墓，何如狄青却梁相之图。豪杰挺生，不必绳承往哲。士各视其所为，毋庸远引也。永州为九嶷之麓，潇湘汇其流，山川清淑之气，锺为望族，郡县学名宿啧啧称唐氏为最。岁己未，门人唐高明携家谱示余，请题词以弁其首。余览其谱系源溯江右，派衍于泉陵，分隶于他乡异地。远者不妄附，近者以次详，其间衣冠相望，继继绳绳；世泽相承，绵绵翼翼。自明以迄于今，支分为二，系则一十有九迁居、卒葬犁然可寻，长幼尊卑秩然不紊，亦云核矣。昔杜工部示从孙济诗曰“同姓古所敦”，其寄唐使诗曰“盛族多其人”。余以为维其能敦是以能盛。今唐氏子姓服先畴，食旧德，而能原其辟肇，区其支派，缀其芳规，收其散秩以合厥族，其必有以敦厥谊矣。夫维其能敦也，是以人皆知孝友也，孝友行于家而和气致祥。又奚俟繁称远引以铺张其盛也哉！余故稽实而为之序。

嘉庆四年岁次己未季夏月

文林郎前知江苏常州宜兴县事护理松江府柘林通判

现任永州府学教授年家眷弟湘西张世铨拜撰

水源山、岭源头、满竹坝　豫章罗氏源流总序

罗氏出于重黎，为黄帝司徒，曰祝融。是时以火施化，号曰赤帝。听弇州之鸣鸟以作乐歌。生都于鄀，终葬衡山之阳。祝融生嚣术，嚣术生勾龙，勾龙生徭卢，为颛顼后土，能平九州，辨土之宜，以教后世，兆民祀之以配社。本嬗姓，周初封鄀于罗为国，后因以为氏。凡罗皆其后也。至春秋时，罗为小国，迨隶襄阳之宜城，徙荆州之枝江，周末自宜城徙长沙。秦武陵令罗君用督运官铁，溺洞庭，女与弟寻尸不获，俱赴水殁。乡人感其义，于长沙城东故居建祠焉。君用公遗孤珠，事汉高为治粟内史，奉命守九江郡。因郡人张交献地，遂灌侯婴筑城凡十里许，辟六门，告成，遂家焉。是豫章自罗始矣。晋隆安间，颖十八世祖企生公为晋殒节泰始间，豫章太守胡公藩、邑令鲁侯攀特请恩表其节于门曰：一门忠孝。夫企生公之高祖以前，世家西山武阳递至塘祖，手植罗汉柏，遂曰：柏林罗氏也。是故抗节不屈而死晋之难，则君臣之道立；自誓不嫁而投缳以死，则夫妇之义正；因父名万年而植万年枝，则父子之情慰。观哀忠之台，其为孝孙可知也；观退居之楼，其为高士可知也。拜市汉之祠，其好施之报可知也；拜秀峰之祠，其御灾让地之德可知也。他如新吴之柏林观，武阳之总官太尉祠，上岸之罗湖岱王祠，其庙祀者多矣。望望烟之楼，可以见周急之仁；谒崇节之堂，可以见慕义之正。或举开元进士而仕至大府，或举建中进士而仕至刺史。历科以来，甲第后先继美，明经贡举，奕叶上下重光。此皆实录以志吾氏族，欲我子孙之先德之不忘也。虽李、杜、韩、孟、陆、贾赠诗之类必录者，欲后嗣交游以善从也；虽哀思自誓之词必叙者，欲后嗣深思之下，得性情之正也。吾祖家豫章，抵颖身三百余年，若夫吉、赣、瑞、临、抚、建、袁、饶、徽、宁、池、泰、闽、楚等处，皆其支裔，盖将以联一本之懿，合其离而萃其涣，明统系以继先人之志也，不亦难乎？幸文献足征，故备录先德，贻我后人，以俟仁人孝子贤智之辈，知所考证焉。

大唐开宝元年春二月朝议大夫清徽殿学士敕封

豫章开国郡公食邑三千户企生公十八代孙颖书

蛇头岭　李氏谱序

永阳山水秀气为三楚冠。由汉唐来，类有伟人出其间。余视学两至见其文采风流，萃于一族者不少。因思人才之盛，必有自来，非先世阀阅，织缣缃以贻子孙。

宁邑李生大年、方济、师旦、承纲、承绪、际可等，呈家谱乞序于余，余阅之，乃益信地脉之发祥，而聚族于斯者之繁衍为未可量也。今夫本之深者其枝茂，膏之沃者其光晔。物理固然于人为盛，氏族之叙，所以重本源、承膏泽也。自夫人铺张世系、夸耀荣华，而诗书之贻谋荡然无有识者。直视为妄诞不根之书，其于先后曷赖焉。今观李氏所者，发源于盛唐，衍派于豫章，由桂阳星溪而徙宁远，等而上之，前数百年之勋名不坠，推而下之，后数十世之班次无差。亲尽则祧，而功德在所必彰；服绝则疏，而昭穆亦可不辨。显者叙之，善者记之，绝者附之，阙者补之，等杀秩如规条井然。览是书者，孝弟之意可以油然而生，亲睦之思可以勃然动矣，且夫苍梧形胜，古志多材，诸生孕疑山之秀，濯潇水之清，世济其美，光大前人，岂徒一门之庆哉！本家乘以垂国史用以成一代伟人，余且拭目候之也，诸生勉乎哉。

提督湖南学政李汪度

乾隆四十一年丙辰岁孟冬月上浣之八日

上兰家　吕氏光绪庚子续辑《河东家乘》序

吾河东吕氏，本系出姜姓，神农之后也。及伯夷仕尧典礼佐禹有功，敕封于吕，其吕氏受姓之由出于此。日后人丁繁衍，抡元入相，代不乏人，官宦簪缨，奕叶勿替，莫不载之旧牒，志诸宗谱，故毋庸后裔等之赘述矣。我房祯公自予弱冠时闻诸先祖父老佥云自洛阳分派，世居零邑雷公洞山脚岭。自后世有世霖、世云、世震昆季三公均徙于宁邑，同居北乡。霖公卜居上兰家，云公卜居清水桥，再传大建公易居关塘，震公居田尾，迄至朝公迁移新田老虎山。虽云人各有志，择地而居，莫能相强，而枝叶同本，休戚相关，仍然一体一家者不啻然。及客岁庚子春，我族房人文学士与诸前辈先生共议合修宗谱，则搜各家私记，采诸户墨抄，溯流穷源，寻宗觅派，考核精详，遁付诸梓。庶几我公之昭穆亦得不混，吾家之本源并获分明。故此恭疏短引，以志不忘一本之谊云尔。

十三世孙周璜谨志

上兰家、马山脚　朱氏族谱序

今夫修谱与修志同。志者，阐幽德标奇行，将以登之国史，俟纂修编修者择焉。国有史，邑有志，而家则有谱。谱之言布，布列其事；谱之言普，周普无遗。谱修而亲疏远近、长幼尊卑皆有以考，世系知终始。是谱虽异于志之阐幽标奇，而其为不可无，则一也。岁壬申，余奉命守永，思有以阐幽德标奇行，阅零邑志知其久而未修也。爰命诸绅士纂成之，而一时职司采访则有诸君显仁、咏仁辈，窃见朱氏一门英彦耆寿、忠孝节烈逐次录入，余嘉其有光青史也。阅数月，适朱氏族谱告竣，请序于余。披览之下，见其源来豫章，派衍楚南，星散于衡永宝桂，仿欧苏之遗制，分大小之宗支，祖孙父子可稽也，生娶卒葬可考也。凡夫幽德奇行必表，而出之其尊祖敬宗之意，恍油油然流溢于简端。因不禁慨然曰：德流传而不朽，行积久而弥光，世之人夸金玉锦肃之富，希卿相爵位之荣，往往与本源所在昧焉。不讲听其消沉，以朱氏之英彦耆寿忠孝节烈既登诸志复泐诸谱，上可告无罪于先灵，下可昭其法于后世，则朱氏之谱更有同于阐幽标奇，不仅考世系而知终始已也。异日者登之国史，宠贲龙章，辉扬凤管，胥于是乎在因书此以弁简端，览斯谱者其毋忽。

清翰林院编修知永州府事张修府拜撰

洛家洞　胡氏宗谱原叙

人虽至不肖，而一动以木本水源之思，未有不勃然以起敬；人虽至无情，而一联以家人宗派之谊，未有不油然以起爱。爱敬之原不以贻谋，不以式穀，不以象贤，不以克家，而隐微内实有固结而莫可解者，故《尚书》有称曰："古我先人。"《左传》范宣子对穆叔亦曰："昔匄之祖在周有宗子维城之义，而后世既有伐木行苇之情，又有本根勿庇之戒，此以知本之诚，不容忽耳。"若夫为前而有美克彰，为后而有盛克传，更为人生之乐事，而一家之瑞徵也，可多得与？婿历稽世家传记，自有虞后裔阏父为周陶正，武王以大姬配胡公，则胡公为舜苗裔也。嗣后达人蔚起，或功扬，或德著，或诗文震世，或簪笏传家，总总盛美难以枚举，则安定固所称根之茂者其实蕃，膏之沃者其光晔也。今考翁族自禄祥公江右来楚，始居永郡东邑，支派蕃盛，逦骏有声。至元道公慕嶷山之秀，迁徙宁邑多历年所。婿自幼往来尊族，传闻翁先人起自艰难，集蓼于斯，几不克有此土，卒之勤俭以持家，谦光以处世，孝慈友恭，伦纪整饬，此所以吉人天相，用肇造立丕丕基以至于今也。然而析薪弗负荷，伯石以此归田，游楚放于吴。太叔不能亢宗，世固有作之先者，厥子乃弗肯构奕奕，令绪转盻将隳，何可胜道。独至胡氏，自元道公迁宁以后，揖揖蛰蛰，世继其美。传家以义也，课子以诗书也，待人以忠厚也，敦本以睦族也。所以家业日盛而无侵欺，文人继兴而无凡品，后先辉映，卓哉不可及矣。望族其在斯乎？婿本枵腹，何敢赘言以贻羞，因承嘱再三，不顾厚颜，爰集俚句以志简端，如云序也则吾岂敢。

时道光十六年岁在丙申仲春上浣之日　愚婿郡庠生杨登镜拜撰

二、家训　家规

吕氏家规十则

1．敦孝悌；2．和邻里；3．睦宗族；4．课子孙；5．勤职业；6．祀先祖；7．敬宗枝；8．扫坟墓；9．恤孤贫；10．敬师长。

蒋氏家训十要

1．孝敬父母；2．友爱兄弟；3．敬老尊贤；4．和睦邻里；5．发奋读书；6．勤奋工作；7．崇尚节俭；8．先人后己；9．遵纪守法；10．爱国爱家。

唐氏家规十则

1．时祭祀以报祖宗；2．序昭穆以别尊卑；3．敦孝第以重人伦；4．笃宗族以昭雍睦；5．和乡党以息争讼；6．务农桑以足衣食；7．完粮饷以免催科；8．重诗书以明礼让；9．防邪术以正风俗；10．禁赌博以弭盗贼。

朱氏《读书八要》

一要“持志”；二要“循序渐进”；三要“熟读精思”；四要“虚心静虑”；五要“切己体验”；六要“做迟钝工夫”；七要“节节是疑”；八要“钻进书本”。

三、记 赞 传

豫章罗氏族谱赞

豫章世家，洪州望族。忠孝一门，节义两顾。文德武功，名留简竹。理学真儒，后先继续。礼立仁昭，天伦攸笃。贤子贤孙，旋踵芳躅。以此家声，遗风善俗。

大宋元祐八年癸酉季春赐进士出身敕授朝奉郎任大理评事知制诰翰林学士龙图阁学士兵部尚书礼部尚书端明殿侍读学士惠州宁远军节度副使眉山苏轼题

再上陈氏建造祠堂记

吾族之建斯祠堂也，非不知昨之惟艰，亦思古人之宗祠不后于宫室。而祖宗之灵有所栖焉耳。吾祖君武三郎公自元至正间于邑之东门跳礅石，始卜厥宅于江河源。越数载更欲再上定宅，遂筑室于兹，故相传名之曰再上，其时草昧初开。迨后，于恒远公子有二，各筑一宇，就所居立祠，则溯其由而炳如矣。第今人丁繁衍，凡值岁时伏腊，聚族祭燕，其于升降周旋之间罔所凭依。但久思营建，殊畏艰难，斯固吾族之缺然而未备者也。至今春祭，少长咸集，于是父老遂倡言众子弟，咸概然己任。因以宅中地基，丁癸占未丑山向就成一条，鸠工建厅祠两座，其力役资用皆缘丁出，又各量力捐输，共勷厥事，一倡众合，工数月告成。首人请为之记。予曰：祠堂，祖宗之事业也。吾族为此盛举，诚先灵萃涣之使唤也。惟冀昭穆两序，群抒尊敬之忱；灵爽式凭，永锡绵长之祚。人文亦更炳蔚，科第遂见辉煌。上之光先猷，下焉裕来兹，敦彝族之谊，百世而不迁焉。此吾等之深幸也夫。

后裔光第子登氏　撰书

甘竹园陈氏祠堂碑序

传曰：万物本乎天，人本乎祖。圣王之治天下也，道始亲亲，亲亲故尊祖，尊祖故敬宗，敬宗故收族，收族故宗庙。爰自王公大人，逮乎比闾族党，亲亲相维，礼让行而风俗一，率以此也。溯始祖君伍公原住邑东跳礅石，大明太祖时徙江河源，寓高坵坊。越数载迁再上，传十七世延至玉奇公，生子五。因居住狭窄，复卜宅于兹。二子克纯，三子克举，二公之彼，三公留再生焉。故因播迁之余，各有羁绁而不可以合并，遂就其近属而约束之。修其祖庙，崇其祀典，俾后之人穷端竞委，睹指知归，而仁孝之思郁乎其中，发乎其外，则所以妥其先灵而大其门户者，是可不谓知务本者欤？

双和堂　公项　式百两　克纯公　公项　陆拾两　克举公　公项　陆拾两

正禄　捐钱　叁拾两　正璋　捐钱　弍拾柒两　正荣　捐钱　弍拾捌两

正恺　捐钱　弍拾陆两　正魁　捐钱　弍拾叁两　正祥　捐钱　弍拾一两

正祚　捐钱　弍拾一两　正福　捐钱　弍拾两

首事　光第撰书

清道光弍拾弍年三月初二日

赞光富公

何琢斋

山不在高，有仙则名；水不在深，有龙则灵。人生在世，惟德成名。太姻翁光富公钟亲台之严君也。予生也晚，虽未亲睹衣冠，亲即笑貌，然聆前辈之传述，犹得识其大概，而乐为之词曰：人胡为兮，不朽。能百世兮，流芳。古人言兮，有以为。累德兮，发祥。闻太翁兮，在世。颂忠恕兮，一乡。奉椿萱兮，竭力。待棠棣兮，弥光。与人物兮，无忤。款宾朋兮，周详。善居室兮，不侈。和处世兮，勿张。故根深兮，蒂固。乃桂馥兮，兰香。咏螽斯兮，一什。歌麟趾兮，三章。观后昆兮，耀彩。卜他年兮，焚黄。序俚言兮，以志。必地久兮，天长。

于光绪辛卯。

光松公行略

严君沐国恩例授修职郎。弟兄有四，而兄幼殇。业儒不得志，为人孝友纯全，人言无间。处兄弟辈骨肉无乖，见贫苦人温恤致念。而且操持家事，助吾祖以创业。谙练人情，谨当时之言行。可惜遭家不造，难容彼美之人，竟于光绪乙亥而溘然长逝也。嗟乎，父在往矣，芳徽昭然。儿今把卷吟读，手泽犹伤其未泯。卒葬本山石竹山，兹命儿鸠工修砌，以为父保元之所。至今兰孙绕砌，家道兴隆，皆赖我父昔日待人忠厚之所致也。

男明璞跪述　于光绪辛卯岁

纪念胞兄开学去世十周年（摘录）

胞兄开学，字学忠。公元1939年11月14日，生于江河源马山脚村。系开派祖君伍公24世孙，严君大人次子。兄少聪颖，悟性过人，善思好问，喜读书，性情刚强。七龄启蒙，成绩优异，五八年考入湖南大学，攻读化学专业。然时运不顺，欲将完成学业之际，1960年秋因病弃学回家疗养。斯时正值困难之际缺吃少衣，温饱不济，农村尤甚。无奈一介书生，病体支离，与弟兄父母相依，共克时艰。时至1963年，兄病初愈，有幸应邀赴平田农中任教。然好景不长，因时势所致，六六年又复归故里农耕。嗣后时而扶犁躬耕，时而执教村童，总之所学非用，岁月蹉跎……

1979年兄有幸被上破格录用，执教县立一中，至此，兄39岁，予33岁，兄弟方分炊自立。兄知恩图报，尽心尽力教学，可谓剖心施教，沥血浇桃。1983年兄任一中校长，立志培桃植李，以慰平生。无奈命运捉弄，兄长不得不改弦易张，涉足仕途。1985年夏当选宁远县副县长，1991年冬任县委副书记，1996年夏享正处级退二线任县委调研员，2001年春病逝于任上。兄从政十数余年，先后分管教育、文卫、民政、工交、公安政法等政务。诸如做人老实，为官清廉，心地善良，性格直率，做事认真，乃源自祖传品行之使然，亦无可厚非。至于居官坐府，政绩功名，历史自有评说，无须繁述。唯兄无论教书还是居官，均承载了太多的责任。操心过度，积劳成疾，以致沉疴不起而早逝，令亲者长痛不已，这是留给后人的深刻教训。兄虽命途坎坷，半生潦倒，四旬出道，然亦不乏建树。究其因有三：祖宗有德，赋他智慧；父母有劳，送他读书；自己努力，学有所能。兄为官清廉，身后无余资，仅遗居所一处，然上无华灯，下无地板，数样家具亦陈旧不堪，可谓家徒四壁。兄本仁根善心，生前栽花植草，珍惜有加，故满园春色。今者主故花零，群芳萎颓。唯后院铁树尚自欣荣。嫂氏忠贞孀居，犹泣前情。二侄学有所成，各自成立。门下桃李，亦芬芳天下，艳照神州。诸可慰兄生前之志，死后之灵矣。兄逝今有十年，十年生死两茫茫。然手足之情不死，患难厚谊犹存。每遇佳节亲聚，或夜深不眠，或触景生情，都会想起兄长，其英姿笑貌又仿佛清晰于眼前。为之难过，为之叹息，同时也为他祝福，祝愿他在另一个世界里过得安逸而轻松。往事不堪回首，兄弟相依，患难与共；而今盛世升平，兄却舍予独去。正是人生苦短，聚少离多。天命乎！奈何乎！今者家乘新修，为弟将兄一生之况瘁，命途之坎坷，一一述诸谱牒，以示后人鉴识。

苦撑宦海孤舟雨雨风风东西南北风独邀清风为伴侣；

勤编人生词典句句字字古今中外字总将爱字来开头。

胞弟开忠 谨述 于二〇一二年辛卯四月

四、契约

立结清界劝息合约

立结清界劝息合约人：郑涵容 郑元宝 杨中纯 邓君山 郑万春 郑元铭 刘人和 吴元利等

今因郑启辕公丁祖遗山场一处，地名杜家源，陈文寰公丁祖遗山场一处，地名边家源，其二姓山场毗连争论不清，具控在案，至今临讯，予等在场不忍终讼，仰体知事大人爱民息讼之心，予等从场调处，二比干休，并无压和情事。致[启]辕公丁自愿裁出山场一条让与陈文寰公丁所管：上坪大脊埋石，下坪向姓祖坟上生成大石，直下郑姓第一坵田嘴上坡，生石凿字为界。陈文寰公丁自愿备出山价钱五十六千文正，付与启辕公丁收领是实。自清界劝息以后，石脊左系郑姓所管，任从抽禁砍伐，石脊右系陈姓所管，任从抽禁砍伐，二姓各无异言，如有翻悔等情，自干坐咎。今恐无凭，特立清界劝息合约二纸，各执一份为据。

尾批当面批明第二邱田坡上，逐年任从郑姓修割，捌尺宽不许创挖，陈姓不得阻挠异言。其衙门规费二家各许各完，并不与邻老人等相涉，特立令[合]同为据。

在场人：郑涵容 郑万椿 郑元宝 郑元铭 杨中纯 刘人和 邓君山
吴元利

郑启辕公丁 万松 水秀 炳炳 拖令

陈文寰公丁 光前 昭诰 昭绣 昭惠

民国五年阴历五月二十五日

祖妣熊氏坟台劝息合约

立劝息合约人蒋廷恒、唐国宝、陈二实、陈兴旺、谢逢源等，今有陈何二姓为因坟台粮田之事互控在案，余等属在亲邻，体仁宪爱民之心，不忍二姓终讼致伤和气，故从中劝息，二家亦自愿甘休，其前后官衙规费各自清给，不干劝息人之事。惟淌岩前何姓之田卖与陈姓，书有净契，陈姓将江改从淌岩前经过，将田移归熊氏祖妣坟前，其江东边任从陈姓耕管，何姓不得翻悔异言；其江西边任从何姓抽禁培植，不得筑砌成田。二家各管各业，在后不得越界侵占，既合之后永归和好。两姓不得挟嫌所劝息合约。二纸一样，各执存照。

	光增	开湘	
甘休人：	陈正裕	何开湖	
	光举	国祯	
		陈兴旺	何明畅
同治十一年九月二十二日立劝息合约人：		唐国宝	蒋廷恒
		陈二实	谢逢源

克纯公买郑保丁山场契约

立净契卖山场人郑保丁永显、永举、永珆、启炫、启敬等，今有祖遗山场一处，地名甘竹源东一面下半节，东至本户朝洪山场刻字为界，西至水槽直下为界，南至邓、罗二姓山为界，北至业主山刻字，横过至水槽为界。四界分明，到今公用无出，合族商议将来出卖。先仅房族无银承买，请中向到陈克纯名下出钱承买，凭中言定山价钱四十两正，即日立契交足，不少分文，卖主亲自领受，并无准折。其山场是祖业不与外人连共，即日踏界刻字为界，任从买主抽禁烧灰，开垦栽种，安坟牧养，原业主不得拦阻、异言，嗣后一不加找，永不归赎。今欲有凭，立卖契一纸付与买主永远存照。买卖二纸。

中人：郑世豪、熊学忠

	世璿	启光	
	永成	启敬	
嘉庆十七年四月二十六日立契卖山场人郑保丁	永举	启炫	亲笔
	永珆	启任	
	永显	启恭	

第十章 人 物

第一节 人物传

李邦述

李邦述（1937—2004），中共党员，蛇头岭人。家境贫寒，六岁丧父。幼年辗转求学，时读时停，先后在本村、双牌县麻江荷叶塘、茶陵枫子庙、本镇清水桥就读，1953年考入宁远二中，1956年被保送到零陵师范学校就读。1959年毕业后被分配到宁远县文教科教研室任秘书，1962年任宁远县人委会秘书、主办科员，1968年在宁远县革委会办事组任干事，1969年任宁远县委办秘书，1971年任县革委会计划组副组长，1973年7月任县委办干事，1973年10月任宁远县粮食局副局长，1976—1984年任零陵地区财贸办科员、副科长，1984年3月任零陵行署城工科科长，1984年8月—1987年任永州市粮食局副局长，1989年任永州市（县级）常务副市长，主管财政、财贸和文教卫方面工作，1990年任零陵地区粮食局副局长、1991年任局长，直至退休。李邦述主持零陵地区粮食局工作期间，正是粮食经营管理体制面临从计划经济到市场经济转变时期，粮食经营从统购统销到合同订购，粮食价格由国家定价到市场调节。李邦述及零陵地区粮食局在完成粮食体制改革的同时，保持粮食市场的稳定和粮食供给。此外，李邦述担任粮食局长期间，在招商引资方面也取得突破性进展，如成功引进港资兴建合资经营酒店——南华大酒店。该酒店主体建筑一度成为当时冷水滩市标志性建筑。李邦述工作三十多年来，多次被评为省、地、县级先进工作者。2004年11月病逝于永州。

陈开学

陈开学（1939—2001），字学忠，中共党员，马山脚人。1958年于县一中高中毕业并考入湖南大学化学系，为中华人民共和国成立后江河源首批考入国家重点高等院校学子之一。1960年因病休学回家休养。1963年秋至1966年，任平田农业中学教师。1977—1978年，任大队民办老师。在家期间时耕时教，生活历经艰辛。1978年5月被聘为本县礼仕湾中学高中毕业班化学教师，本年下学期任本县大界中学化学老师，任教时间不足1月，旋又调至县“五七大学”高考班任化学教师，在与全体教师共同努力下，“五七大学”高考班同学在1979年高考中取得优异成绩，在县内引起轰动。1979年9月任县一中教师，因教学成绩及各方面表现突出，1983年任县一中校长。1985年冬至1991年任宁远县副县长，1991年至1996年6月任县委副书记，之后任县委调研员。担任县领导期间，先后分管文教卫、民政、工交、公安、政法、计划生育等工作。在担任副县长期间，通过其努力争取资金，1988年完成县水泥一厂的异地搬迁改造，年产量由1万多吨提高到4万多吨。在分管公安、政法期间，他凭自己的能力与胆识，与公安干警等一道，有效及时地制止多起规模较大的群众械斗，避免流血伤亡事故的发生。平生富智慧与胆识，工作能力强，任职勤勉。他在副县长和副书记的岗位上，承担并解决诸多的棘手难题，公众称誉有加。2001年4月病逝于宁远。

陈起珉

陈起珉（1918—2001），又名陈云，洛家洞人。1948年10月参加中国人民解放军，历任战士、排长、连长等职。1949年6月加入中国共产党。为中国人民解放事业，转战南北，英勇作战，荣立小功两次、大功两次。1952年2月入朝作战，任中国人民志愿军130师工兵连连长。在著名的金城反击战中，组织大家学习技术，出色完成任务，荣立三等功一次。1954年10月转业至山西省灵石县，任计划统计科科长，农林水利局副局长。1956年任宁远县机械厂厂长。1982年享受副处级待遇离休。2001年10月病逝。

何军

何军（1963—2005），中共党员，洛家洞人。1981年入伍，历任战士、某部坦克修理大队政委等职，2005年2月因意外事故遇难于衡昆高速公路。

陈水龙

陈水龙（1957—2005），中共党员，甘竹园人。1976年高中毕业后入伍，历任士兵、江门市军分区中校参谋、江门市公安交警大队大队长等职，2005年2月遭遇车祸不幸殉职。

第二节　人物简介

何世煌

何世煌（1927—2014），男，洛家洞人。1949年11月参加工作，1956年加入中国共产党，先后在平田、鲤溪、中和区公所、水市、双板桥、双井墟、逍遥岩、柏万城公社、县财委、县农电厂、县食品杂货公司、县副食品公司、县商业局、县林业局、县建设银行工作，1982年4月调入县工商局。历任公社副书记、公司副经理、商业局及林业局副局长、建设银行副行长、工商局局长等职务。任职期间，工作勤恳，为人忠厚、正派。1990年12月退休。2014年11月病逝。

陈开国

陈开国（1933—2008），1952年加入中国共产党，马山脚人。1952年任洛家洞乡财粮主任，1954年任晓睦塘乡组织委员，1958年任柏家坪公社组织委员，1960年任宁远县委组织部干事，1961年兼任中和公社党委副书记，1962年任晓睦塘公社党委副书记，1965—1967年任上龙盘公社副书记兼双龙水库指挥部指挥长，1968年任水市水库中型工程管理所所长（正科级），1989年任宁远县委组织部派驻县水电局组织员，1993年退休，2008年4月病逝。

陈起美

陈起美（1940—2002），中共党员，再上人。1959年考入衡阳铁道学院，1961年入伍，1968参加抗美援越战争，立三等功一次，历任排长、连长、营长等职。1984年转业后先后担任宁远县医药管理局党组成员、副局长，道县医药管理局党组书记、局长，江华县医药管理局党组书记。2002年3月病逝。

李邦迪

李邦迪（1941—1984），中共党员，蛇头岭人。宁远师范毕业。1962年起先后在鲤溪葡萄湾、侯坪、上龙盘小学任教。历任宁远县广播站办公室主任、宁远县劳动局调配股股长、大界公社党委副书记等职。李邦迪工作期间，曾多次被评为宁远县劳动模范、优秀共产党员，四次立功受奖。1984年10月病逝。

何世良

何世良（1920—1983），洛家洞人，1956年2月加入中国共产党。中华人民共和国成立后，1950年任上龙盘乡首任乡长。1956年任洛家洞高级社生产委员，1959年春任洛家洞大队养猪场场长。1983年4月病逝。

刘昌国

刘昌国（1920—2010），又名刘满林，1966年5月加入中国共产党，洛家洞人。1952年至1954年任宁远县九区洋塘乡乡长。工于木匠。2010年11月病逝。

陈起奎

陈起奎（1934—1983），洛家洞人。自幼父母早逝，家境贫寒。初中文化，中共党员。1952—1954年任洛家洞乡团支部书记，1958—1976年期间，先后任职于晓睦塘乡、上龙盘乡、双井圩乡，历任宣传委员、组织委员、副书记等职。1977年2月调柏家坪工商管理所工作，任所长。1980—1982年，先后担任李家铺乡供销社、禾亭区供销社主任，1983年2月逝世。

邓元生

邓元生（1917—1985），1958年5月加入中国共产党，甘竹园人。1952—1954年任洛家洞乡农民协会主席，1955—1956年任甘竹园初级社主任，1959年—1961年任洛家洞大队综合工厂厂长。1961—1965年9月任甘竹园大队党支部副书记，1965—1975年任洛家洞大队党支部委员。1985年12月病逝。

陈开棋

陈开棋（1929—1968），1954年加入中国共产党，洛家洞人。1954年任洛家洞初级社主任，1956年任洛家洞高级社党支部分支书。1958年冬任洛家洞大队大队长，1959年冬—1961年任洛家洞大队党支部书记，1962—1965年9月任晓睦塘公社监察委员、洛家洞大队党支部副书记，1965年10月—1968年12月任洛家洞大队党支部书记。陈开棋工作踏实肯干，为人忠厚、老实，多次被评为先进个人。1968年12月病逝。

蒋有文

蒋有文（1924—1986），蒋家岭人。1952年加入中国共产党，1955年任兰家岭、蒋家岭初级社主任，1956年任洛家洞高级社主任，1958—1960年任洛家洞大队党支部副书记，分管农业，1961—1965年9月任甘竹园大队党支部书记，1965—1969年任洛家洞大队党支部副书记，20世纪60年代末至70年代初任洛家洞大队革命委员会常委。1962年2月作为先进个人出席衡阳专区群英会，受到表彰。1986年5月病逝。

陈起善

陈起善（1932—2009），又名陈起俭，1954年加入中国共产党，再上人。1952—1954年任洛家洞乡民兵中队长，1958—1961年任洛家洞大队党支部副书记，分管工业。1962—1993年，其间，历任再上（大队）村党支部书记、村主任等职。20世纪70年代在其担任再上大队支部书记期间，再上大队成为全省农业学大寨先进典型。2009年11月病逝。

何雄飞

何雄飞（1938—2010），洛家洞人。1958年11月加入中国共产党，1958—1962年任洛家洞大队会计，1962—1965年9月任洛家洞大队支部书记，1979—1984年任洛家洞村调解员，1986—1990年任洛家洞村党支部副书记、村主任。2010年12月病逝。

陈文仪

陈文仪（1917—1989），洛家洞人。1956年9月加入中国共产党，1956—1958年任洛家洞高级农业合作社会计，1959—1960年任洛家洞大队综合工厂会计，1962—1965年9月任洛家洞大队大队长。1989年病逝。

蒋运姣

蒋运姣（1938—2013），1959年加入中国共产党，蒋家岭人。1958年冬—1961年任洛家洞大队秘书，1962—1965年任马山脚大队党支部书记，1965年9月—1969年3月任洛家洞大队指导员，1969年4月—1971 年年底任洛家洞大队党支部副书记、革委会副主任，1972年1月调晓睦塘公社林场任管理员、场长，1982年2月调柏家坪区林业站工作， 1992年任站长，2005年退休。2013年12病逝。

李邦福

李邦福（1928—1989），1956年10月加入中国共产党，蛇头岭人。少年丧父。1944年落入日军之手，沦为挑夫，历经双牌、道县、广西桂林、广东韶光等地，1945年8月日军投降之际，逃出日军魔掌。中华人民共和国成立后，工作积极上进，历任初级社、高级社干部，1958年任洛家洞大队保管员，1961年至1982年任再上大队党支部副书记，1978年至1982年任再上大队大队长。为人忠厚老实，工作积极负责。1989年病逝。

陈文铲

陈文铲（1929—2008），1956年11月加入中国共产党，再上人。历任洛家洞大队经济委员、再上生产队队长，再上大队大队长等职。1959年曾带领洛家洞大队社员参加外地水库建设。在农业学大寨运动中，陈文铲担任再上生产队队长，工作积极苦干、以身作则，被称之为“铁人”。2008年10月病逝。

蒋显伦

蒋显伦（1947—2017），中共党员，蒋家岭人。1990年至1992年任洛家洞村主任，1993年至2008年任洛家洞村党支部书记。任职期间，洛家洞村进行了多项较大的基础设施建设，如组织修建清江公路、配合电力部门架设输电线路，以及配合电信部门建立通信网络等。精于木工。2017年11月病逝。

唐自翘

唐自翘（1894—1972），字辅汉，号德远，上兰家人。毕业于中央军校步科。曾任国民政府中央陆军第16军53师318团7连连长，1938年6—7月参加马当战役，与日军激战。马当战役失利后返回原籍，供职于广西盐务局、桐梓乡等单位，之后游教于宁远、双牌等地，擅长书法。1972年秋病逝。

陈令汉

陈令汉（1924—1999），又名土荣，兰家岭人。早年毕业于宁远濂溪中学，1945年考取宁远干训班培训五个月后，被分配至石家洞乡公所任事务员。1946年始教于鲤溪山田村，其后一直任教于晓睦塘、上龙盘、清水桥、江河源等小学。擅长书法、音乐、乐器。1977年7月退休，1999年7月病逝。

蒋显道

蒋显道（1927—2006），又名树生，马山脚人。1958年开始在洛家洞小学任教，继而在蛇头岭、马山脚、泉井眼等学校任教。1984年转为公办教师，1987年退休。教学质量广获群众肯定。书法、唢呐演奏亦佳。2006年4月病逝。

蒋知元

蒋知元（？—1945），蒋家岭人。1945年5月10日（农历三月二十九日），驻扎在双牌县麻江荷叶塘的日军经天井岩、马脊坳到马山脚抢劫粮食。日军到达马山脚时，与该村的蒋汉杰等人发生枪战。此时正在马山脚门口犁田的蒋知元听到枪声后，拿起枪边走边喊“抓活的”“抓活的”，冲到马山脚后山与蒋汉杰会合，一同抗击日军。蒋知元在交战中不幸中弹牺牲。

朱石荣

朱石荣（192?—1951），马山脚人，烈士。1951年参加中国人民解放军，同年入朝参加抗美援朝，1951年12月在朝鲜宁远郡作战牺牲。

陈起镇

陈起镇（1930—1952），再上人，烈士。解放战争时期参加中国人民解放军，朝鲜战争爆发后参加抗美援朝，任班长。1952年10月在作战中牺牲。

朱石丰

朱石丰（1906—1988），字成彬，上兰家人，中草药医生。1959年在洛家洞大队综合工厂土药厂任药工、医生，1968年为洛家洞大队医疗卫生室中草药医生，精于望闻问切、药物方剂，尤擅妇科、儿科及部分疑难杂症，务农之余解除病人之痛苦。另以工于风水龙脉、青乌之术而名闻一方。1988年3月病逝。

陈文传

陈文传（1904—1965），再上人，中、西医医师。幼时得师塾施教并接受中医药知识，后经多年钻研、实践，成为当地较为有名的医生。先后行医于上龙盘、上马石、晓睦塘等地，1958年，作为国家派遣医生驻洛家洞大队，医德、医术为群众所称道。亦工于堪舆之术。1964年逝世。

蒋琛玉

蒋琛玉（1917—1951），蒋家岭人。中学毕业后考入国民党军校第16期，1944年任国民党陆军某部营长，解放战争中弃职回家，任本县自卫队副中队长，1949年9月县自卫队改编为湘保三师，任该师八团三营副连长，同年11月在宁远随部队起义，1951年因历史问题被人民政府镇压。1985年12月恢复其起义人员荣誉。

第三节 江河源籍工作人员名录

表67 （2017年12月）

姓 名	性别	原 籍	工作单位	职务（职称）	备注
陈起旺	男	甘竹园	洛家洞学校	小学高教	退休
陈起均	男	甘竹园	清水桥中学	小学高级	退休
陈国清	男	甘竹园	洛家洞学校	小学高级	退休
陈开刚	男	甘竹园	永州市工行	高级经理	副行级
陈开文	男	甘竹园	广东省河源市检察院	副调研员	
陈水清	男	甘竹园	上海复星集团公司	原投资总监	
陈海龙	男	甘竹园	宁远	艺术工作者	
陈水文	男	甘竹园	宁远一中	员 工	
陈春晖	男	甘竹园	立春投资（武汉）有限公司	董事长	
陈晓娟	女	甘竹园	祁阳县党校		
陈国运	男	甘竹园	双牌县二中	老 师	
陈国金	男	甘竹园	广东番禺	项目经理	
陈水龙	男	甘竹园	县工商银行	保 安	
陈黎明	男	甘竹园	江河源村（社区）	党总支委员	
何水安	男	满竹坝	郴州市北湖区武装部	副部长	
罗汉斌	男	满竹坝	湖南省鼎晖医疗器械有限公司	董事长	
罗水明	男	满竹坝	洛家洞村	原会计	
王国生	男	王 家	宁远电力局		
罗海峰	男	岭源头	宁远一中	中教高级	
罗楚文	男	岭源头	华能电力公司人事处	处 长	
罗炳成	男	岭源头	西北工业大学	博士副教授	
罗 辉	男	岭源头	广东普宁大坝镇中学	教 师	
罗国良	男	岭源头	暨南大学	讲 师	
罗国文	男	岭源头	北京某软件公司		
罗圣洁	女	岭源头	广东普宁大坝镇小学	老 师	
罗春芳	女	岭源头	重庆富士康		
罗春琦	女	岭源头	上汽集团	工程师	
罗国成	男	岭源头	佛山电力局		

续表67

姓　名	性别	原　籍	工作单位	职务（职称）	备注
唐德正	男	枧木冲	宁远县航运局	经　理	退休
陈运星	男	枧木冲	宁远县物价局办公室	副主任	
唐飞龙	男	枧木冲	宁远县运输公司		
唐光清	男	枧木冲	宁远县运输公司	业务经理	
唐小龙	男	枧木冲	永州小龙商贸公司	董事长	
唐晓武	男	枧木冲	江华县公路局		
唐运娇	女	枧木冲	宁远县烟叶办		
陈秀云	女	枧木冲	宁远县电力局		
何世军	男	洛家洞	湖南省水利厅	纪检组长	退休
何世平	男	洛家洞	湖南省统计局后勤服务中心	主　任	退休
刘具英	男	洛家洞	四川成都无缝钢管厂		退休
何野平	男	洛家洞	湖南省旅游局	处　长	
陈国宝	男	洛家洞	晓睦塘中心完小	校　长	退休
陈开柳	男	洛家洞	宁远县民政局	副局长	退休
何世忠	男	洛家洞	永州市司法局	正　科	退休
何世干	男	洛家洞	永州市物资局	科　级	退休
何　华	男	洛家洞	湖南省档案局	副处长	
陈开祥	男	洛家洞	珠海市金湾区文联	主　席	
陈开兰	男	洛家洞	洛家洞学校	小学高级	退休
陈国梁	男	洛家洞	洛家洞学校	小学高级	退休
何水泉	男	洛家洞	宁远县工商局		退休
刘具海	男	洛家洞	中铁19局职工中心医院	副　科	
何振庭	男	洛家洞	中瑞世联资产评估（北京）有限公司	副总经理	
陈　仲	男	洛家洞	农业银行湖南省分行人力资源部	正科级	
陈俊光	男	洛家洞	湘西自治州编委	正科级	
何　俊	男	洛家洞	宁远县林业公安局		
何小华	男	洛家洞	宁远县商务局		
何泽永	男	洛家洞	宁远县工商局		
何泽文	男	洛家洞	宁远县冷水工商所		
陈年成	男	洛家洞	宁远实验中学	副校长	

续表67

姓 名	性别	原 籍	工作单位	职务（职称）	备注
何世柱	男	洛家洞	宁远县纸厂		退休
刘来明	男	洛家洞	长沙理工大学		
何汉云	男	洛家洞	清水桥中学	中教一级	
陈小艳	女	洛家洞	宁远一小	小学高级	
陈国勇	男	洛家洞	宁远县民政局	股 长	
何泽权	男	洛家洞	宁远县司法局	股 长	
刘 成	男	洛家洞	水电八局		
何 伟	男	洛家洞	广东中山市移动公司		
陈开达	男	洛家洞	雁北监狱	干 警	
陈伟民	男	洛家洞	新田瑞华学校		
陈水清	男	洛家洞	宁远县物资局		
陈令国	男	洛家洞	宁远县税务局		
何梅芳	女	洛家洞	省水利厅设计院		
陈 志	男	洛家洞	佛山市气象局		
陈春草	女	洛家洞	宁远县实验小学	小学高级	
刘巾楠	男	洛家洞	中国人民财产保险公司沈阳分公司		
何 颖	男	洛家洞	清水桥中小	小学一级	
陈红云	女	洛家洞	宁远县水泥二厂		
陈六云	女	洛家洞	宁远县计生委计生服务站		
何春国	男	洛家洞	县市场服务中心		
何春超	男	洛家洞	株洲市城市街道灯具制造厂	副总经理	
陈国鸿	男	洛家洞	禾亭镇镇政府		
陈国文	男	洛家洞	鲤溪镇镇政府		
何春香	女	洛家洞	宁远水泥二厂	化验员	
陈 艳	女	洛家洞	广东中山市		
陈 娟	女	洛家洞	山东装潢公司		
刘国民	男	洛家洞	宁远县电力局		
何维平	男	洛家洞	宁远九疑山电站		
陈石恩	男	洛家洞	新田中学教师	教 师	
陈小灵	女	洛家洞	新田中学教师	教 师	

续表67

姓　名	性别	原　籍	工作单位	职务（职称）	备注
陈　欣	女	洛家洞	清水桥中心完小	小学高级	
陈小六	男	洛家洞	江河源村（社区）	副主任	
刘满妹	男	洛家洞	江河源村（社区）	计生专干	
陈德修	男	下兰家岭	洛家洞村11组	社会民俗活动人士	
陈令淑	男	兰家岭	宁远县税务局	工会主席	退休
陈令旺	男	兰家岭	晓睦塘中心完小	小学一级	退休
陈德才	男	兰家岭	宁远一中	校长助理	退休
陈德平	男	兰家岭	宁远县地税局	分局局长	
陈勇军	男	兰家岭	宁远县国税局	工会副主席	
陈德明	男	兰家岭	清水桥中心完小	校　长	
陈　适	男	兰家岭	宁远县民政局	办事员	
陈慧娟	女	兰家岭	宁远县华丽服装厂		
陈佑民	男	兰家岭	湖南涉外经济学院	副教授	
陈小捷	女	兰家岭	华图教育集团广西分校		
陈　健	男	兰家岭	水市镇镇政府	纪委书记	
陈德中	男	兰家岭	广州德高建材公司（永州南六县）	总代理商	
陈德旺	男	兰家岭	广东番禺大石镇建筑公司	项目经理	
陈德志	男	兰家岭	桂林市金汇大成有限公司	总经理	
陈秀丽	女	何家源	清水桥中心完小	小学一级	
蒋显礼	男	蒋家岭	湖南省人大教科文卫委员会	副主任委员	退休
蒋　琳	女	蒋家岭	湖南日报社报业集团	副总经理	退休
蒋显亮	男	蒋家岭	永州市经委	纪检组长	退休
蒋洪涛	男	蒋家岭	卫生部中国红十字会药监局	副处长	
蒋建英	男	蒋家岭	中国人民解放军某部	副团级	转业
蒋运光	男	蒋家岭	春陵中学	中教一级	退休
蒋国亮	男	蒋家岭	宁远县委办	副主任（正科）	
蒋显军	男	蒋家岭	零陵区教育局	中教一级	
蒋小瑶	男	蒋家岭	中石化湖南公司		
蒋武军	男	蒋家岭	深圳市	律　师	
蒋国平	男	蒋家岭	惠州市文化局文化执法大队	副队长	

续表67

姓 名	性别	原 籍	工作单位	职务（职称）	备注
蒋健辉	男	蒋家岭	宁远县人民银行办公室		
蒋运富	男	蒋家岭	宁远工商银行		退休
蒋军辉	男	蒋家岭	东莞市庆烨纸业有限公司	总经理	
蒋志亮	男	蒋家岭	宁远县残联		
蒋国安	男	蒋家岭	道县城管局		
蒋宏志	男	蒋家岭	春陵中学	中教一级	
蒋逢波	男	蒋家岭	永州一中		
蒋星辉	男	蒋家岭	宁远县中和卫生院		
蒋治国	男	蒋家岭	宁远一中		
蒋 欣	男	蒋家岭	湖南省林勘院		
蒋逢星	男	蒋家岭	长沙某监理公司		
蒋 辉	女	蒋家岭	中财保险宁远公司		
蒋 华	男	蒋家岭	宁远工商银行保安公司		
蒋政平	男	马山脚	永州市政府	正厅级干部	退休
陈苏英	男	马山脚	四川成都无缝钢管厂		退休
蒋显勋	男	马山脚	江永县林场		退休
陈令英	女	马山脚	道县		退休
陈国昌	男	马山脚	宁远县水电派出所	干 警	退休
蒋显义	男	马山脚	中铁19局二公司		
陈苏文	男	马山脚	宁远县人大农业环境委员会	原主任	
陈运义	女	马山脚	宁远电力公司		退休
蒋 平	男	马山脚	宁远县博爱医院	董事长	
蒋 全	男	马山脚	宁远县发改委	副主任（正科）	
陈苏武	男	马山脚	中铁19局二公司社保科	科 长	
刘 影	女	马山脚	民太安保险公估集团股份有限公司	副总裁	
陈亚玲	女	马山脚	广东江门市城乡规划局行政服务中心窗口	负责人	
陈孟辉	男	马山脚	宁远县国土资源局	科 员	
陈孟达	男	马山脚	长沙铁路系统	高级工程师	
蒋小岗	男	马山脚	博爱医院	高 管	
蒋 晓	男	马山脚	永州市	项目经理	

续表67

姓　名	性别	原　籍	工作单位	职务（职称）	备注
陈国盛	男	马山脚	宁远水市水库管理所	职　工	
陈计划	男	马山脚	深圳三诺电子有限公司		
蒋　宁	男	马山脚	辽宁省辽阳市检察院	干　警	
陈叶子	女	马山脚	省高速公路		
陈　澍	男	马山脚	馨园园艺公司		
蒋　维	男	马山脚	湖南农业信用担保有限公司		
陈运波	男	马山脚	宁远九嶷山电站		
陈运涛	男	马山脚	惠普广州分公司	工程师	
蒋超明	男	马山脚	衡阳冶金厂		
蒋美华	男	马山脚	宁远三中	中教一级	
陈运明	男	马山脚	物流公司		
陈云梨	男	马山脚	冷水滩嘉隆大酒店	财务主管	
唐良玉	女	白石山	永州市人民医院	医　师	退休
唐良发	男	白石山	长丰集团公司		退休
唐得鑫	男	白石山	宁远县政法委	正科级	
陈国富	男	白石山	原宁远县雾云山煤矿		
唐林茂	男	白石山	贵州省桐梓县协和医院	医　师	
唐振国	男	白石山	湖南神雀网络技术有限公司		
唐兴国	男	白石山	中国建设银行长沙银港水晶城支行		
陈　辉	男	白石山	宁远九嶷山电站	员　工	
唐天桂	男	上兰家	永州市金属回收公司	工会主席	退休
唐柏操	男	上兰家	深圳市运发集团股份有限公司	副总裁	退休
唐海波	男	上兰家	永州市金属回收公司	总经理	
陈治海	男	上兰家	宁远县运输管理所	所长（正科）	
唐顺发	男	上兰家	长沙市某科技公司	经　理	
唐文辉	男	上兰家	中信长沙分行五一支行	部门经理	
唐春娥	女	上兰家	MLTIUNIT TECHNOLOGY CO.,LTD	董事长助理	
唐文娟	女	上兰家	湖南省茶叶集团公司	会　计	
唐文婷	女	上兰家	广东省东莞市凤岗人民医院	护　士	
吕保定	男	上兰家	深圳市古一养生文化有限公司		

续表67

姓 名	性别	原 籍	工作单位	职务（职称）	备注
吕翠云	女	上兰家	永州市湘南医院		
唐照中	男	上兰家	长沙银行		
朱 勤	男	上兰家	清水桥中心完小	教 师	
唐柏建	男	上兰家	江河源村（社区）党总支部	书 记	
陈治军	男	上兰家	江河源村（社区）洛家洞网格	党支部委员	
陈文干	男	再 上	宁远县林业局	局 长	退休
陈起后	男	再 上	黑龙江省友谊县友谊场中学	书法家	退休
陈起保	男	再 上	洛家洞学校	小学高级	退休
陈起禄	男	再 上	宁远县清水桥镇粮站	站 长	退休
陈起仕	男	再 上	宁远县农机站	站 长	退休
陈起庚	男	再 上	江华县国有林业采育场		退休
陈开丁	男	再 上	广西昭平县邮电局	局 长	退休
陈 刚	男	再 上	广西区贺州市财政局	副调研员	退休
陈 慧	男	再 上	宁远县公安局	副处级	
陈 滨	男	再 上	广西医科大学	教 授	
陈 珲	男	再 上	广西医科大学	教 授	
陈开益	男	再 上	宁远八中	副校长	
陈明安	男	再 上	广西桂林市手工业厂	主 任	退休
陈海艳	男	再 上	湖南省农业委	科 长	
陈清鸿	男	再 上	湖南省交通运输厅高管局	科 长	
陈国春	男	再 上	宁远县移民开发局	副局长	
陈国宏	男	再 上	宁远县旅建投资公司	副总经理	
陈国柱	男	再 上	广东省中山市边防支队	副教导员	
陈海萍	女	再 上	湖南卫视	记 者	
陈汉清	男	再 上	宁远县洋塘林场	场 长	
陈 静	男	再 上	宁远县洛家洞学校	校 长	退休
陈 军	男	再 上	宁远一中	中教高级	
陈 俊	男	再 上	宁远一中	中教高级	
陈顺荣	男	再 上	宁远电力公司		退休
陈国勋	男	再 上	广东省珠海市包道快餐连锁店	经 理	

续表67

姓　名	性别	原　籍	工作单位	职务（职称）	备注
陈海林	男	再　上	宁远县环保局	司　机	
陈先书	男	再　上	宁远县电力公司		
陈国清	男	再　上	宁远县林业局		
陈开周	男	再　上	广东佛山方元泡绵机械厂	董事长	
陈小翠	女	再　上	东安药材公司		
陈　峰	男	再　上	珠海市汇迪科技公司	总经理	
陈国福	男	再　上	湖南文龙工程设备公司	董事长	
陈辉军	男	再　上	广东番禺喜客食品公司	董事长	
陈辉明	男	再　上	广州市书苑文化用品有限公司	董事长	
陈　琳	女	再　上	广西南宁市工商银行	经　理	
陈四明	男	再　上	广东省佛山市南海区正兴诚信厂	董事长	
陈开军	男	再　上	广东佛山市方元泡绵机械厂		
陈国能	男	再　上	南华大学		
陈国叶	男	再　上	衡阳市装饰设计室	设计师	
陈国用	男	再　上	湖南凡享装饰工程有限公司	工程总监	
陈国才	男	再　上	深圳国人建筑设计咨询有限公司	设计师	
陈　毓	男	再　上	北京大成（广州）律师事务所	律　师	
陈　英	女	再　上	宁远县农机局	出　纳	
陈国湘	男	再　上	东莞金厚田光电有限公司	软件工程师	
陈国柳	男	再　上	深圳千里马建筑有限公司	工程师	
陈勇平	男	再　上	深圳神舟数码系统集成有限公司	经　理	
陈竹清	男	再　上	广东佛山方元泡绵机械厂	厂　长	
陈小波	男	再　上	江河源村（社区）	主　任	
陈二坤	男	再　上	江河源村（社区）	会　计	
陈　华	男	再　上	江河源村（社区）再上网格	党支部委员	
李邦才	男	蛇头岭	永州市公安局刑侦支队	支队长	退休
李邦造	男	蛇头岭	宁远县人民医院急诊科	主治医生	退休
李邦宣	男	蛇头岭	双牌县委组织部		
李淑文	男	蛇头岭	湖南省公安厅		
李　晖	男	蛇头岭	湖南省警察学院	教务科长	

续表67

姓 名	性别	原 籍	工作单位	职务（职称）	备注
李邦珉	男	蛇头岭	洛家洞学校	小学高级	退休
李邦祥	男	蛇头岭	道县跃进机械厂		
李邦清	男	蛇头岭	江永二中	中教一级	
李石钢	男	蛇头岭	零陵区生资公司		退休
李国丰	男	蛇头岭	永州市粮食局		
李国良	男	蛇头岭	宁远县城		
李 波	男	蛇头岭	河北省二三医院		
李之俊	男	蛇头岭	清水桥中学	中一教师	
李之君	男	蛇头岭	709地质队（居长沙）		
李国华	男	蛇头岭	永州市粮食局		
李国勇	男	蛇头岭	永州市南津渡水电站		
李 娇	女	蛇头岭	双牌县委组织部		
李小毛	男	蛇头岭	宁远建设银行		
李 英	男	蛇头岭	道县	教 师	
李 春	男	蛇头岭	长沙望城	辅 警	
李光华	男	蛇头岭	金立集团	高 管	
李群志	女	蛇头岭	晓睦塘中心完小	小学高级	
李含月	女	蛇头岭	宁远医院		
李 平	女	蛇头岭	蓝山县太平圩镇中心小学	教 师	
蒋星珉	男	牛栏观	永州市讲师团	副主任	退休
邓佑清	男	牛栏观	清水桥中学	中教一级	退休
蒋星琼	男	牛栏观	宁远县饮食服务公司	副主任	退休
邓龙清	男	牛栏观	宁远农业银行	工程师	退休
邓老七	男	牛栏观	宁远县民政局		退休
蒋星辉	男	牛栏观	海南白沙县大岭农场	办公室主任	
蒋荣华	男	尧 上	深圳市鸿晟安防科技有限公司	总经理	
蒋崇贞	男	尧 上	北京黎马敦太平洋包装有限公司	工程师	
蒋崇辉	男	尧 上	宁远县嘉鑫玉石装饰材料厂	股 东	
罗国建	男	水源山	华为数字技术（苏州）公司	技术总监	
罗阳富	男	水源山	宁远县教育局	科 员	

续表67

姓　名	性别	原　籍	工作单位	职务（职称）	备注
罗国斌	男	水源山	苏州工业区华为公司	工程师	
罗国安	男	水源山	上海浦东新区新鸿基房地产公司	经　理	
罗小宁	女	水源山	湖南修正药业有限公司	会　计	
罗　斌	男	水源山	广东南华智闻科技公司		

附　录

一、中华人民共和国成立后江河源籍考入全日制大中专院校人员名单

表68　（截至2017年止）

姓　名	原　籍	录取就读学校
蒋显礼	蒋家岭	中国人民解放军湖南军区干部文化学校
何世军	洛家洞	道县师范
陈起后	再　上	中央军政大学广西分校
陈开学	马山脚	湖南大学
李邦述	蛇头岭	零陵师范学校
刘美福	冷水脚	武汉水利学院
陈起美	再　上	衡阳铁道学院
蒋运年	蒋家岭	衡阳师范专科学校
蒋运光	蒋家岭	零陵师范
陈令旺	兰家岭	冷水滩农校
陈起干	何家源	零陵师范
唐良玉	白石山	衡阳医专
李邦迪	蛇头岭	宁远师范
蒋星珉	牛栏观	零陵师专
邓佑清	牛栏观	零陵师专
陈起钧	甘竹园	宁远东方红卫生学校
陈开钢	甘竹园	湖南银行学校
陈柏建	甘竹园	湖北江汉大学
陈晨辉	甘竹园	中南民族大学
陈春辉	甘竹园	中南财经政法大学
陈国权	甘竹园	华南科技大学
陈国远	甘竹园	娄底师范
陈　平	甘竹园	湖南工业大学
陈书立	甘竹园	对外经济贸易大学
陈立江	甘竹园	湖南工程学院
陈立湘	甘竹园	湖南工学院

续表68

姓　名	原　籍	录取就读学校
陈强胜	甘竹园	重庆大学
陈水军	甘竹园	湖南科技学院
陈雪娣	甘竹园	湖南幼儿师范高等专科学院
陈　阳	甘竹园	广东人民公安警察学校
陈政莉	甘竹园	湖南交通工程学院
罗汉斌	满竹坝	郴州师专
罗洪增	满竹坝	零陵师专
罗雪娇	满竹坝	同济大学
罗雪萍	满竹坝	吉首大学
何　芳	满竹坝	青岛理工大学
何乾俊	满竹坝	湖南计算机高等专科学校
何海明	满竹坝	潇湘职业学院
何乾爱	满竹坝	湖南计算机高等专科学校
何乾春	满竹坝	陕西机械学院
何　畏	满竹坝	长安大学
何文广	满竹坝	湖南师范大学
何艳辉	满竹坝	湖南工业职业技术学院
何艳丽	满竹坝	株洲职业学院
何振国	满竹坝	湘潭大学
邓超群	王　家	北华大学
邓　宁	王　家	湖南工业大学
邓　颖	王　家	湖南文理学院
王　玉	王　家	湖南女子大学
王丽萍	王　家	河南理工大学
王　明	王　家	湘潭化工工程学院
王　然	王　家	渤海大学
王贤平	王　家	长沙理工大学
王　翔	王　家	湖南软件职业学院
王向军	王　家	湖南农业大学
王小丽	王　家	华南师范大学
王义平	王　家	河南医学院
王利玲	王　家	湘潭职业技术学院
罗海峰	岭源头	零陵师专
罗楚文	岭源头	华北电力大学

续表68

姓　名	原　籍	录取就读学校
罗炳成	岭源头	西北工业大学
罗春芳	岭源头	重庆工商大学
罗春琦	岭源头	西北工业大学
罗国成	岭源头	华北电力大学
罗国良	岭源头	湘潭大学
罗国文	岭源头	北京应用技术学院
罗红云	岭源头	华北电力大学
罗　辉	岭源头	宁远师范学校
罗　军	岭源头	贵州财经学院
罗圣洁	岭源头	湖南科技学院
罗杨成	岭源头	中南大学
罗元平	岭源头	武汉工程大学
唐玉龙	枧木冲	江西服装学院
唐辉兵	枧木冲	吉首大学
唐宁军	枧木冲	湘南学院
何汉云	洛家洞	零陵师专
陈国梁	洛家洞	宁远师范
何振庭	洛家洞	湖南林业学校
何　俊	洛家洞	湖南广播电视大学
何小华	洛家洞	浙江高等经济专科学校
陈年成	洛家洞	道县师范
何　达	洛家洞	公安大学
何　辉	洛家洞	南华大学
何佳慧	洛家洞	湖南机电职业技术学院
何佳琪	洛家洞	湖南大众传媒学院
何梅芳	洛家洞	长沙理工大学
何　伟	洛家洞	中南财经政法大学
何小超	洛家洞	零陵工业学校
何小军	洛家洞	湖南工学院
何　颖	洛家洞	道县师范
何宇轩	洛家洞	中南大学
刘　成	洛家洞	长沙理工大学
陈　才	洛家洞	湖南工学院
陈春草	洛家洞	黔阳师范

续表68

姓　名	原　籍	录取就读学校
陈　芳	洛家洞	湖南工业学院
陈　雄	洛家洞	湖南科技职业学院
陈　枫	洛家洞	美国纽约新学院大学
陈　凤	洛家洞	南华大学
陈开达	洛家洞	湖南科技职业学院
陈　杰	洛家洞	湘南学院
陈俊光	洛家洞	湖南人文科技学院
陈石恩	洛家洞	零陵师专
陈小灵	洛家洞	零陵师专
陈　欣	洛家洞	湖北孝感师范
陈　妍	洛家洞	湖南省中医药高等专科学校
陈　仲	洛家洞	中南财经政法大学
刘巾楠	洛家洞	大连理工大学城市学院
陈冰冰	兰家岭	广西桂林职业技术学院
陈　健	兰家岭	南京炮兵学院
陈　灵	兰家岭	长沙师范
陈　明	兰家岭	三峡大学
陈　琴	兰家岭	长沙环保职业技术学院
陈小捷	兰家岭	郑州轻工学院
陈雪丽	兰家岭	郴州第一师范学校
陈佑华	兰家岭	湖南农业大学
陈振兴	兰家岭	北京林业科技大学
陈政作	兰家岭	永州职业技术学院
陈秀丽	何家源	道县师范
陈天红	何家源	大连医科大学
蒋显军	蒋家岭	零陵师专
蒋小瑶	蒋家岭	湖南师范学院
蒋国亮	蒋家岭	中南林学院
蒋建辉	蒋家岭	湖南银行学校
蒋武军	蒋家岭	厦门大学
蒋逢波	蒋家岭	零陵师范
蒋逢涛	蒋家岭	四川大学
蒋逢星	蒋家岭	湖南城市学院
蒋红梅	蒋家岭	湖南农业大学

续表68

姓　名	原　籍	录取就读学校
蒋宏志	蒋家岭	零陵师范
蒋　辉	蒋家岭	零陵地区商业学校
蒋惠迪	蒋家岭	湖南交通职业技术学院
蒋慧娟	蒋家岭	浙江财经大学
蒋　欣	蒋家岭	湖南农业大学
蒋星辉	蒋家岭	永州职业技术学院
蒋星妹	蒋家岭	永州职业技术学院
蒋艳娟	蒋家岭	厦门大学
蒋　阳	蒋家岭	衡阳师范学院
蒋　臻	蒋家岭	福建师范大学
刘江宁	蒋家岭	北京理工大学
蒋政平	马山脚	湘潭大学
陈苏文	马山脚	零陵地区农校
蒋　全	马山脚	宁远师范
蒋　晓	马山脚	零陵师专
蒋美华	马山脚	零陵师专
陈孟达	马山脚	长沙铁道学院
刘　影	马山脚	湘潭大学
陈亚玲	马山脚	湖南城市学院
陈计划	马山脚	中南财经政法大学
陈　曦	马山脚	东北软件学院
陈叶子	马山脚	湖南科技学院
陈运明	马山脚	湖南铁道职业技术学院
陈振宇	马山脚	武汉大学
蒋　宁	马山脚	辽宁师大
蒋　茜	马山脚	华南师范大学
蒋　维	马山脚	美国特拉华大学
蒋　翔	马山脚	湖南城市学院
蒋知旺	马山脚	韩国汉阳大学
蒋志豪	马山脚	南京炮兵学院
陈晶亮	马山脚	华北水利水电大学
唐得鑫	白石山	道县师范
唐明月	白石山	零陵师专
唐林茂	白石山	永州职业技术学院

续表68

姓　名	原　籍	录取就读学校
唐　波	白石山	中南大学
唐雨婷	白石山	湖南财政经济学院
唐兴国	白石山	湖南大学
唐振国	白石山	湖南工业职业技术学院
唐明娟	白石山	长沙交通学校
唐海林	白石山	湖南机电职业技术学院
唐　嘉	白石山	永州职业技术学院
唐淑娟	白石山	零陵卫校
唐淑婷	白石山	湖南中医药高等专科学校
唐文玲	白石山	永州职业技术学院
唐小玲	白石山	湖南电气技术学院
唐欣玲	白石山	昆明理工大学
陈　辉	白石山	湖南省水利水电学校
陈　艳	白石山	永州职业技术学院
陈小群	白石山	永州职业技术学院
郑生猛	白石山	中国科学院亚热带农业生态研究所（博士在读）
郑　宁	白石山	湖北工业大学
唐柏操	上兰家	湖南财经学院
陈治海	上兰家	零陵地区农校
唐顺发	上兰家	湖南财会学校
唐春娥	上兰家	湖南工业职业技术学院
吕保定	上兰家	湖南工业职业技术学院
吕翠云	上兰家	湖南工业职业技术学院
唐顺国	上兰家	湖南理工学院
唐顺理	上兰家	湖南机电职业技术学院
唐顺章	上兰家	湖南机电职业技术学院
唐文辉	上兰家	湖南外贸职业学院
唐文娟	上兰家	湖南生物机电职业技术学院
唐文婷	上兰家	湖南环境生物职业技术学院
唐照中	上兰家	英国东英吉利大学
陈丽娟	上兰家	湖南艺术职业学院
陈思敏	上兰家	湖南保险职业学院
唐敏芝	上兰家	湖南师范大学
陈思婷	上兰家	湖南师范大学树达学院

续表68

姓　名	原　籍	录取就读学校
朱　勤	上兰家	湖南机电职业技术学院
陈　慧	再　上	湖南省公安专科学校
陈　俊	再　上	零陵师专
陈汉青	再　上	浙江林学院
陈开益	再　上	郴州师专
陈　军	再　上	零陵师专
陈国春	再　上	湖南司法警察学校
陈柏志	再　上	中南大学
陈　锋	再　上	北京科技大学
陈　斌	再　上	娄底职业技术学院
陈　滨	再　上	广西医科大学
陈丹颖	再　上	湖南城市学院
陈国才	再　上	华中科技大学
陈国福	再　上	湖南师范大学
陈国宏	再　上	零陵学院
陈国柳	再　上	湖南工程学院
陈国能	再　上	南华大学
陈国平	再　卜	湖北孝感学院
陈国湘	再　上	湖南省经济贸易学院
陈国旭	再　上	西南民族大学
陈国叶	再　上	湖南商学院
陈国义	再　上	衡阳财税学校
陈国用	再　上	吉林艺术学院
陈国柱	再　上	广州大学
陈海军	再　上	湖南省警察学院
陈海萍	再　上	湖南人文科技学校
陈海燕	再　上	湖南航天航空学校
陈　华	再　上	衡阳电大附属中专
陈　辉	再　上	泉州黎明职业学院
陈　辉	再　上	广西大学政治学院
陈嘉颖	再　上	韩国中央大学
陈　杰	再　上	哈尔滨理工学院
陈　静	再　上	零陵师范
陈可力	再　上	道县工贸学校

续表68

姓　名	原　籍	录取就读学校
陈丽娟	再　上	温州医学院
陈　琳	再　上	四川大学
陈　宁	再　上	湖南科技职业技术学院
陈起旺	再　上	湖南电大
陈桐华	再　上	湖南省司法学校
陈　翔	再　上	大连工业大学
陈小彬	再　上	湖南工学院
陈小波	再　上	道县师范
陈小丽	再　上	哈尔滨理工学院
陈小艳	再　上	哈尔滨师范大学
陈雄辉	再　上	道县师范
陈　燕	再　上	零陵师专
陈勇平	再　上	桂林电子工业学院
陈禹梅	再　上	湖南城市学院
陈　毓	再　上	武汉大学
陈正操	再　上	南华大学
陈东玲	再上	永州职业技术学院
陈武林	再上	长沙大学
李邦珉	蛇头岭	宁远师范
李邦清	蛇头岭	零陵师专
李之俊	蛇头岭	零陵师专
李　春	蛇头岭	湖南省司法警官学校
李群志	蛇头岭	道县师范
李光华	蛇头岭	湖南大学
李国勇	蛇头岭	湘潭大学
李含月	蛇头岭	永州职业技术学院
李　辉	蛇头岭	湖南警察学院
李国娇	蛇头岭	西安党校
李君武	蛇头岭	零陵卫校
李　宁	蛇头岭	衡阳医学院
李　平	蛇头岭	湖南外国语职业学院
李淑文	蛇头岭	沈阳刑警学院
李舜鹏	蛇头岭	南华大学
李文波	蛇头岭	中国矿业大学

续表68

姓　名	原　籍	录取就读学校
李小毛	蛇头岭	道县师范
李洋华	蛇头岭	湖南科技学院
李　英	蛇头岭	湖南科技学院
李云志	蛇头岭	零陵会计学校
李　政	蛇头岭	零陵农校
李政伟	蛇头岭	湖南医药学院
李之兴	蛇头岭	东北大学
邓知荣	牛栏观	宁远财校
邓小荣	牛栏观	零陵师范
邓丽芳	牛栏观	湖南农业大学
邓　妮	牛栏观	湖南农业大学
蒋　枚	牛栏观	湖南现代物流职业技术学院
蒋业雷	牛栏观	成都大学
蒋月梅	牛栏观	湖南商学院
邓淑娟	牛栏观	广州财贸大学
蒋小芳	尧　上	四川师范大学
蒋崇贞	尧　上	零陵工业学校
蒋文辉	尧　上	道县师范
罗阳富	水源山	宁远师范
罗　斌	水源山	湖南电子科技职业技术学院
罗国安	水源山	上海纺织大学
罗国建	水源山	南京工业大学
罗国妹	水源山	上海应用技术学院
罗　宁	水源山	苏州科技大学
罗小宁	水源山	湖南水利水电职业学院
罗志艳	水源山	海口经济学院

二、逸闻轶事

“马灯书记”

“马灯书记”的由来

唐政荣1928年出生于江河源上兰家，中共党员。1950年9月参加中国人民解放军，之后随部队调动，先入湘西，再转广东，1954年复员退伍回乡。在人民解放军这所大学校里，除完成正常作训等任务外，还刻苦学习文化知识，提高理论水平，并树立了正确的人生观，个人综合素质迅速得到了提高。退伍回乡后，历任洛家洞高级社宣传委员、洛家洞大队民兵营长、洛家洞大队和马山脚大队大队长，从1969年4月起任洛家洞（大队）村革委会主任、支部书记，直至退休。任职期间，由于工作成绩突出，洛家洞（大队）村以及他本人，屡屡获得公社、区、县、地区的先进称号和表彰。

唐政荣担任（大队）村干部特别是担任主要领导期间，大队事务和会议特别多。白天要与社员一道出工，或是外出开会、学习，晚上召开大队的会议以及走访家庭、处理问题。那时各自然村公路尚未修通，道路崎岖不平，晚上行走极为不便，且路途较远，其家距离大队部2公里，距离最远的生产队近5公里。长期以来，晚上他就是凭借一盏马灯，风里来，雨里去。有时偶遇大雨，马灯玻璃罩被淋湿以致破裂，灯火熄灭，只得摸黑而归。因此，大家亲切地称其为“马灯书记”。“马灯书记”的名声也就这样传播开来。

苦干实干，大队面貌大变样

洛家洞大队人口较多且又分散，山岭面积较宽，但水田不多。唐政荣根据本大队的实际情况，重点抓农林生产。首先，狠抓粮食生产。针对稻田面积不多的实际情况，对水稻生产实行精耕细作，引进良种，科学种田，实现全大队亩产跨纲要；根据山地较多的特点，大种旱粮，如小麦、红薯、小米、玉米等，使人均粮食水平达到公社先进水平。其次，积极发动群众治山造林。在20世纪70年代的造林运动中，除了要求各生产队完成各自的造林任务外，还做细致的思想工作，明确借山造林收益分配比例，动员荒山较少、造林任务轻的生产队向荒山较多、造林任务重的生产队借山造林，以加快造林进度。通过艰苦努力，全大队三年中造林7000亩，不仅造林面积宽，而且造林质量好，一跃成为宁远大南山林带之龙头。1975年年底，零陵地区林业工作会议期间与会代表现场参观、了解洛家洞大队造林情况，并在本次会议上洛家洞大队被评为先进典型、唐政荣被评为劳动模范，受到表彰。此外，抓副业生产，增加农民收入。例如在20世纪70年代，由于种植山苍子见效快、效益好，当时每百斤山苍子大约可蒸馏出油2公斤左右，每公斤油约50元。于是大队号召和鼓励各生产队尽量多种植。唐政荣所在的生产队，是种植面积最宽的生产队。种植当年没钱购买蒸馏设备，他亲自到区供销社找到负责人，以自己的信誉担保，先提回所需蒸馏设备，之后用销售收入归还设备款。结果当年及时还清设备欠款，农民收入也得到大幅提高。在长达近10年的山苍子种植加工中，全大队广泛种植，农民获得丰厚的回报。

洛家洞大队地处山区，过去到晓睦塘公社和清水桥集市没有公路，出门靠步行，运输货物靠肩挑背扛，村民生产、生活极不方便。1977年，群众造林任务基本完成后，县林业等部门决定修建泉井眼至洛家洞、再上的林业公路。唐政荣及时抓住机遇，将公社所分配的建设路段，迅速分配至每个生产队，立马组织开工，为赶进度，督促尽可能多的劳力上工地，同时还从上级部门争取到部分基建物资（水泥），最终利用两个冬天，在农村实行承包责任制之前完工，结束了洛家洞大队无公路的历史。1990年，鉴于经济、传统出行路线因素，洛家洞村决定修筑洛家洞到清水桥的公路。由于该公路不仅通过本村，还通过别的行政村，涉及道路走向以及田土补偿等问题，遇到一些阻力。时已退休不再担任村干部的唐政荣，在村里的一再请求下，再次复出担任村支部副书记，专责协调处理公路建设有关问题。通过各方面共同努力，公路于次年修通。该路的修通，极大地方便了沿途人民群众的生产生活，促进了江河源的经济发展。

1975年冬，为改善教学条件，发展江河源教育事业，大队决定将洛家洞小学异地搬迁至晒禾岭下。当时没有任何上级拨款，全部自力更生搞建设。首先在与相关生产队协商，解决好了学校用地的问题之后，再将全部建设工程任务分解到各个生产队，除开拓地基、制作课桌椅分摊到每一个生产队外，其他的则是，有的队提供烧制砖瓦所需燃料，有的队负责烧制砖瓦，有的队负责砌墙、盖瓦等。此外，发动共产党员出义务工，打地基，盖好了食堂。就这样在两年的时间内，规制宽敞的两栋新校舍、一座礼堂及附属设施盖好了。

1980年冬，该村在湖南日报工作的蒋显礼为大队争取8万元资金，利用何家源流域水源建设一个55千瓦的小水电站，其中5万元资金用于购买设备，而其他土建任务则需要村民自行完成。项目下达后，唐政荣带领大队干部配合技术人员选址、测量等前期工作，并将渠道开凿及水池、机房砌筑等有关任务分配落实到各生产队。 项目开工后，由于实行农村承包责任制后个别生产队劳动力调遣困难，所分配的任务难以如期完成，工程进度受到影响；加之3万元项目资金迟迟到不了位，建设所需部分物资无法购回，也影响工程进度。以唐政荣为首的大队党支部，团结一心，针对存在的各种困难，分别采取措施加以克服，终于在1983年建成发电，结束了洛家洞大队无电的历史。

身体力行，做好表率

作为（大队）村主要领导干部，唐政荣要求别人做到的，不管困难如何，首先自己做到，吃苦在前。在集体化年代，除了完成大队工作外，在生产队出勤工日每年在250天以上。在他的带领和影响下，其所在的第14生产队，粮食生产亩产年年跨《纲要》，直至超千斤，农林牧副渔一起抓，每个工分值最高年份近0.8元，成为全公社分值最高的生产队，人均纯收入连续多年居全公社之首。在20世纪70年代初的大造林群众运动中，唐政荣带头干，雨天一身泥，晴天一身汗，起早贪黑，吃苦在前，他的行动就是无声的号令，1974年冬至1975年春，第14生产队造林 400亩，人均造林7.5亩，成为造林面积最宽的生产队。同时，实行林粮间种，粮食获得大丰收。在完成国家派购任务和大队分配任务方面，第14生产队也是处在最积极行列之中。

洛家洞大队学校异地搬迁第二期项目—礼堂工程于1976年冬建设。该礼堂除用于开会、演出外，还兼做教室使用，因此，在建筑过程中，礼堂的两端各留有一个教室的位置。按照计划，该礼堂必须在农历春节前完工，因为春节后学校开学就要使用这两个教室。农历腊月二十七日大队开会决定，次日必须把礼堂建设的最后工序即盖瓦完成。二十八日下午，唐政荣从公社开会回来，走到礼堂工地，见礼堂屋顶仍未盖好，便立即召集负责该任务的有关生产队的党员、干部，放下手中置办年货的事情，来不及吃晚饭马上到工地，带领大家连夜把瓦盖好，保证了年后准时开学。

坚持原则，廉洁从政

最能体现唐政荣工作作风的是工作坚持原则，敢于负责、敢于碰硬，勤政廉洁。

敢于负责，秉公理事。唐政荣任（大队）村干部近30年，并且绝大部分时间在主要领导位置或重要岗位上。洛家洞大队人口较多，工作较为复杂，问题难题不少，对此，他敢抓敢管，敢于批评，不怕得罪人，能够坚持公平公正原则，处理有关矛盾和问题。另外，在安排或分配本（大队）村任务到各生产队时，做到一碗水端平，在处理个人间矛盾时做到秉公而断，使大家心服口服。

廉洁无私。在（大队）村主要干部位置上工作数十年，唐政荣对己要求严格，不谋私利，做到廉洁奉公，从不索要、收受别人好处。他所在的生产队，由于生产搞得比较好，收入较高，按规定他的大队干部补贴工分本可以参加（并且上级鼓励参加）本生产队分配，获得更高收入，但他却舍高就低，参加大队分配。此外，他还经常在家里接待群众和干部，但从不报销费用。在他的影响下，（大队）村其他干部在接待有关人员时也不报销费用。自2007年起至2017年，在江河源新农村建设如火如荼开展的10余年里，绝大部分的有关会议均在唐政荣家召开，会议次数超过30次之多，每次参加会议人数少则10余人，多则几十人。唐政荣除积极参加会议、关心新农村建设工作外，并且每次都主动自费安排酒席热情地接待参会人员。20世纪80年代有人反映村资金使用问题，上级有关部门派人查账，前后查了近一个月，结果证实一点问题也没有。在培养干部、调工、调干、入伍等方面，做到不利用职权谋取任何私利，而是唯才是举，积极培养进步青年，不断补充大队干部新鲜血液，并积极向外推荐输送优秀青年进入部队和国家干部、教师队伍。其廉洁奉公的精神受到群众的一致称赞。

唐政荣从村主要领导干部职位上退下来后，仍然坚持以共产党员的标准严格要求自己，关心村里的事情和群众的生活疾苦，为江河源治穷致富出谋划策发挥余热。

“再上”之村

江河源东部螺蛳岭上为一开阔平坦高地。站立此处，可北仰奔斗坡，西望五岔路，南俯清水桥。600年前，陈氏始祖君伍公开基于此，是曰再上。

据载，君伍公于元至正元年自江西避乱迁徙于宁远，卜居于东门跳磡石，继而再迁杨柳桥、陈家塘。相传陈公在陈家塘居住多年，仍觉此处非理想安身之处，故继续北上寻觅安居之地。当陈公偕妻携子自清水桥沿洛江而上，过田伟，见北极岭峡谷两岸峭壁夹峙，苍松蔽天，谷底清流泓然，游鳞跃波，深为此吸引。陈公穿过峡谷到达甘竹园，豁然开朗，四围满目青山，犹桃花源也，顿觉心旷神怡，遂始卜宅于此。越数年，陈公意欲再上一点定宅，于是经枧木冲北上沿途观察比较，行进至约三里许至一平畴之处，其地势平阔、亢爽。于此立足环顾四周，江河源景色尽收眼底，是为理想居住之地，陈公终定宅于此。陈公忖思十余载已上复上、及至甘竹园再上一点寻宅定居之路，于是将定宅之处命名曰“再上”。

君伍公所开创的再上村，历经600年的发展，今其人丁兴旺。其部分陈氏后裔今或外迁，或在外工作而散居各地。再上大队，在20世纪70年代农业学大寨运动中，艰苦奋斗，战天斗地，改造旧山河，成效卓著，成为全省先进典型。

情系桑梓　捐资助学

何世军，系洛家洞村人，1958年参加工作，先后在零陵地委、湖南省委组织部、湖南省水利厅工作，于2001年在湖南省水利厅党组成员、纪检组长（副厅级）的任上退休。

何世军十分关注家乡的发展，并尤为重视家乡教育事业。虽然退休，但他仍以饱满的热情投入到助教兴学的事业中。

2007年4月，何世军回到家乡，来到其母校——清水桥完小考察。当他看到学校教学条件较为简陋时，决定把自己多年的积蓄和稿费20万元人民币捐献给母校，建一栋图书综合楼，改善孩子们的学习条件。县委、县政府高度重视，为该项目建设配套拨款30万元。2008年6月2日，建筑面积为427平方米的图书综合楼——“求知楼”竣工。当日，省委老领导刘夫生以及省水利厅、宁远县有关领导特出席“求知楼”落成庆典。此后，何世军还多方筹集资金20多万元，为“求知楼”添置了内部设施以及图书一万余册，并在校内建造了集安全、环保、休闲于一体的池塘，为学校又添一景。

此外，何世军还为家乡洛家洞小学捐助2万多元，设法添置学生课桌椅及图书六千余册。

何世军虽身居长沙，但他不忘母校广大师生。每逢年过节，特别是“六一儿童节”“教师节”，都发来热情洋溢的短信，慰问广大师生；还不时回到母校，看望老师和学生。何世军的重教助学言行鼓舞着母校每一个人。

鉴于何世军对家乡教育的大力支持，县委、县政府特聘请他为清水桥完小名誉校长，并授予他“捐资助学功臣”牌匾，以昭其善举。

吕正荣安堂坪伏豹

安堂坪位于江河源西南部，海拔800米左右，其下方是何家源自然村，上方即为当风坳及江河源最高峰——壁子挂灯。此处周围稍为平坦，有山地，有稻田。山地生长着灌木丛和树林，植被茂盛，且与双牌县林区相连。正因山地的广阔与植被的茂盛，而为野生动物的生长与繁衍提供了优越条件。

江河源素有打猎习惯。1962年早春二月的一天，上兰家吕正荣、吕正德兄弟俩前往距离何家源不远的冬瓜漯庆贺亲戚生日（俗称“做生日”），并携带鸟铳准备打猎。次日，吕氏兄弟等前往安堂坪打野山羊。当他们身背鸟铳、腰缠硝葫芦，带着猎狗到达安堂坪时，很快发现一公一母一幼仔三只花豹，正在啃吃一只野山羊。这只野山羊当时被花豹吃的只剩下羊头了。公花豹发现吕氏兄弟后，正要扑将过来，此时猎狗便立即追了上去，吕正德随即瞄准那只公花豹开了一铳并打中了花豹。这只体长约八尺的公花豹中弹负伤后，往山坡里侧逃窜至瑶人槽。此时，吕正荣正在瑶人槽不远处的水沟上，抬头一看，花豹就在自己所处水沟的上方。花豹看见吕正荣后，一个跳跃从半空蹿下，直扑吕正荣。说时迟，那时快，当吕正荣看见花豹即将扑向自己时，奋力一脚将花豹踢下水沟一丈多远。花豹性起，迅速跳上水沟，纵身一跃再次扑向吕正荣，将吕扑倒，血盆大口咬住吕的左上臂。在花豹迅疾扑来咬住自己时，吕正荣双手用尽全力死死地抱住花豹脖子，人豹肉搏在一团。搏斗中吕正荣紧抱着花豹在半山腰山坡上滚下100多米至山坡底的槽夼里。当其他人追至发现，人、豹仍抱着一团。此时花豹中弹失血后被扼住喉咙因窒息而亡，吕正荣被花豹抓咬以及在滚下山坡时被刮碰已全身伤痕累累，不能动弹了。猎手们随即将吕正荣抬回家，村民采用民间治疗方法予以治疗，半个月后，恢复健康。

吕正荣生于1917年，为人仗义豪爽。1945年冬，在江河源蛇头岭曾击毙日本兵一名。1995年病逝，享年78岁。

马山脚的苦菜公

江河源土地肥沃，雨量充沛，各类野菜俯拾即是，且品质好、口味佳。若以分布与生长量而言，尤以竹笋、蕨菜、苦菜公和野芝麻菜为盛。

苦菜公，属一年生草本植物，其叶对生，呈椭圆形，叶、茎有稀疏绒毛，喜生长在潮湿、阴凉处。因其叶、茎略带苦味，故称“苦菜公”。食用方法一般是将其嫩叶用开水燎烫、经漂洗一番后，即可下锅炒煮，亦可生炒嫩叶。春季，人们普遍采摘苦菜公当蔬菜食用。

据说从前，外地一财主在江河源马山脚置有田土和房产。一日，财主来到马山脚收租，其佃户陈氏杀鸡以热情接待。当日菜肴除炖鸡、腊肉等外，陈佃户还特别用鸡汤煮了一碗苦菜公。财主家境殷实，平时大酒大肉是家常便饭，故进餐时对鸡肉兴趣不大，倒觉得苦菜公好吃，味道特别：其味微苦带甜，兼具野菜与鸡汤的芳香。忙问陈佃户这是什么菜？陈佃户答说是苦菜公，于是这位财主便牢记在心。他回去之后逢人便说，“马山脚的苦菜公好吃”，并吩咐家里仆人到马山脚采摘苦菜公。待采摘回来煮好上桌一尝，顿觉不是在马山脚所吃苦菜公的味道，便说“这不是马山脚的苦菜公，味道比马山脚的苦菜公差远了!”后来财主又几次安排仆人到马山脚采摘过苦菜公，可怎么也煮不出在马山脚所吃的味道来。殊不知，这味道不一样的苦菜公，源自于优质的食材和精心加工：苦菜公采自于马山脚后山砂子槽的上等苦菜公，此苦菜公采摘回来后，用开水煮烫片刻，盛于竹篮之中，再置于马山脚村井水之中浸漂了一夜，鸡汤是用放养吃虫子、谷物的老母鸡熬煮出来的，然后再经精心烹调而成。从那以后，便有“马山脚的苦菜公好吃”的典故流传于宁远北路一带。

逆境中的一代莘莘学子

20世纪60年代末、70年代初，是一个激情与动荡的岁月。在这个年代里，各行各业都受到不同程度的冲击和动荡的影响。如教育领域的“读书无用论”，大力批判“学而优则仕”等，以致一些人受此影响而耽误学业。但亦有在此逆境中刻苦砥砺、孜孜不倦求学的学生，还有一些家长由于自己没有读多少书，但认定一个理，只有多读点书才有出息，因而倾力送子女读书。江河源其时就有这样一批学生和家长。

那时，江河源在晓睦塘中学上学的学生有数十人，包括学制各二年的初中年级和高中年级。江河源各自然村距离中学最近的约5公里，最远的约10公里。一般而言，春夏季走读，即所谓的“开通学”，早出晚归，无论风雨骄阳；秋冬季自带粮菜住校，星期天或星期一早晨到校，星期六离校，生活相当清苦。但是，艰苦的生活并没有影响大家的学习兴趣。在强烈的求知欲驱动下，大家勤奋苦读，在课堂上认真学习，与别的大队同学竞赛，不甘落后。同时，私下想方设法搜罗各种传统文学读物，如《三国演义》《水浒传》《红楼梦》名著以及唐诗宋词等进行传阅，并规定阅读者在限定的时间内看完。有的当晚看后，次日在上学的路上复述给大家听。然而这些传统文学读物当时还被视为封资修的东西呢！广泛的涉猎，开阔了学习的视野。学习的形式也多种多样。如利用上学路上的时间，要求每人背诵前一天所学的课文，放学回家的路上，讨论当天的学习情况，高年级为低年级解惑答疑。读书的路上成了流动的课堂。住校时，晚自习后，睡觉前在床铺上也要讨论一番当天的功课。那时还有一个有利条件，即在所谓“教育革命”大背景下，原在县中学等任教的一批骨干教师回原籍晓睦塘公社中学教书，为教育质量的提升发挥了重要作用。由于老师教学水平高， 江河源学生平时努力学习钻研，每当考试大家都有不凡的成绩。

正是这种较好的学养，为日后个人发展奠定了坚实的基础。有的高考题名，有的入伍提干，有的自修成才，工作在党、政、军、教、企等各条战线上，他们或为领导干部、国有大型企业高管人员、高级知识分子，或自己创业，或在村里担任村干部等。他们不仅在各自的岗位上有不俗表现，同时也是家乡建设的中坚力量。

江河源牌楼建设纪实

2007年9月9日，在永州工作的江河源籍部分工作人员在清水桥聚会，决定成立江河源新农村建设理事会，与江河源两村委统筹协调江河源新农村建设事宜，并为开发江河源旅游资源，建议首先修建江河源牌楼一座。

9月30日，时任永州市政协常务副主席的蒋政平从国外考察而归至香港机场，深圳市运发集团公司副总裁唐柏操前往接机，在返回深圳途中谈及江河源新农村建设以及建设牌楼事宜，两人商定利用国庆节假期回村与江河源在外工作的同志，以及村干部、部分村民讨论共襄此举。

10月2日，江河源部分在外工作人士以及村干部、部分老师、村民共40多人在洛家洞村老支书唐政荣家集会，就江河源新农村建设问题进行了热烈的讨论。大家一致认为，江河源具有潜在、较为丰富的可开发旅游资源，应把旅游开发作为江河源新农村建设、经济发展重要内容。为此，首先应加大旅游基础设施、旅游景点建设。经过充分讨论，大家议定，采取捐款集资的办法，先在清江公路苦竹脚江河源入口处修建江河源牌楼，并结合当地的地理条件，打造成一个旅游景点。同时，与河坡治理、道路扩展、景点绿化结合起来，将此作为一个集文化、民生、生态于一体的综合性工程项目进行建设，树立江河源新形象。

10月上旬，蒋政平、陈德才、唐柏建、陈小六、罗水明、陈德修、陈起钧等人经现场勘查，确定牌楼建设具体位置。此处为象形、蜈蚣东西二山脉所夹锁，地理位置颇佳。然此时公路不足四米宽，且不平坦。公路边坡较高且陡峭，从牌楼位置下至河流拐弯处，坡下沿河边有一长约50米、宽约2 米的平缓坡地。根据设计，从牌楼位置以下100米，降低高坡，砌筑护坡拓宽路面，形成一个便于停车观瞻的广场，工程量较大。

经过筹备，牌楼建筑工程于2007年10月底开工，当年底主体工程完工，2008年3月验收合格。牌楼为四柱三楼，高8.828米，宽11.26米。额枋上刻“江河源”及“前程似锦”。并题联：“气象非凡，四面青山连五岭；田畴如画，一江秀水贯湖湘”；“耕读厚家国，春光满眼青云志；成就思故里，往事萦怀赤子心”。牌楼建成之后，凸显古朴高雅之质，且与周围环境相协调，陡增山川气象。

2008年春，砌筑不久的护坡，其填充的泥土因一场大雨而膨胀，导致护坡崩塌。其后，邀请县水利部门技术人员实地勘察后，就施工质量标准等问题，形成返工意见书给工程承包方，要求按照相关技术标准进行返工复建。该外侧护坡工程于2009年7月竣工验收。同时为防止内侧滑坡，于2009年底又进行了内侧护坡的砌筑。

为美化景点，增加景点文化价值含量以及民生服务功能，其后又陆续增加了几项辅助项目：

1. 在牌楼外侧内坡兴建文化墙，宣传介绍江河源。2008年11月，蒋政平、何世干、陈德才等专程前往广西灌阳县文市选购石材和刻印相关资料图文。

2. 2009年上半年兴建“清江亭”，用于停歇、避雨、候车，服务于百姓；兴建厕所，保护环境卫生。

3. 植树造林，绿化环境。2015年3月，从宁远大界购回树干既高且直的银杏树大苗8株，栽种在内护坡前，并间种桂花树。在牌楼内侧两边，移栽两棵大樟树。在广场他处，也相应地进行了绿化。

4. 2015年4月中旬，在牌楼外侧树立“生态村”石碑。

5. 2015年，牌楼广场南段内坡上有一株自然生长的幼松，其状可爱，于是与洛家洞村四组村民协商，以800元的价格予以购买，并进行培植，作为迎客松。其时罗汉斌同学欧阳顺亮做客于江河源，并为江河源建设捐资2000元，其中800元用于购买幼松。其后还修砌台阶至树兜下，并在树兜周围砌筑护坑，进行护养。

6. 2017年8月上旬，立石碑两块为景点增色：一为牌楼外侧蒋政平题词、陈起后书写的“秀气所聚”字碑；另为牌楼内测蒋政平题词、李菊春书写的“跃”字碑。

此外，对于捐资修建清江公路和牌楼的人士，在清江亭后立碑两块勒铭谨志，以彰其德。

“秀气所聚”碑（2017年立）

“跃”字碑（2017年立）

经过前后近十年的建设，该牌楼及综合设施现已成为江河源的显著标志和靓丽名片，其观赏价值和实用价值广获好评。

成长中的江河源口迎客松（2017年）

三、村规民约

洛家洞村规民约

为进一步贯彻落实中共中央1985年一号文件精神，调整好产业规划，发展商品生产，更好地维护社会治安，确保集体和村民的财产安全，建设好两个文明，经全村党员及各村民小组长以上干部会议讨论，村党支部决定，特拟定以下条约。

一、全体村民必须坚持四项基本原则，提倡五讲四美，增强法纪观念，爱护公共财物，凡对上级和村委学校的宣传资料（包括报纸、通告、公约、黑板报）等，应做到家喻户晓，任何人不得撕毁，违者予以严厉批评，不改者由治保小组责成写出书面检讨。村委会分给各户的公益事业任务，按期不完成者，酌情予以罚款。

二、全体共产党员、共青团员、退离休干部，包括村干、民教和村民小组长，必须带头守法。做到以身作则，凡有违反各章者，照章以绳，从重处罚。

三、执约人员，更应起楷模作用，坚持原则。时时事事大公无私，不徇私情，违者加倍处罚。

四、严禁偷摸扒窃及扰乱社会治安，危害社会秩序。凡犯有偷摸扒窃者，按其情节，除退回赃物外处以罚款：

偷摸赃物按时价折币5元以下者，罚款2元；10元以下者，罚款5元；50元以下者，罚款20元；100元以下者，罚款40元；300元以下者罚款50元。屡犯不改者，交司法机关处理。

五、全体村民必须都走劳动致富道路，爱护公共财物，严禁损人利己。凡破坏生产、毁坏农作物者，除赔偿损失外，并处以罚款：

1．未成年人偷割草子和蔬菜，罚款1元，夜行加倍（成年人从严处罚）；

2．养牛户必须严格看守耕牛，如毁坏农作物，视情节予以罚款1元以上；

3．牲猪外出损坏农作物，视情节予以罚款5角以上；

4．毁坝损沟、毒鱼炸鱼者，视情节罚款5元以上；

5．鸡鸭鹅1斤以上毁坏农作物罚款2角（不准打死）；

六、为进一步绿化祖国，保持生态平衡，大力种植和保护五色树木及经济林、风景林、挡水林，凡有乱砍滥伐者（ 不论本村和外村），除退回原物外，并处以罚款：

1. 杉树每蔸50~100元，夜行加倍；

2. 松树每蔸5~50元，夜行加倍；

3. 油茶、油桐每株5~10元；

4. 各种栽种的果树苗（不论集体或个人的）每偷一株罚5~10元；

5. 风景林、水口林，每株罚款5~20元（不论集体或个人）；

6. 不经允许乱砍杉松树枝者，每担不论多少罚款2元；

7. 树木需砍伐时，不论集体和个人的，必须呈报上级批准，违者作乱砍滥伐论处。

七、为开展文明之家活动，尊老爱幼，保护妇女儿童合法权益，人人讲文明礼貌。做到好人好事有人夸，坏人坏事有人抓，大树正气，大灭邪气。凡有破坏村风者以下各条予以罚款20~100元：

1. 寻衅滋事、打架斗殴耍流氓，挑起村民之间、村与村之间进行宗族、宗派纠纷械斗，造成重大损失的；

2. 利用各种形式进行赌博者（为首者和赌家从重处罚）；

3. 窝藏罪犯和犯罪分子销赃窝赃者；

4. 报假案，破坏治保工作，打击报复检举人员和治安小组人员者；

5. 违反村规民约，抗拒治安小组人员执行处罚者；

6. 发生民事纠纷，不听治安小组人员调解处理、无理取闹扩大事态造成严重后果者；

7. 不侍善奉养父母和五保及孤儿者；

8. 虐待妇女儿童者；

9. 侮辱师长者。

八、讲究公共卫生，保护全体村民的身心健康。逐步改善村容村貌，对违反下列条约者，视其情节给予罚款1~5元（除赔偿损失外）：

1. 对电站和电站的电气设备有破坏行为者（除赔偿损失外）；

2. 对学校、礼堂设备有破坏行为者（除赔偿损失外）；

九、外地外村在本辖区违反上述规约，与本村村民一视同仁，处以罚款。

十、本公约从公布之日起执行生效。对报案和检举者，按违章条例罚款所得奖励30%。

中共洛家洞村支部委员会

洛家洞村民委员会

一九八五年三月二十四日

江河源社区村干部坐班制度工作职责

1．处理村内日常事务，及时做好上传下达工作，协调解决群众生产生活中遇到的实际困难和问题。

2．掌握了解群众的思想动态和舆情信息，做好记录，为村党支部正确决策提供必要依据，为乡镇党委提供合理化建议。

3．接待群众来访，积极调处各种矛盾纠纷，维护村民正常的生产生活秩序。

4．及时处理突发事件，发生重大事件时，要立即向村“两委”和乡镇党委政府报告。

5．搞好档案资料整理，查缺补漏，随时接待上级的检查指导工作。

6．做好上级和村“两委交办的其他事项。”

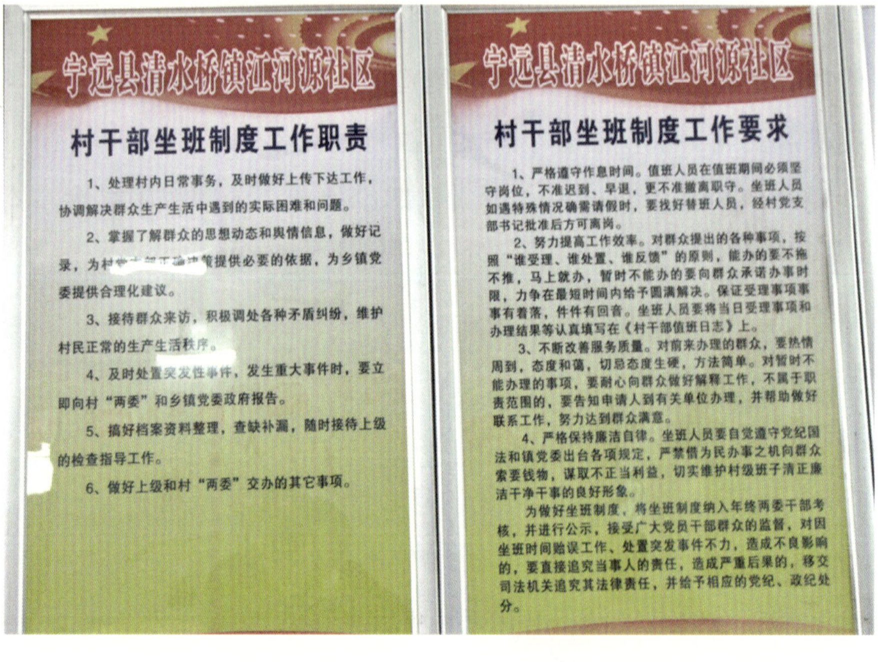

村干部坐班制度（2017年）

林场承包合同

为了保护巩固发展林业生产，经村委会及村民小组长一致讨论通过，决定村委会林场承包到户到人，特签订合同如下：

（一）洛家洞村委会及村民小组长为甲方，承包者蒋运财、蒋国钧、王本秀、刘树东四人为乙方。

（二）承包期限一定为十五年，即1985年公历12月13日起至2000年12月31日止。

（三）甲乙方承包山林地名：河家源，其界限是东至椅子形，平泉井眼中学造林山，上平大界，下平河家源椅子形大丘田；南至山顶倒水；西至灯盏挂壁倒水；北至何中现田槽心两口会水直上与洛家洞七、八、十组山直上，正北方应平河家源七丘田第一条水沟直至七丘田路斜下到正沟横过椅子形。

（四）承包山林面积为1190亩。经村委会、村民小组长讨论核减荒山面积590亩，有林面积为600亩，核定现有材积1500立方米。在1500米之内，其中付借山造林山主租价10%，其余全部归村委会所有。

（五）承包期内，在1500立方米之外超产材积，先抽出山主租价费10%，然后按总数三七分成，甲方占30%，乙方占70%。

（六）所承包林木面积，在承包期限内，经双方协商、经上级批准，可提早采伐。采伐时乙方负责收蔸、砍树、打皮、打杈枝、堆码，按每立方米尤（由）甲方付给乙方工资费11元，甲方应立即付款。

（七）在原核定材积没有交清前，每采伐一批树，乙方可预支材积30%，在交清原定材积后，超产材积按三七比例分成。

（八）砍伐手续尤（由）甲方负责办理，其手续费应从各方所得材积按比例扣出。

（九）每采伐一批树，材积堆马（码）后，甲乙方搭配均匀扯阄检尺为准，各负其责，借山造林山主弗（费）三方面议为准，将采伐木材搭匀扯阄。

（十）承包期内甲方每一季度检查一次，负责处理乙方解决不了的、有确实证据的毁林行为，并负责呈报上级政府。

（十一）承包者盗伐木材或借用他人偷砍杉树一根罚款一百元，检举者归80%，处理单位归20%。

（十二）乙方在承包期内，护林途中遇难不守者，每人罚款250元，如发生火灾和雪压造成损失，损失的林木尤（由）乙方打皮、打杈枝、堆马（码）交给村委会，应减出村委会原承包材积数，每一立方米付给乙方工资弗（费）11元。

以上各条，经村民小组长充分讨论、签订后，不准任何人以任何借口翻悔。

甲方各组组长：

陈起儒	陈开良（章）	罗怀岗（章）	何泽清（章）
王本禄	王本秀（章）	罗火旺（手印）	唐石清
何世申	何世德	胡柏青	陈兴忠
刘汉钧	陈令贵	陈开钧	蒋运财
陈开忠	郑石恩	吕冬旺	

洛家洞村民委员会：

乙方：蒋运财　蒋国钧　王本秀　刘树东

鉴证机关：（缺）

公元一九八五年古十一月十五日

马山脚《重修古井公约》

村有千年古井，乃村民之福祉。兹井水质纯净，清冽甘甜，远近闻名。春夏暴雨山洪不浸不浑，纵遇连年大旱亦不见减，可谓源远流长。先民有云：惜井胜亲娘，水如母乳甜；饮水不忘井，代代出能贤。

斯井自清光绪二十一年（1895）村民捐资大修，已逾百年，历经岁月更替，风化侵蚀，崩塌破损，几不堪用。欣逢新农村建设契机，永州市水利局下拨安全饮水资金予以重修。赖本村在外工作人士悉心筹划，蒋逢慧担任设计、施工事宜，陈开国兄弟慷慨献地，陈苏文义务绿化，村民踊跃投工投劳，工程历四十余天告成，遂得基本恢复原貌。

值此古井重修之际，特订立护井公约如下：

头井饮水专用，二井洗菜、净手，三井供洗脚、洗衣、洗猪草；

每月由村民轮流淘洗一次；严禁小孩随地大小便；严禁洗污秽之物。

以上公约一切人等共同遵守。

二〇〇六年五月立

四、杂录

意外退兵　1944年冬，某日，刚下完雪，白石山唐某到上兰家。当唐从柏家江里走到上兰家底下秧丘嘴时，朱石丰误当唐某为汉奸，对唐某举枪射击，未中。此时一小队日军正悄悄从吕家后山下来，准备抢掠。当日军听到枪声时，以为其行动被发现，于是便急忙撤退了。

搏战马当　1938年6月下旬，上兰家唐自翘、再上陈起荣所在的国民政府军16军53师参加了马当战役。唐自翘时任53师318团7连连长。战斗进入尾声时，陈起荣发现唐自翘正与一日军肉搏于一深水池内，二人一上一下，沉浮不定。陈起荣立即举起枪托砸向日军头部，日军当即毙命。随后唐、陈二人则寻找残部去了。

楚长遇难　1939年5月17日（农历三月十八日）凌晨，马山脚蒋楚长被一伙不明身份的人（有说是土匪）伤害去世。蒋楚长，字有宾，当地富绅、知名人士（一说曾为永州府同知），据称与时任湖南第八保安区少将司令欧冠关系密切。

耆老调停　中华人民共和国成立前，洛家洞唐敬志、蒋家岭蒋荣林在洛家洞以上自然村较有威望，一般的民事纠纷，都请他们调解。

积谷备荒　1941年5月，宁远县政府设粮政科，7月筹设国家粮仓，成为国家粮仓委员会宁远分会，8月县增筹各级积谷14700余担。在洛家洞，借用唐敬志仓库设有乡仓积谷，并由唐负责管理，延续至中华人民共和国成立之时。青黄不接时，可以借此粮食度日，到新谷收割后归还，并加少量利息（稻谷）。

观庙解散　玉真观于中华人民共和国成立初期解散。解散时有被称之为“陈斋公”的僧侣驻管庙观。此前还有蒋斋公、黄斋公驻管庙观。

夜收秋薯　1958年秋，时值“大跃进”时期，在去修建江溪塔水库之前，洛家洞村晚上收挖秋红薯，干劲冲天，时任晓睦塘乡某书记见之，兴奋地说，“就是这样搞的！就是这样搞的！我马上向区里汇报！”

力争上游　人民公社成立后，洛家洞大队首任支部书记为朱木石。据称那时在县招待所前立有35杆先进红旗，每月一评比，被评上模范的单位上红旗，洛家洞大队因为生产搞得好，特别是禾苗长得好，几乎每次都被评上先进，且名列前茅。

积极争先　1958年冬，上级调集四个大队劳力修建江溪塔水库。为表彰先进，水库建设指挥部决定以大队为单位评选一个先进单位，赢得红旗。评选提名过程中，洛家洞大队获得提名，另一大队也获得提名，无法决断。时任江溪塔水库建设指挥长刘知恩说，有一柴油机放在清水桥，谁抬到江溪塔水库工地，谁就是先进，就得红旗。洛家洞大队为了争得红旗，早晨鸡鸣之前就赶到了清水桥，先一步抬到了柴油机。当另一获得提名的大队赶到清水桥时，洛家洞大队抬着柴油机已到枫岩脚了。于是，洛家洞大队被评为先进，争得红旗。洛家洞大队评上先进后，工地宣传队队员自编歌曲在工地上演唱，有人扛起红旗、抬着黑板（黑板上写着“洛家洞大队先进”），喊着“向洛家洞大队学习”口号在工地上游行。

号令群牛 1959年“大跃进”时期，洛家洞大队在玉真观建有养牛场，蒋家岭蒋有远任场长，吹号放养。

艰苦奋斗 1959年冬，柏家坪公社修冷水源水库，洛家洞大队100多人参加，陈文铲带队，后调换唐政荣带队。工地条件十分艰苦，如遇下雨，床铺下都有雨水，并天天还要加夜班。

乡医轶闻 江河源自然生态系统良好，因此各类毒蛇也较多，偶有伤及人类。从而蛇医也较多，且医术较高。比较有名的如何老木、朱石玉、蒋运保、李东古等。传说一旦被蛇所伤，只要告知他们知道了，伤肿就不再继续扩大了。是否真实，不得而知。

桥塌之谜 1968年7月8日，江河源特大洪水，许多稻田受淹。特大洪水所带来的巨量沙石在距马脊坳石拱桥上游约50米远的河道中堆积，以致马脊坳稻田成一片汪洋。令人不解的是，桥下并未堵塞，石拱桥却遭受严重损毁，几近坍塌。迷信传说有人见上兰家江家冲顶崩坡，大量洪水涌出瞬间奔腾而下至上兰家，一蛟子头顶草蓬随洪水呼啸而下，至马脊坳时，因拱桥下装有斩龙剑，蛟子不敢从桥下过，故在拱桥上游稍作停顿，集砂抬高水位，蛟子越拱桥而过，拱桥因此被破坏。

甘泉之饮 江河源四围崇山峻岭，茂林修竹，水源密布、丰盈，西溪流，中甘井，东岩泉，有“六井九泉十二溪”之称。俗话说，山高有好水，地重生甘泉。江河源水不仅水源充沛，而且水质甘洌。炎炎盛夏，一掬之饮，其畅爽怡神之感不可言状。有来访者、路过者或外来砍柴者，不无蹲下或匍匐喝上几口江河源水，以解口头之渴、心头之痒。修通公路后，有的来访者干脆自带水桶将泉井水当作优质生态矿泉水带回一桶。某罗氏，中华人民共和国成立前曾在上兰家做长工多年之后，又租田耕种，并在上兰家结婚成家。中华人民共和国成立后回到自己村上。在其临终前，对其儿子说，要喝一口上兰家的井水。其子马上到上兰家取回井水，罗氏喝完之后，带着对井水的甘甜情感回忆而驾鹤西归。

代表观摩　1975年底、1976年初零陵地区林业工作会议期间，与会代表在宁远现场参观了洛家洞大队等先进典型。晓睦塘公社洛家洞、再上等四个大队代表参加了会议，洛家洞大队作为主要典型为大会所推介、宣传。

乐助于邻　江河源部分在外工作的人士，除为本村各项公益事业建设出力外，也为其他有关单位建设出力。如江河源人士、省人大教科文卫委员会原副主任蒋显礼为宁远三所中学争取建设资金近二百万元。

孺子巧对　某君，晚饭时戏谑并对其子说，荤腥食物你们小孩可少吃点，你们长大以后有东西吃，老人多吃点。其子黯然无语。次日放牛，其子将牛犊关在牛圈，只将母牛放外吃草。某君责问其子："怎把牛犊关在牛圈内，不让其出外吃草？"其子说："它可以少吃点，长大以后有东西吃！"某君哑然。

宣传造势　1974年在大规模治山造林群众运动中，大力加强舆论宣传，为造林运动造势，为此，安排洛家洞学校老师们在高山上用石灰描就"愚公移山，改造中国"等巨幅标语，五里开外都能看清。还有，将部分山岭重新命名，如奔斗坡改为忆苦山，上兰家立柴瑙改为先锋山，蒋家岭后山改为团结山，何家源后山改为创业山，等等。

易地建校　1975年冬，洛家洞大队为发展教育事业，决定将洛家洞小学异地搬迁至晒禾岭下重建。整个工程项目包括教室、礼堂、教师食堂、宿舍等。该年冬天，完成地基开挖、场地平整工作，并建成两间（南北向）教室（5、6年级用）。1976年砌筑礼堂，甘竹园第1—6生产队负责瓯瓦烧制；洛家洞第7生产队（即洛家洞自然村）负责青砖烧制；第8—14生产队负责提供烧制所需燃料（茅草）。本大队木匠、泥瓦匠负责砌筑。木匠、泥瓦匠工资、礼堂所需木材费用由大队的造林费支付。1977年再建东西向两层楼的教室四间。此四间教室，除基础、二楼木楼板铺设之外的建造等费用由第7生产队承当，作为补偿，大队将原校舍移交给第7生产队，用作办公和仓库。教师食堂由党员开展义务劳动建造。开挖地基、1000人座位的凳子分配到各生产队完成。搬迁建设工程全部费用未花国家一分钱（县林业部门所拨给洛家洞的3000元建校经费被公社用于林业中学的建设），均由大队自力更生自行解决。

五、公益建设及捐献

江河源公路纪念碑文

国家资助修江河源水泥路，于2006年10月竣工。今途坦车歌，出行便捷，老幼欣悦。村道基础始建于1990年，其时资金困难，施工艰辛，全仗家乡父老齐心协力，凿山开道，脚运肩挑，无偿捐工万计，历时两冬一春，方结束了江河源人往返清水桥肩荷脚运之历史。今虽时过境迁，然一代开路人之奉献精神犹可钦可效，其劳苦功高仍可歌可书。贤能不忘根本，赤子眷顾家乡。先后，以蒋显礼、何世军、陈开学、蒋政平、唐柏操、蒋平等为代表的全体仁人志士，为家乡的建设事业尽心尽力，做出了重要贡献，功德恒在，光照春秋。

2006年，江河源在县内工作的人士，自发捐款资助家乡修路，其义举可循可嘉，为彰其德，今勒石录名，以励后人。（单位：元）

陈德才2000	陈苏文2000	蒋国亮2000	蒋建辉2000	陈国富2000
蒋　平2000	陈开钢2000	罗海峰2000	蒋　全2000	陈水清2000
蒋运赋1000	陈国昌1000	蒋　军1000	陈德平1000	陈德明1000
唐光清1000	唐小龙1000	陈年成1000	陈孟辉1000	陈水清600
何春国600	蒋美华500	陈国勇500	陈开柳500	何泽永500
何　俊500	何泽文500	陈治海500	陈开兰500	陈水军400
陈开国300	陈青龙300	蒋运姣200	陈国宝200	陈起旺200
陈开展200	陈国梁200	何泽权200	陈国清200	唐得鑫200
陈令国200	陈小艳200	蒋志国200	陈水文200	陈运星200
罗炳成200				

江河源牌楼竣工纪念碑文

国家政策好，建设新农村，生活奔小康。江河源抢抓机遇，争取支持，齐心协力，封山育林，保持水土，固堤护坡，兴修村道，积极推进生态文明村建设。犹以江河源在外工作人士，或精心策划，献计出力；或急公好义，慷慨解囊；捐资修建仿古牌楼，以期江水长流，河山秀美，财源茂盛，人才辈出。其义举功在千秋，德昭后人。兹将各贤达人士捐现金额（人民币）刻碑志之。（单位：元）

蒋显礼5000	唐柏操20000	蒋政平10000	蒋　平10000	陈苏文6000
陈水清5000	陈德旺5000	何世干4000	陈开钢3000	陈国富3000
蒋小岗3000	何振庭3000	蒋国民3000	罗楚文3000	陈德才3000
蒋国亮3000	蒋军辉2000	蒋建辉2000	陈德中2000	蒋　全2000
罗海州2000	罗　辉2000	陈开柳1000	蒋星珉1000	陈　静1000
陈开良1000	陈慧娟1000	罗海峰1000	蒋　晓1000	陈德明1000
陈年成1000	蒋　华1000	陈星明1000	罗炳成1000	陈开军800
何　俊500	陈国耀500	何泽权200	陈治海200	唐柏健200
陈小六200	罗水明200	刘满妹200	陈美石200	陈黎明200

建校兴学碑记

一地恒兴，首重教化；百年长策，不外树人。江河源素有崇文敦礼、兴学重教之风。民国初年，即创设新学三所：曰成俊、曰得英、曰正修。欣欣然，弦诵不断，历百余载，此所以俊彦联翩、棫朴丛生也。

今之学校，相承成俊。新中国成立后，学制更新，教育日盛；生员超三百，二度设立附中。一九七五年冬，基于教育发展之大计，洛家洞大队决定选胜金台，迁校于斯。其时建校，诸事惟艰。赖干部之垂范，群众之踊跃，度地势，拓基址，斫木陶瓦，历时两年，建成教室两栋、礼堂一座，及附属设施，规制宏敞而特色具焉。此后，因年久失修，礼堂倾圮，教室亦不无漏日渍雨。二〇〇三年，江河源（曾）在省城工作者争取国家资金扶持，重建教室六间、教师宿舍六套，以及学生宿舍、食堂、操场等，学校面貌焕然一新。

二〇一一年初，历经在外工作人士协调争取，省政府驻村扶贫。当此之时，盖因体制调整，师资缺乏，教学质量每况愈下，乃至生源逐渐流失，学校面临裁撤停办之虞。为扭转百年老校之颓势，借助政府驻村扶贫机遇，以创建合格学校为目标，多方共筹资近两百六十万元，其中江河源社会各界人士捐款伍拾余万元，迁建校内民房，新建教师公寓，修筑两级护坡，拓宽运动场地，改建围墙大门，增建石阶仿古亭，越三载而告成。于是学校气象古雅超殊，独成一境。

嗟夫，盛哉！承蒙上级政府殷切关怀，更赖江河源人士心期桑梓人文蔚起而竭力建校兴学，贶施乐捐，此可谓盛举崇隆，功昭千秋。爰斲辞贞珉，以志芳名于不朽，传盛事于无疆。

主要援助单位

湖南省委组织部	湖南省教育厅	湖南省财政厅
湖南省扶贫办	湖南省水利厅	湖南省工商局
人民银行长沙中心支行	永州市人民政府办	永州市教育局
永州市烟草局	永州市“两烟”办	永州市委党校
中共宁远县委	宁远县人民政府	宁远县教育局
宁远县财政局	宁远县扶贫移民局	宁远县烤烟办
深圳市深铃车业有限公司		

个人捐款名单（单位：人民币　元）

何世军	叁万	蒋　平	柒万	陈苏文	陆万捌仟	唐柏操	肆万
何小华	贰万伍仟	蒋政平	贰万	蒋逢海	贰万	陈开舟	贰万
陈辉军	贰万	唐小龙	贰万	罗汉斌	壹万伍仟	何世平	壹万
陈开祥	壹万	陈德平	壹万	蒋国亮	壹万	陈　慧	壹万
何振庭	壹万	蒋　全	壹万	罗海峰	壹万	陈德志	壹万
蒋逢涛	壹万	唐光清	壹万	陈德明	伍仟	殷茂乾	伍仟
陈　峰	伍仟	陈春辉	伍仟	吕老八	肆仟	陈刚青	叁仟
陈德才	叁仟	蒋　军	叁仟	陈星明	叁仟	何小超	叁仟
蒋　晓	叁仟	何世干	贰仟	陈水清	贰仟	陈国富	贰仟
陈勇军	贰仟	陈治海	贰仟	陈国宏	贰仟	罗炳成	贰仟
何泽权	壹仟贰佰	唐政荣	壹仟	唐天桂	壹仟	陈开柳	壹仟
陈慧娟	壹仟	陈德修	壹仟	陈　静	壹仟	李国梁	壹仟
何野平	壹仟	唐得鑫	壹仟	何　华	壹仟	唐柏建	壹仟
陈年成	壹仟	蒋明月	壹仟	陈青龙	壹仟	唐海波	壹仟
何　理	壹仟	陈国明	壹仟	蒋国安	壹仟	陈　毓	壹仟
陈开达	壹仟	唐文辉	壹仟	陈海龙	壹仟	陈国宝	陆佰
陈开兰	陆佰	罗水明	陆佰	陈小六	陆佰	刘满妹	陆佰

陈黎明	陆佰	何　辉	陆佰	陈德文	伍佰	唐柏康	伍佰
陈金旺	伍佰	陈小波	伍佰	唐用英	伍佰	唐林茂	伍佰
陈国鸿	肆佰	陈令旺	贰佰	吕致武	贰佰	陈石胜	贰佰
陈松青	贰佰	吕保民	贰佰	唐武春	贰佰	陈国恒	贰佰
吕中华	贰佰	陈永亮	贰佰	陈治军	贰佰	唐德英	贰佰
陈小龙	贰佰	陈国武	贰佰	陈令宣	壹佰	唐知富	壹佰
唐知明	壹佰	何伟成	壹佰	唐元松	壹佰	吕小辉	壹佰
唐建松	壹佰	蒋显成	壹佰	唐　斌	壹佰	吕保国	壹佰

何泽汉　何泽清　何土军　何知文　何知武五人　壹仟叁佰

洛家洞村民委员会

宁远县清水桥镇

再上村民委员会

公元二〇一四年秋立

洛家洞村建设“村民之家”（村活动中心）拨款、捐款榜

宁远县委组织部拨款　70000元　　宁远县民政局拨款　30000元

个人捐款名单：

何世军10000元	何世平5000元	何振庭5000元	何　平5000元
何　华5000元	何世忠3600元	刘来民2000元	何小华1500元
陈开柳1200元	陈年成1000元	何　俊1000元	何水泉1000元
何世煌1000元	何小超1000元	何梅芳1000元	陈开达1000元
何世干1000元	陈水清600元	陈开兰600元	何泽权600元
陈令国500元	何振华500元	陈国宝400元	陈国梁400元
何世桃400元	陈小六400元	陈国鸿400元	陈开芳400元
陈石恩300元	何汉云200元	何世柱200元	蒋崇旺200元
何泽均200元	陈国旺200元	刘汉民200元	何　云200元
何世武200元	何世贵200元	陈国柱200元	刘德民200元
何世炳200元			

2008年8月

编后记

《江河源志》从构思到出版历时多年。由于本人于深圳工作，离家千里，而搜集资料、采访相关人士、拍摄照片，则主要利用假期回乡得以完成。此乃于鞅掌之暇，草创是编。

本志的编纂，得到了江河源籍人士及其他有关人士的大力支持。蒋星珉撰写了李邦述、李邦福传记，以及牛栏观自然村概况和蒋氏源流资料。陈德修撰写了部分民俗掌故及名胜景点资料。蒋平、蒋国亮、陈德才、陈国宝、唐得鑫、陈国宏、唐林茂、罗海峰、陈德明、李国良、唐柏建、陈小波、陈刚、陈开祥、陈德平、陈水清、陈国昌、蒋显赋、罗汉斌、陈静、陈起钧、陈辉军、陈锋等，分别提供了相关资料。陈德才协助搜集了大量资料并核校书稿，何世平、罗水明、何世干、陈小六、陈二坤、陈黎明等为搜集资料积极提供协助。唐德正、陈开忠、陈开柳、胡宝荣、蒋运礼、陈起炫、陈开芝、陈起儒、陈竹茂、陈起礼、罗怀干、蒋显赋、罗柏生、罗水佑、何泽美、吕东旺、陈石英等口述了有关历史，特别是家父政荣，对全村历史作了较为全面、系统性地口述。陈开忠、陈德才、陈国进、陈起顺、陈苏文、何世桃、蒋小刚、吕东旺、朱海连、罗海峰、罗海清、李彪、胡国华以及他村同学唐德义、郑会兴，永州市零陵区邮亭圩镇前辈唐祖春、双牌县塘底玉泉村族叔唐天雄，分别提供其族谱供参考。洛家洞、再上“两委”班子成员提供了大量协助。唐敏芝为有关图片做技术处理。同学佘国萱对本志编纂给予诸多支持。再上人士、书法家陈起后为本志题写书名。还有一些人士以不同形式对本志的编纂给予了支持协助。

本志初稿完成后，比较广泛地征求了江河源籍有关人士意见。宁远县民政局原副局长陈开柳、原洛家洞学校高级教师陈开兰、江河源贤达陈开忠等对有关内容均提出了修改或增补意见。湖南省统计局后勤服务中心原主任何世平、原洛家洞小学高级教师陈国梁等也对相关内容提出了建设性意见。特别是湖南日报原总编辑、社长蒋显礼就内容增补、文字修改等，提出了较为详细的宝贵意见，以及永州市政协原常务副主席、正厅级干部，永州市委党史联络组组长、《永州市志》总纂蒋政平对全书架构、重点内容等提出了具体的增补调整修改意见。

本志的编纂，得到了宁远县档案馆的大力支持。宁远县史志办主任周敬平以及欧应平、张介立对全书进行了审核并提出修改意见。永州市史志办主任李俊江、副主任高波在宁远县史志办审核的基础上，对全书做了进一步审核，并提出修改意见。

衷心感谢上述有关人士和单位对本志编纂出版所给予的大力支持和关心。

方志出版社的责任编辑精心编排、审稿，为提高志书质量付出了艰辛劳动。在本志出版面世之际，一并表示诚挚谢忱。

特别感谢中共宁远县委、宁远县人民政府对本志的出版所给予的大力支持。

需要特别提到的是，江河源在外工作人员颇多，大家以各种形式为家乡建设做出了贡献。限于篇幅，本志仅略列部分人物及事例，以昭桑梓之情、赤子之心。

由于江河源历史记载甚少，史料缺失，以及健在比较了解历史的老人不多，因而给本志的编纂带来了困难和遗憾，故难免疏漏，加之本人水平所限，本志尚有诸多不足和缺陷。鉴于此，敬请修志同行、社会各界读者不吝赐教。

唐柏操

2019年6月